MW01641648

TIM GREVE

Bergen i krig

AV
VIDKUN
TORSDAG 17.

TIM GREVE

Bergen i krig

1940 • 1942

J. W. EIDE FORLAG

Bildene i boken er stilt til rådighet av:
Bergen Kommunes Billedsamling
Bundesarchiv, Koblenz
Universitetet i Bergen, Billedsamlingen
og dessuten fra flere private arkiver.

3. opplag

Trykk: Bergens Tidende/J. W. Eide, Bergen, 1979
Bind: T. Wiesener Bokproduksjon A.s, Bergen
Bokutstyr: Reidar Johan Berle
3.3.13.79

ISBN 82-514-0132-1

INNHOLD

Forord 9
Veien mot stupet 11
Beredskapstiltak 14
Faresignaler 19
«Ingen fiendtlige hensikter» 21
Inn på havnen 24
Tyskerne overtar byen 30
«Hadde bare...» 32
Det første døgn 34
Isolasjon 39
Brohodet utvides 42
De første represalier 44
Det daglige brød 47
Administrasjonsrådet opprettes 50
Krigstilstand 51
Hjulene holdes i gang 57
Eksplosjoner, bomber og drivstoffmangel 62
Presse og radio knebles 64
Dagliglivets «normalisering» 70
Forbindelse med resten av landet 75
Sivil tysk administrasjon 78
Tyske oppdrag til bedrifter 83
Flyalarmer og bombeangrep 88
Idrettslivet og «den nye tid» 90
Den første motstand 92
Nordsjøfarten begynner 96
Visitter fra Shetland 98
Eksport og etterretning 100
Milorg oppstår 102
Andre motstandsgrupper 104
Rekvisisjoner 106
Antinazistiske demonstrasjoner 108
Forsyningssituasjonen 116
Kommunistpartiet forbys 118
De fagorganiserte under press 120
Tysk disiplin 123
Militær utbygging 125
Politikorpsets stilling 126
Klare frontlinjer 130

1941
Den første «jøssingkasse» 135
Nasjonal holdning 136
Kommunal nyordning 139
Organisasjonene sier nei 144
Kirken i kamp 147
Skoleungdommens protest 149
Vårens forsyningsproblemer 154
Milorg 159
Arrestasjoner og opprullinger 161
Flyangrep og alarmer 167
Tysk militærberedskap 169
Kulturlivet i fare 172
Politiet under politisk press 175
Portforbudet og sperreområdet 177
Radiolytting blir ulovlig 179
Den illegale presse 181
Nazistene og kommunestyret 182
Høstmørke 185

1942

Fimbulvinter 194
«Tyskerjentene» 198
Ungdomstjenesten og lærerstriden .. 201
Kirken i kamp 208
Nazistisk ordfører 212
Abwehr, SIPO og SD 214
Motstand og motgang 219
Tysk militærutbygging 235
Rikstinget avvises 237
Juristenes åpne tale 239
I sensurens mørke 241
NS i isolasjon 243
Kulturlivet blomstret 249
Matmangel om høsten 251
Jødene arresteres 255
Ved årets slutt 258
Kilder 260
Noter 262

Forord

Denne bok søker å gi en skildring av det som hendte i Bergen under den tyske okkupasjon. De som opplevde denne tiden skal kunne kjenne seg igjen og kanskje se begivenhetene i en ny sammenheng. De som ikke har personlige inntrykk av okkupasjonsårene skal her kunne finne en oversikt over det som skjedde.

Det tyske overfall kom overraskende for alle. Det er et av målene med denne bok å vise hvorledes myndigheter og innbyggere i byen reagerte under krisen. I de første uker regnet de fleste med at frigjøringen snart ville komme og mange av de tiltak som ble truffet kom til å bære preg av det. Etter hvert ble det motstrebende erkjent at okkupasjonen kunne få lang varighet. Og de materielle forhold ble raskt verre.

Begivenhetene taler stort sett sitt eget språk. Det er ikke gjort forsøk på dramatisering; forfatterens oppgave har først og fremst bestått i å velge ut og knytte sammen. Men det er i seg selv vanskelig, fordi det foreligger et meget rikt kildemateriale, samlet fra mange kanter. Alle som opplevde okkupasjonsårene har sterke personlige inntrykk, preget av deres egen situasjon. Kildematerialet gir mange levende vitnesbyrd om hvor engasjert den enkelte måtte bli i det som hendte – både på det lille og det store plan.

En vesentlig del av kildematerialet er innsamlet av Bergen kommune. Den 22. juni 1949 vedtok formannskapet å nedsette et utvalg som skulle samle stoff fra okkupasjonstiden for at det senere skulle lages en samlet fremstilling. Byrettsjustitiarius Marius Coucheron var formann i utvalget, som arbeidet frem til 1956 med innsamling av stoff. En ny komite ble oppnevnt i 1973 under ledelse av direktør Egil Hiis Hauge, som også hadde vært med i det første utvalg. Det lyktes å fremskaffe store mengder kildemateriale av betydelig interesse for fremtidig forskning, bl.a. ble det lagt stor vekt på å få med opplysninger om krigens hverdag og om holdningskampen. Komiteen samlet også inn beretninger fra kommuner i Hordaland og Sogn og Fjordane. På den måten har man fått registrert og arkivert viktige dokumenter m.v. som vedrører okkupasjonstiden. Alt vil bli stillet til disposisjon for Universitetsbiblioteket i Bergen.

Det innsamlede kildemateriale har vært av den største betydning for arbeidet med denne bok. Det er i første rekke den del av arkivstoffet som gjelder Bergen som forfatteren har benyttet, og bare i mindre grad er det blitt plass til å skildre forhold andre steder på Vestlandet. Forhåpentlig vil også hendingene der en gang kunne få en samlet fremstilling.

Et særlig vanskelig problem under arbeidet med denne boken har vært bruken av navn. Det er mange som burde ha vært personlig omtalt. Noen var aktive i holdningskampen på en slik måte at de kom til å tjene som eksempler for andre. Noen gjorde fremragende innsats i den sivile eller militære motstandsfront, under stor personlig risiko. Og andre kom til å gjøre sitt beste etter at de var blitt arrestert – ved å hjelpe medfanger og holde moralen oppe blant dem som hadde det vanskeligst. Mange satte livet inn i farefullt etterretningsarbeid eller med utgivelse av hemmelige aviser, kurerarbeid eller for å få sendt folk over Nordsjøen. Det er et faktum at en stor del av disse modige kvinner og menn kom fra de mer anonyme rekker, og etter krigen har de som overlevde gjenopptatt sin hverdag. Det har vært vanskelig å la være å trekke dem frem. Men ikke minst fordi det er så altfor lett å begå urettferdigheter mot enkelte ved å navngi andre, er antall navn begrenset meget sterkt.

Navn er oppgitt på norske og tyske embets- og tjenestemenn hvor det har vært strengt nødvendig av hensyn til sakssammenhengen. Det er også nevnt navn på enkelte som utvilsomt fremstår som pionerer i motstandsarbeidet eller som innehadde ledende stillinger i den organiserte motstand. Endelig – og ikke minst – er alle som ble dømt til døden og henrettet, eller som tok sitt eget liv i tyske fengsler, nevnt ved navn.

Mange bergensere ofret livet i aktiv kamp hjemme eller ute, under forsøk på å komme over Nordsjøen, ved krigsforlis, flyangrep, eksplosjonsulykker, i fengsler og fangeleirer. De er her navnløse.

Men denne bok er viet alle krigsofrenes minne.

Tim Greve

Veien mot stupet

Da den annen verdenskrig brøt ut høsten 1939 ble Bergen den viktigste havnen i Skandinavia. Skip fra mange land samlet seg her for å gå i konvoier over Nordsjøen. Vestfra søkte lasteskip til havnen hvor forsyningene ble omlastet og sendt videre. Det kunne til tider ligge over hundre skip på havnen. Eldre bergensere trakk paralleller med blokadetiden ved slutten av første verdenskrig når de så alle de krigsmalte skipene.

Mange vaktsomme blikk fulgte skipstrafikken i Bergens-området. Hemmelige agenter fra de krigførende rapporterte anløp og avreise, og norske sivile og militære myndigheter følte et tungt ansvar. Med korte mellomrom kom meldinger om krigsforlis med tap av menneskeliv. Den livlige trafikken langs norskekysten satte nøytralitetsvernet på krevende prøver. Det kom tidlig til dramatiske hendinger og noen av dem førte til diplomatiske forviklinger som kastet skygger inn i fremtiden.

I oktober 1939 hadde det tyske lommeslagskipet «Deutschland» tatt det amerikanske handelsskipet «City of Flint» som prise. Med tysk mannskap om bord gikk det sørover fra Tromsø, eskortert av norske marinefartøyer. Da «City of Flint» natten mellom 2. og 3. november passerte Sognesjøen ble det praiet av et britisk krigsskip i norsk territorialfarvann. Etter at man fra det norske eskortefartøyet hadde gjort oppmerksom på at britene befant seg i norsk område, forlot de stedet. Da «City of Flint» nådde Haugesund krevde den tyske sjefen å få ankre opp inntil videre. Dette ble nektet. Da skipet likevel ankret opp, grep norske myndigheter inn. Prisemannskapet ble internert og skipet levert til amerikanerne. Det gikk vestover etter å ha losset sin last i Bergen. Episoden vakte internasjonal oppmerksomhet. Den tyske regjering protesterte mot nordmennenes opptreden, den var imidlertid helt korrekt.

Ikke før var denne saken ferdig, så oppstod nye problemer som satte håndhevelsen av nøytralitetsforskriftene på prøve. Denne gang gjaldt det et tysk skip «Westerwald» som var blitt stanset av norske marinefartøyer 17. november. «Westerwald» var et tankskip som tilhørte den tyske marine. Kapteinen hadde imidlertid hevdet at det var et handelsskip, hjemmehørende i Hamburg. De kanoner som fantes om bord var godt kamuflert. Etter atskillige forviklinger på høyeste plan i Oslo ble skipet gitt tillatelse til å passere gjennom Bergen krigshavn uten å bli inspisert av norske marinemyndigheter. Det ble gitt eskorte av jageren «Olav Trygvason» videre langs kysten. Avgjørelsen om at «Westerwald» skulle få fortsette ble truffet, trass i at marinemyndighetene i Bergen var sterkt imot. De var ikke i tvil om skipets virkelige karakter. «Westerwald» saken førte til at reglene om passasje av norske krigshavnområder ble skjerpet, noe som fikk betydning for behandlingen av «Altmark»-saken litt senere.

«Altmark» hadde vært hjelpeskip for det tyske lommeslagskipet «Admiral Graf Spee», og med hundrevis av overlevende sjømenn fra senkede britiske handelsskip var det på vei langs norskekysten mot tysk havn. «Altmark» kom inn i norsk territorialfarvann ved Fosen 14. februar 1940 og fulgte samme vei sørover som «Westerwald». Skipet ble stanset av et norsk marinefartøy, men den tyske kaptein gav uriktige opplysninger om skipets identitet. Kontreadmiral Carsten Tank-Nielsen i Bergen hadde sterk mistanke om at skipet hadde britiske fanger om bord. En melding om dette hadde vært gjengitt i pressen, basert på opplysninger fra den britiske marineledelse. Kapteinen på «Altmark» hadde sagt til de norske marineoffiserer at skipet førte brenselolje. To ganger ble «Altmark» stanset av den norske marine, uten at det fremkom sikre bevis for at det var fanger om bord. Men admiral Tank-Nielsen ville ikke gi seg. Han krevde mer utførlige opplysninger om skipet før han ville gi tillatelse til at det fikk passere Bergen krigshavn. «Altmark» ble derfor stanset av jageren «Garm» ved Stureholmen i Hjeltefjorden. Kontreadmiral Tank-Nielsen fulgte selv med «Garm». Den tyske kapteinen nektet å la skipet inspisere med den begrunnelse at «Altmark» var et statsskip som tilhørte den tyske marine. Den tyske regjering hadde forbudt ham å la skipet bli undersøkt. Dermed var det i det minste skapt klarhet over skipets identitet. Som statsskip kunne «Altmark» ikke gå gjennom Bergen krigshavn – uten inspeksjon av alle lasterom. Dette ble meddelt den tyske kaptein, som deretter forberedte seg på å gå utenom, d.v.s. til havs.

Kommanderende admiral tillot likevel «Altmark» – som statsskip – å gå gjennom krigshavnen uten å være inspisert. Det var en avgjørelse som admiral Tank-Nielsen var sterkt uenig i, men som han var nødt til å godta. Det endret ikke kommanderende admirals oppfatning at det ble ansett som sikkert at «Altmark» hadde et stort antall britiske fanger om bord. I Jøssingfjorden ble skipets skjebne beseglet. Britiske marineskip trengte nemlig den 16. februar inn i norsk territorialfarvann og frigjorde sine landsmenn om bord i «Altmark». De norske eskortefartøy protesterte, men kunne ikke hindre aksjonen som krevde flere dødsoffer blant det tyske mannskapet. Begivenheten skjerpet forholdet mellom Norge og de krigførende. Både tyskere og briter hevdet at nordmennene ikke maktet å verne sin nøytralitet på en tilfredsstillende måte.

I de første månedene av 1940 var det flere nøytralitetskrenkelser, særlig var det en markert økning i midten av mars. Ved trefninger i Nordsjøen hendte det at fartøyer kom inn i norsk territorialfarvann. Den 17. mars kom to ukjente fly inn over Bergen. Luftvernet åpnet ild mot flyene etter ordre fra festningssjefen, oberst Gunnar I. Willoch. Det ble riktignok skutt bare tre skudd fra batteriet på Kvarven, men hendingen vakte stor oppsikt. Det var første gang norske luftvernbatterier åpnet ild mot fremmede fly og den tyske legasjon i Oslo rapporterte til Berlin at episoden tydet på at nøytralitetskrenkelser kunne bli møtt med militære midler av nordmennene.

To fly som 12 dager senere kom inn over Bergenshalvøya, Voss og Hardanger gikk så høyt at luftvernartilleriet ikke kunne nå dem. Det samme gjaldt et fire-motors tysk fly som foretok en rekognosering over store deler av Sør-Norge 4. april – etter å være kommet inn sør for Bergen.

Få nordmenn forstod at overflyvningene kunne ha direkte sammenheng med angrepsplaner.

Beredskapstiltak

Sivile og militære myndigheter i byen gjennomførte visse beredskapstiltak høsten og vinteren 1939–40. Det forteller om vilje til forsvar, men det er et trist faktum at det manglet midler til effektivt beredskap.

Den 26. september 1939 hadde finansrådmann Einar Olsen tatt initiativ til å få opprettet et kommunalt kriseutvalg. Tilsvarende utvalg var da allerede opprettet andre steder. Kriseutvalget i Bergen fikk vide fullmakter og kom til å spille en sentral rolle i det arbeid som ble utført for å styrke byens beredskap. I begynnelsen av oktober 1939 stilte bystyret 150 000 kroner til disposisjon for utvalget. Midlene ble brukt til elementære materiellkjøp, bl.a. blendingsutstyr til kommunale etater, skoler og sykehus, videre gassmasker til husbrannvakter, brannslukningsutstyr, sandsekker osv. Dessuten bevilget kommunen midler til bygging av tilfluktsrom flere steder i sentrum. Man hadde temmelig uklare forestillinger om behovet og det ble tidlig på det rene at man ikke kunne oppnå stort mer enn å skaffe en del av befolkningen såkalte splintsikre tilfluktsrom.

Kriseutvalget ble byens sivile «generalstab» og startet de første forberedelser til en evakueringsplan som omfattet barn og eldre. Det ble videre planlagt massebespisning i tilfelle av katastrofer, organisering av brenselslagre og kullforsyninger for gassverket. Bystyret utvidet utpå vinteren bevilgningsrammen etter innstilling fra finansrådmannen. Det var et godt og fornuftig arbeid som ble utført. Mange av tiltakene burde ha vært dekket over statens budsjetter, bl.a. utgiftene til det sivile luftvern. Men i kommunen hadde man for lengst innsett at det var liten sjanse for å få statsmyndighetene til å bevilge de nødvendige midler i denne sektor. Skulle noe bli gjort i rimelig tid måtte man gjøre det selv. Meget av arbeidet foregikk uten at byens befolkning fikk vite stort om detaljene. Utvalget ønsket ikke å skape noen nervøs stemning, og dessuten burde ikke utenlandske agenter få kjennskap til de forberedelser som ble gjort for å beskytte sivilbefolkningen i tilfelle av krig.

Folk flest var kjent med at det eksisterte et sivilt luftvern med politimesteren som sjef. Luftvernkretsen omfattet Bergen by, Fana bygningsdistrikt, Laksevåg sogn, Askøy herred og den del av Åsane som lå nærmest Bergen, bl.a. Eidsvåg og den nordlige del av Loddefjord. Luftvernets sanitet hadde flere stasjoner i byen. Hovedsentralen var i kjelleren i det nye Kalmarhuset og dessuten var det gjort klart for en stasjon på Laksevåg og en i Åsane. Omtrent 500 personer var med i sanitetsavdelingene våren 1940 og mange av dem hadde deltatt i flere øvelser. Mannskapene var – sammen med det som fantes av sanitetslag ved enkelte bedrifter – forholdsvis godt rustet til innsats. Varslingstjenesten virket også bra med 42 sirener spredt over hele byen. Det hadde vært flere øvelser høsten og vinteren 1939–40, og gjennom informasjonskampanjer ble huseierne orientert om hvordan de skulle forholde seg i tilfelle av angrep med brannbomber. Loftene var blitt ryddet og sandsekker delt ut til dem som ville ha. Ja, det ble sendt ut oppfordring om å holde private lagre av mat, fordi forsyningene kunne bli stanset i en krisesituasjon.

Det var få brukbare tilfluktsrom, men tunnelene ved Fløibanen og jernbanen kunne gi dekningsmuligheter for en del av befolkningen. Men det var ikke sørget for vannforsyninger til disse tunnelene, heller ikke lys, ulltepper, medisin o.l.

Et evakueringsutvalg hadde høsten 1939 utarbeidet foreløpige planer om å få sendt barn ut av byen. En alvorlig hindring for utvalget var selvsagt at man ikke kunne vite hvor det var tryggest å reise – ut i øygarden eller innover i landet. Mange foreldre fikk melding om at deres barn i en krisesituasjon skulle melde seg på nærmere angitt sted i havneområdet, slik at de kunne evakueres med skip. Evakueringsutvalget hadde møte den 8. april kl. 1400 for å drøfte praktiske tiltak. Mindre enn et døgn senere skulle det vise seg at planleggingen var bortkastet.

Det ble gjort enkelte forsøk på å styrke forsvaret på frivillig grunnlag. En innsamling ble startet med sikte på å få kjøpt luftvernkanoner, som skulle lage en «ildparaply» over byen. Firmaer og privatpersoner gav tilsagn om bortimot 1,5 millioner kroner til innkjøp. Bergens Forsvarsforening ledet innsamlingen. Forsvarsdepartementet lovet å skaffe byen 4 moderne luftvernbatterier i mars måned – men de kom ikke. Det var ikke så rart; departementet hadde nemlig gitt Quislings nære medarbeider, Albert Viljam Hagelin, i oppdrag å kjøpe kanonene i Tyskland.

Gjennom annonser ble kvinnene oppfordret til å melde seg til lottenes strikkesentral for å lage vinterutstyr til de militære mannskapene. Andre kom sammen for å få i stand sanitetsmateriell.

Det ble gitt frivillig skytteropplæring med anledning for alle våpenføre menn til noen runders prøveskyting på Nesttun. Så sent som 8. april var det enkelte som nyttet anledningen til å skyte 30 skudd gratis på skytebanen. I februar var det satt i gang et fire ukers kurs for frivillige til hæren. Kronprins Olav åpnet dette kurset, som gav noen timers opplæring fire kvelder i uken.

Sjefen for 2. Sjøforsvarsdistrikt var kontreadmiral Carsten Tank-Nielsen. Distriktet var meget stort; det strakk seg fra Jærens rev til Nordland fylke. Bergen sjøforsvarsdistrikt var direkte underlagt ham. Det omfattet området fra Korsfjorden til Lygrefjordens østside litt sør for Fensfjorden. Bergen festning med fort på Lerøy, Færøy, Herdla og Håøy – foruten Kvarven og Hellen – stod under kommando av oberst Gunnar Isachsen Willoch. Han hadde standkvarter på Kvarven.

Kystforsvaret hadde i flere år vært under utbygging, men arbeidet gikk særdeles langsomt. Det var ikke kommet så langt i 1940 at moderniseringsplanene fikk noen praktisk betydning.

Det viktigste og største anlegget i Bergen festningsområde var Kvarven. Der var det plassert et batteri på 3 haubitzere (24 cm), et batteri på 3 kanoner (21 cm) samt seks mitraljøser. Dessuten hadde Kvarven et torpedobatteri og muligheter for å sperre havneinnløpet med kabelminer. Hellen fort hadde et batteri på 3 kanoner (21 cm) og tre mitraljøser. På Sandviksfjellet var det et haubitzbatteri med to 24 cm kanoner. Batteriet var imidlertid ikke oppsatt på grunn av manglende bevilgninger. De mindre fortene på øyene utenfor Bergen hadde bare to 65 mm kanoner hver, lyskaster og en enkel signalstasjon.

Bergen festning var sterkt underbemannet. Den hadde ikke en gang de styrker som var forutsatt i krigsoppsetningsplanene fra 1939 – og som var en slags minimumsstyrke. Særlig alvorlig var mangelen på trenet befal og på ammunisjon og materiell. Festningen hadde 79 offiserer og underoffiserer samt 529 menige, mens det ved full mobilisering skulle ha vært 127 befalingsmenn og 915 menige. Hadde styrken vært fulltallig etter krigsoppsettingsplanen fra 1939 ville det vært ca. 2 000 mann og flere kanoner og mitraljøser. En slik styrke hadde man forøvrig neppe hatt plass til før festningsanlegget var videre utbygget.

Det hadde vært smått med øvelser for alle mannskaper, og bare noen få av dem hadde noensinne skutt med stridsammunisjon. De fleste soldatene som møtte til tjeneste 1. mars hadde ikke vært i uniform på 10–15 år, og hadde den gang bare hatt 48 dagers rekruttskole. Bare noen få av befalet hadde tjenestegjort på kystfestning senere enn 1918. Selv om den enkelte gjerne ville gjøre det best mulige ut av situasjonen, måtte forholdene virke deprimerende. Sambandsutstyret var særdeles svakt og det var uråd å holde direkte kontakt med marinens skip i sjøen. I stor utstrekning var man faktisk henvist til å bruke det sivile telefonnett for å kommunisere med hovedkvarteret. Det medførte at skip måtte gå til land, og sjefen måtte finne et sted han kunne ringe fra. Også festningen var avhengig av det sivile telefonnett, og sambandet mellom Kvarven og Hellen var dårlig.

Luftvernet i Bergen hadde tre batterier med foreldet utstyr. Det var ikke tale om noen «ildparaply» som sikret byen mot flyangrep. På grunn av manglende bevilgninger hadde luftvernmannskapene ikke hatt anledning til øvelser og ingen regnet vel med at de skulle kunne yte effektiv innsats mot en eventuell angriper. Luftvernstillingene var uten beskyttelse og bare 1/3 av mobiliseringsstyrken var på plass 8. april. Kanonene var forøvrig lite tidsmessige, med høydemålere fra 1918.

De kabelminesperringene som kunne vært lagt ut i Vestre Byfjord var ikke på plass i april, fordi forsvarsledelsen mente at man kunne sperre innseilingen med kontaktminer. En forutsetning for at en slik sperring skulle bli effektiv, var selvsagt at minene var på plass til riktig tid. Det var Regjeringen som skulle melde fra når minesperringene skulle opprettes –.

De skip som admiral Tank-Nielsen hadde til disposisjon i Bergensavsnittet hadde liten kampverdi i 1940. Det var bl.a. 50–60 år gamle torpedobåter og mineleggere med liten aksjonsradius. Så utsatt som 2. Sjøforsvarsdistrikt var, og med den store skipstrafikken hadde mannskap og skip en hard tjeneste. Bevoktningsfartøyene var bare utstyrt med en mindre kanon, som først og fremst skulle nyttes til varselskudd. Den ene undervannsbåten som fantes i Bergensavsnittet, B 6, var sjøsatt i 1929 – bygget etter tegninger fra den første verdenskrig.

Admiral Tank-Nielsen hadde ikke noe fartøy i Bergensavsnittet som ville være i stand til å stanse en sterk angriper som ville trenge inn mot byen. Den styrke admiralen rådde over, bestod først og fremst av 2. Mineleggerdivisjon med fire eldre mineleggere, og 2. Minesveiperdivisjon – bestående av to meget gamle minesveipere. Disse seks fartøyene kunne bare brukes i lukket farvann. I tillegg hadde han ti mindre bevoktningsfartøyer – uten kampverdi. De største skipene i området var torpedobåtene og jagerne – de sistnevnte var sjøsatt før 1. verdenskrig og gjorde liten fart. De var egentlig bare skikket til eskortetjeneste; og det samme må man si om torpedobåtene. På marinens flystasjon på Flatøy var det to eldre torpedofly (uten torpedoer) og tre speiderfly som var brukbare.

Det var helt utilstrekkelige landstyrker til forsvar av Bergenshalvøya. På Ulven – vel 30 km sør for byen – lå 1. bataljon av IR 9. Denne avdelingen var satt opp 28. mars og hadde ikke kommet i gang med øvelser i første uke av april. Bataljonen var tildelt omfattende oppgaver. Foruten å skulle forsvare hele Bergenshalvøya mot invasjon fra sjøen og luften, skulle soldatene også komme Bergen festning til unnsetning i tilfelle det ble foretatt landsetting i nærheten av noen av festningsanleggene. Dersom bataljonen skulle ha den minste teoretiske utsikt til å klare dette, så måtte den være ytterst mobil. Men transporten var basert på rekvisisjon av kjøretøyer. Selv hadde bataljonen bare hestetren.

Bortsett fra noen få mitraljøser, manglet de automatvåpen, kanoner og håndgranater. Ja, selv en så selvsagt ting som hjelmer for soldatene var mangelvare.

Utenom bataljonen på Ulven var det bare noen mindre avdelinger fra hæren i Bergens-distriktet, nemlig elever fra befalskolen og en liten vaktstyrke på Bergenhus. Dessuten var et pionerkorps som hadde ligget på nøytralitetsvakt på Jæren kommet til Bergen 8. april – på gjennomreise til Oslo-området.

Faresignaler

I begynnelsen av april fortalte avisene at det forelå britiske planer om å stanse malmtransporten fra Narvik til Tyskland. Meldingene var uklare og ble ikke tillagt særlig vekt. Det var så mange slags rykter. – De advarsler som kom til den norske utenriksminister og militære instanser fra ulike hold, fikk ikke offentligheten kjennskap til. Den 5. april overrakte den franske og britiske minister i Oslo noter til den norske regjering med krav om at det fra norsk side måtte treffes effektive tiltak for å hindre Tyskland i å få forsyninger fra Norge. Heller ikke dette ble kjent gjennom den redegjørelse som utenriksministeren gav i Stortinget 6. april. Men så begynte tingene å skje. Den 8. april fikk Admiralstaben beskjed om at britiske krigsskip la miner i Vestfjorden og ved Bud. Det var en grov krenkelse av norsk nøytralitet. Om kvelden samme dag fortalte ettermiddagsavisene imidlertid også at 50 tyske skip var på vei nordover etter å ha passert Beltene. Og det ble slått stort opp at et tysk lasteskip – «Rio de Janeiro» – var senket utenfor Lillesand. Det var soldater om bord, og de kunne fortelle at de var på vei til Bergen.

Stortinget drøftet det britisk-franske utspill om ettermiddagen 8. april. Det var ikke mange representanter som nevnte den trussel som kom fra sør. I virkeligheten var vi da på vei utfor stupet.

Admiral Tank-Nielsen hadde flere dager tidligere henledet Admiralstabens oppmerksomhet på den sterkt økende tyske skipstrafikk i sitt kommandodistrikt. Etter hans mening tydet dette på at tyskerne hadde planer rettet mot Norge. Han fant situasjonen så alvorlig at han allerede 5. april gav ordre til mineleggerne om å ta om bord full minebeholdning og gjøre klar til å legge ut miner på kort varsel. Den 6. april kalte han permittert befal tilbake. Så langt gikk admiral Tank-Nielsen, at han om formiddagen 8. april varslet de fartøyer som stod under hans kommando om å gjøre klar til krig. Den samme ordre gikk til festningen. Fartøyene kom etter hvert inn til Bergen for å komplettere forsyningene.

Admiralen telefonerte 8. april til Admiralstaben for å høre om de tyske skipene som var observert på vei nordover fra danske farvann kunne tenkes å gå til Norge. Han fikk til svar at man antok at krigsskipene hadde andre mål.

Tank-Nielsen vurderte situasjonen mer realistisk. Et angrep mot Bergen kunne ikke utelukkes. Dette fortalte han på et møte han holdt med skipssjefene på Marineholmen om kvelden 8. april. Samtidig gjorde han det klart at fremmede skip som forsøkte å trenge inn i Bergen krigshavn, skulle stanses med de midler man hadde til rådighet. Klokken 1840 ble det gitt ordre fra Admiralstaben til Bergen festning om at det snarest mulig måtte sendes mitraljøser og ammunisjon til de ytre forter. Det understreket hvor alvorlig situasjonen var begynt å bli. Fem minutter senere fikk Bergen festning ordre om skjerpet beredskap. Admiralen søkte Oslo om tillatelse til å legge ut miner for å sperre innløpene til Bergen. Han fikk til svar at han skulle vente på nærmere ordre.

Befolkningen fikk det første inntrykk av krise da gatelysene ble slukket sent på kvelden 8. april. På havnen slukket etterhvert skipene sine lanterner, og havnefyrene ble koblet ut. Det var dårlig sikt – med kulingbyger og litt sludd. I byens gater var det usedvanlig liten trafikk. Folk stanset opp utenfor avisredaksjonene, der det i vinduene var hengt opp meldinger om senkningen av «Rio de Janeiro» og om de tyske skipene som var sett på vei nordover. Men de fleste bergensere gikk til sengs denne mandagskvelden uten alvorlige bekymringer for morgendagen. Noen hadde vært på kino og sett «Flåtens glade gutter», «Livet er skjønt» eller «Besettelse» –.

«Ingen fiendtlige hensikter»

Det signalet kontreadmiral Carsten Tank-Nielsen og sjefen for 4. Divisjon, general Wilhelm Steffens fryktet, kom 9. april kl. 0028. Fortene Rauøy og Bolærne ytterst i Oslofjorden var i kamp med fremmede krigsskip. Kl. 0030 ringte en bergensjournalist fra Oslo til politimesteren i Bergen for å meddele at det var gått flyalarm i Oslo. Ennå var alt stille i Bergen –.

Men en halv time senere observerte vaktfartøyet «Manger» fremmede krigsskip på vei inn Korsfjorden i nattemørket. Fra «Manger» ble det anropt på vanlig måte med signallampe. Da anropene ikke ble besvart, skjøt «Manger» opp to røde signallys – som varsel om at fremmede krigsskip passerte bevoktningen. Flåtestyrken signaliserte nå tilbake navn på britiske krigsskip, noe som den tyske marineledelse hadde avtalt på forhånd. Fra «Manger» var det vanskelig å tyde signalene, men de ble oppfattet som en henstilling på tysk om å forholde seg rolig. Derfor ble det fra «Manger» gitt beskjed videre «Fem store og to små tyske skip har passert inn». Klokken var 0135 da dette signal ble mottatt av Sjefen for 2. sjøforsvarsdistrikt. Det ble øyeblikkelig sendt videre til Overkommandoen i Oslo, som på den måten fikk vite at det var tyskere som angrep.

Sambandet var mangelfullt, men Tank-Nielsen ble likevel holdt noenlunde orientert om angripernes bevegelser. Uten å vente på nærmere tillatelse fra Admiralstaben, gav Tank-Nielsen ordre til mineleggeren «Tyr» om å begynne minelegging i Lerøyosen. Skipet hadde 50 miner om bord. Lerøy fort fikk ordre om å åpne ild mot de fremmede skipene med sine to 65 mm kanoner. Fra krysseren «Köln» ble det signalisert til fortet på engelsk: «Går inn til Bergen på et kort besøk. Ingen fiendtlige hensikter». Signalet ble ikke oppfattet på fortet, som først skjøt varselskudd og deretter 10–12 skudd direkte mot de fremmede skipene som kom gjennom det trange sundet. Med de små kanonene ble virkningene ubetydelige. skjønt noen av motortorpedobåtene søkte dekning bak Lerøy en kortere tid. Torpedobåten «Storm» gjorde et mislykket forsøk på å treffe et av skipene med en torpedo, men måtte styre unna fordi to tyske skip gikk til angrep. Denne torpedoen fra «Storm» var den eneste som ble avfyrt fra noe norsk krigsskip i 1940.

Det ble ikke løsnet skudd fra noen av de tyske skipene; de bare fortsatte sin ferd i mørket.

Mineleggeren «Tyr» rakk såvidt å legge noen miner i farvannet mellom Sotra og Lerøy – foran de tyske krigsskipene. Til nordmennenes store skuffelse passerte de tyske skipene rett over minene uten at noen av dem eksploderte slik som de skulle. Forklaringen på dette var at minenes utløsningsmekanisme krevde lenger tid i sjøen for å virke. «Tyr» klarte dessuten å få lagt ut 16 miner i Vatlestraumen nord for Grimstadfjorden. Men heller ikke noen av disse eksploderte da de tyske skipene passerte over dem.

De små norske vaktfartøyene som observerte de tyske skipene hadde selv ingen mulighet for å ta opp kamp, det ville ha vært rene selvmord. Men admiral Tank-Nielsen beordret samtlige av sine fartøyer til å møte de fremmede krigsskipene. Det ble lagt ut miner i farvannet mellom Sotra og Askøy for å hindre passasje i dette nordlige innløp. Torpedobåten «Sæl» – sjøsatt i 1901 – stakk ut fra Gravdal kl. 0230 etter å ha bunkret. Den hadde kurs sørover mot Lerøyosen for å møte angriperne. Midt i den trange Vatlestraumen møtte den tyskerne. De passerte på en avstand av 10–15 meter. På så kloss hold hadde «Sæl» ingen mulighet til å bruke sine to torpedoer. Igjen ble det, forøvrig fra de tyske skipene, signalisert at man hadde fredelige hensikter. Signalet ble gitt på engelsk. Da «Sæl» senere snudde for å prøve et angrep bakfra, var det blitt så lyst at det ikke hadde noen mulighet til å lykkes.

Mørkeleggingen i Bergen skjedde etter ordre av admiral Tank-Nielsen, som hadde underrettet oberst Willoch om beslutningen. Den elektriske strømmen ble slått av kl. 0145 og på samme tid ble gasslyktene i sentrum slokket. Da elektrisiteten ble borte, fikk det alvorlige følger for Kvarven festning. Lyskastere og heiser i prosjektilmagasinet ble satt ut av funksjon, fordi festningens strømnett var knyttet til det sivile. Det ble rigget opp nødlys både på Kvarven og i kontorene på Bergenhus og Marineholmen. Ved hjelp av et reserveaggregat fikk folkene på Kvarven en lyskaster i brukbar stand.

Det viktige torpedobatteriet på Kvarven var ikke skyteklart og mannskapene ville under normale forhold trenge ca. 12 timer på å få det klart. Det var utvilsomt en alvorlig svakhet at batteriet ikke tidligere var satt i høyeste beredskap. Sjefen for batteriet var beordret som skipssjef på torpedobåten «Snøgg» og deler av torpedoinstrumentene, bl.a. gyroskopene, var lagret på Marineholmen.

Kvarven hadde derfor bare kanonene til å stanse angriperne med; minesperringene hadde man ikke hatt myndighetenes tillatelse til å gjøre klare i tide. Kommandanten visste at hurtiggående skip kunne passere festningens skytefelt i løpet av 7–8 minutter. Han kunne håpe at kanonene fra Hellen fort ville klare å holde ilden gående lengere tid, fordi de kunne nå mål både i Vestre Byfjord og helt inn på havnen. Men kanonstillingene på Hellen lå åpne og uten beskyttelse fra luften. Kanonene kunne derfor lett settes ut av spill –.

Bataljonen på Ulven hadde om kvelden 8. april satt ut vaktstyrker i området ved Hagavik, Osøyri og Søvik. Det ble ikke mange mann på hvert sted; nærmest vaktposter som ikke kunne yte motstand mot en fiende som ville gjøre landgang. Det var likevel i disse områdene at den landmilitære ledelse hadde regnet med at et eventuelt angrep ville bli forsøkt dersom Bergen skulle erobres. Karakteristisk nok fantes det ingen festningsanlegg eller forberedte forsvarsstillinger noen av stedene – ikke engang enkle piggtrådsperringer eller muligheter for å blokkere veiene. Bataljonen hadde mangelfullt utstyr, med dårlige muligheter for samband. Avdelingene hadde som nevnt heller ingen trening.

Et kompani ble om kvelden sendt til Syfteland. I tilfelle byen ble angrepet var det dette kompaniet som i første rekke skulle kaste fienden ut. Det var en meningsløs oppgave for et uøvd infanterikompani uten særlig utstyr.

General Wilhelm Steffens på Bergenhus henvendte seg til Generalstaben i Oslo 8. april for å få vite om det skulle sendes ut mobiliseringsordre. Det ble da svart at han skulle vente til neste dag. Da ville det bli gitt nærmere beskjed.

Etter at det tyske angrepet var innledet fikk man fra Bergenhus telefonkontakt med Hærens Overkommando i Oslo ved totiden. Det ble da bekreftet at det ennå ikke var gitt ordre om mobilisering. Men general Steffens' stabssjef opplyste at det ble mobilisert i vest. Først ut på morgensiden kom mobiliseringsordren fra forsvarsledelsen i Oslo. Første mobiliseringsdag var satt til 12. april. Sjefen for 4. Divisjon rettet på egen hånd datoen til «straks».

Inn på havnen

Det var en relativt sterk flåteavdeling som hadde til oppdrag å erobre Bergen og landsette tropper der. Avdelingens hovedstyrke gikk fra Wilhelmshafen 7. april ved midnattstid. Sjefen for angrepsstyrken – «Gruppe 3» – var kontreadmiral Herbert Schmundt og hans flaggskip var krysseren «Köln». Om bord i den andre krysseren, «Königsberg», var viseadmiral Otto von Schrader, som var utsatt til tysk øverstkommanderende for Norges vestkyst. De to krysserne var sjøsatt i 1927 og ble regnet som effektive både når det gjaldt bevæpning og fart. Med i gruppen var videre artilleriskoleskipet «Bremse» (sjøsatt i 1931), depotskipet «Karl Peters» (sjøsatt i 1939), de to torpedobåtene «Wolf» og «Leopard» (sjøsatt i 1927–28) samt fire såkalte S-båter – særlig hurtiggående motortorpedobåter.

Om bord var en landgangsstyrke på 1900 mann. Den ble ledet av sjefen for 69. divisjon, generalmajor Hermann Tittel. De to infanteribataljonene som utgjorde den sterkeste del av hærstyrkene var ledet av sjefen for IR 159, oberst grev von Stolberg. Både generalmajor Tittel, hans stab og oberst Stolberg med stab holdt til på «Köln». På «Königsberg» var det en mindre avdeling marineinfanterister som skulle storme torpedobatteriene på Kvarven.

Infanteristene hadde ikke krigserfaring. Det tyske regiment de kom fra, var satt opp 26. august 1939 i Westfalen, og de fleste av soldatene var fra dette område.

Deres utrustning var god – med rikelig automatvåpen og ammunisjon, håndgranater, bombekastere og enkelte flammekastere. Avdelingene var imidlertid ikke utstyrt med tilstrekkelige karter og hadde ytterst mangelfulle kunnskaper om det området de skulle angripe.

Det var en meget spent stemning om bord i skipene da de gikk opp Vatlestraumen etter det første møte med Lerøy fort og de norske marinefartøy. Sjefene visste at Kvarven og Hellen nå ventet på dem med større skyts, torpedoer og kanskje miner.

I Vatlestraumen kunne antagelig haubitzerne på Kvarven vært satt inn mot dem. Men festningen var uten effektive lyskastere og var dermed avskåret fra å sikte med nøyaktighet på dette tidspunkt. Dermed gikk en viktig sjanse tapt til å ramme angriperne i en temmelig kritisk fase. Nord i Vatlestraumen ble det gjort et forsøk på å bombe skipene. Ett av torpedoflyene fra Flatøy – som ikke hadde flytorpedoer i det hele tatt – gikk opp og slapp en 250 kg bombe mot skipene – uten å treffe. Angrepet ble knapt registrert fra tysk side; det ble ihvertfall ikke tillagt særlig oppmerksomhet, og flyet ble ikke beskutt.

Litt sør for Stangen lykt gjorde Gruppe 3 en kort stans. Det skjedde for å sette i land den styrken som skulle uskadeliggjøre torpedobatteriet på Kvarven. Det oppstod mindre forsinkelser under landsettingen. Da admiral Schmundt på dette tidspunkt fikk vite at det var kommet til skuddveksling i Oslofjorden, forstod han at det kunne bli alvorlige vanskeligheter under innseilingen til Bergen. Men angrepet måtte gjennomføres i morgentimene, både for å kunne utnytte overraskelsesmomentet og for å kunne komme ut igjen med skipene før britene ville være på plass å avskjære retretten. Admiral Schmundt gav derfor ordre om at alle de tyske skipene, unntatt «Königsberg», straks skulle gå inn på Bergen havn. Så snart soldatene var landsatt, skulle «Königsberg» komme etter. Det gjaldt bare få minutter, men det var ingen tid å tape. Admiral Schmundt innskjerpet at det ikke skulle åpnes ild fra noe tysk skip uten at de først ble angrepet fra norsk side.

Forrest gikk to tyske fiskedampere – kamuflert som estniske skip – i rollen som såkalte sperrebrytere. Deretter kom «Leopard», «Wolf», «Köln», «Bremse» og «Karl Peters» i kjølvannslinje. Skipene holdt liten fart – ca. 6 knop. På Kvarven festning ble det lang ventetid før de to sperrebryterne kom til syne. Kommandanten, oberst G. I. Willoch var, av ukjente grunner ikke underrettet om at det var tyske skip som angrep. Avstanden mellom de to «nøytrale» handelsskipene og det første krigsskipet ble anslått til ca. 400 meter. Klokken var 0330. Kommandanten spurte telefonisk admiral Tank-Nielsen om skipene skulle beskytes; han ønsket å unngå å ramme de to tilsynelatende nøytrale handelsfartøyer.

Admiralen bekreftet at det straks skulle åpnes ild, men verdifulle minutter var alt gått tapt. Klokken 0400 begynte skytingen fra 21 cm kanonene mot første skip, haubitzerne tok seg av annet skip. Batteriet på Hellen åpnet også ild mot første skip. Avstandsbedømmelsen var usikker på grunn av dårlig sikt og mangel på trening. Uten skikkelige lyskastere var det en vanskelig oppgave. Ingen av skuddene traff sine mål – i hvert fall hadde de ingen synlig virkning – og tyskerne trodde det var ment som varselskudd. Fra «Köln» signalisertes flere ganger «Stop firing. Good friends». Oberst Willoch trodde et øyeblikk at det var britiske skip som kom, men ildgivningen ble fortsatt i de få minuttene som var igjen, før skipene var kommet gjennom festningens ildsone. Det lyktes å få inn minst en direkte treffer på «Bremse» like over vannlinjen forut, og også «Karl Peters» ble truffet av en granat. Hellen fyrte bare 7–8 skudd, uten å treffe på grunn av den dårlige sikten, og deretter ble ildgivningen stanset ved en misforståelse. Beskytningen hadde da vart ca. en halv time. Krysseren «Köln» og de to torpedobåtene var kommet uskadde inn på havnen, «Bremse» hadde søkt til land ytterst på Laksevåg, mens «Karl Peters» i første omgang ventet i en bukt vest for Gjæringsneset utenfor Kvarven.

Det var torpedobatteriet på Kvarven tyskerne hadde fryktet mest. Det befant seg på østsiden, med tre 45 cm utskytningsrør i betongbunkere ved vannlinjen. Men intet hendte da batteriet ble passert – til stor lettelse for admiral Schmundt og hans stab. De visste ikke at batteriet var ubemannet. Samtidig med at de første tyske skipene rundet Kvarven kom de tyske motortorpedobåtene forbi i stor fart. Om bord var de styrkene som skulle uskadeliggjøre Kvarvens torpedobatterier og øvrige anlegg. Soldatene ble landsatt på flere steder – de fleste i Gravdalsviken. Båtene ble ikke beskutt fra festningen, bl.a. fordi de holdt seg i dødvinkelen nærmest land, der kanonene ikke kunne nå dem. En av båtene søkte inn til stranden ved Gjæringsneset. Denne styrken besatte raskt Kvarven luftvernbatteris sidestasjon på Grøntuva. Den fortsatte tvers over dalen opp skråningene mot Skåleviksvatnet og skytebanen. Derfra nådde tyskerne luftvernbatteriet, som på dette tidspunkt hadde innstilt skytingen etter ordre fra festningens sjef.

Mens landsettingen var i gang kom også «Königsberg» inn Vestre Byfjord. Torpedobåten «Garm» prøvde å komme på skuddhold, men da «Königsberg» åpnet ild, måtte «Garm» styre unna den mektige motstander. Krysseren hadde stor fart, men ble satt under ild fra Kvarvens kanoner da den kom inn i skuddsonen. Det tredje skuddet traff midtskips like over vannlinjen, og gjorde stor skade. Like etter fikk skipet to nye treffere og farten ble sterkt redusert. Det ble forøvrig observert flere treffere fra festningen, men granatene detonerte ikke. Det reddet muligens krysseren fra å bli ødelagt. Krysseren besvarte ilden, uten å gjøre noen skade. Et indirekte treff satte riktignok en av festningskanonene ut av spill, og like etter ble de to andre 21 cm kanonene funksjonsudyktige. Men da var krysseren nesten kommet gjennom ildsonen. Haubitzbatteriet løsnet ikke skudd mot «Königsberg» på grunn av en misforståelse.

Om bord i «Königsberg» mente man at det var krysserens ild som hadde bragt de norske festningskanonene til taushet –.

Inne på havnen drev «Königsberg» nærmest uten styring ned mot et handelsskip som lå for anker på Puddefjordens vestside. Krysseren unngikk på den måten antakelig en grunnstøtning, etter hva kommandanten noterte i sin dagbok.

Kystartilleristene på Kvarven måtte nå forsvare seg mot de angripende tyske landsettingsstyrkene. Det var om lag 160 mann som var landsatt i Hestviken ved Gravdal. Denne lille styrken var godt utrustet med våpen og gikk på med stor kraft. Artilleristene klarte likevel å holde stillingen en tid, og oberst Willoch håpet at infanteristene fra Ulven ville komme til unnsetning og angripe tyskerne i ryggen. Et kompani fra Ulven kom nesten fram til Gravdal, men ble møtt av tyskerne og overgav seg etter kort tid. Festningsmannskapene måtte derfor forsvare seg alene. Tyske soldater trengte frem mot artilleristillinger og bygninger både fra øst og vest. Gjennom telefonen fikk oberst Willoch vite av sjefen for general Tittels divisjonsstab, at viktige punkter i byen allerede var besatt og at videre motstand derfor var hensiktsløs. Mens obersten stod i telefonen, tittet de første tyske soldater inn gjennom døren til hans operasjonsrom. Klokken 0620 ble signalet «Ilden opphører» gitt på Kvarven. Ingen kapitulasjonsavtale ble undertegnet.

Hellen fort åpnet ild mot «Köln» som da lå utenfor Oldernes på Laksevåg og landsatte soldater. Det ble avfyrt tre skudd som gikk i sjøen like ved krysseren. På dette tidspunkt kom seks tyske fly inn over Hellen i lav høyde. Fem–seks bomber falt like bak kanon nr. 3 og dermed eksploderte et ammunisjonslager. Fem av kanonbesetningen ble drept momentant, mens de andre ble såret. En sersjant på batteriet ble like etter drept av maskingeværild fra et av flyene.

En liten tysk styrke som var landsatt fra en tysk fiskebåt i Eidsvåg litt nord for Hellen, tok først luftvernbatteriet på Øyjordet og deretter Hellen batteri. Besetningen gjorde ikke motstand, i samsvar med de ordrer de allerede hadde mottatt om at «Ild opphører». Klokken var da 0735, og tyskerne hadde tatt i bruk kontorene på Bergenhus som foreløpig base for sin divisjonssjef.

Tyske fly gjorde også flere angrep mot Kvarven i siste fase av kampene der, uten å anrette særlig skade. De mitraljøser som ble nyttet mot flyene hadde tilsynelatende ingen virkning, selv om det fra norsk side skal ha blitt observert en del treff. Flyene var av typen Ju 88 og tilhørte 4. kampeskadre som hadde tatt av fra en tysk flyplass bl.a. for å erobre Sola flyplass. Luftvåpenet var ikke tillagt noen særlig viktig oppgave under erobringen av Bergen. Men en egen sjøflyavdeling kom inn på havnen 9. april kl. 0900. «Seefliegerhorst Bergen» var innlastet på de to skipene «Rolshoven» og «Bernhard von Tschirnsky» og under ledelse av major Krüger gikk mannskapene i gang med å gjøre de første sjøfly innsatsklare ved den sivile sjøflyhavnen Kristiansholm. De to skipene ankret opp mellom nøytrale skip på havnen. Om kvelden var et Heinkel 59 og et Heinkel 115 klar. Da landet forøvrig også et Ju 52-fly, som var blitt skadet under luftkamp med britene. Det holdt på å synke, men ble reddet av mannskapet fra «Rolshoven».

Marineholmen var, uten særlig dramatikk, overtatt av tyskerne litt før kl. 0700, og norske militære mannskaper som var tatt til fange ble samlet der. Tidligere på natten, etter at de første tyske soldater var landsatt i byen, hadde admiral Tank-Nielsen og hans stab forlatt Marineholmen for å lede forsvaret fra et sikrere sted.

Åtte norske soldater mistet livet i Bergen 9. april, i tillegg ble atten mann såret – noen av dem alvorlig. Ingen sivile mistet livet. I følge tyske oppgaver hadde deres egen marine forholdsvis små tap. Under passeringen av Kvarven hadde «Königsberg» to savnede, fire hardt sårede og 24 lettere sårede. På «Bremse» var fire mann drept og åtte sårede. Under angrepet på Kvarven mistet i følge det tyske IR 159's krigsdagbok, 10 soldater livet og 17 ble såret.

Tyskerne overtar byen

Tyskerne hadde ferdige planer for overtagelsen av byen og fulgte planene nøyaktig. Viktige bygninger ble besatt og vakter stilt opp ved inngangen. Divisjonshovedkvarteret på Bergenhus, telegrafbygningen, politistasjonen, jernbanestasjonen og posthuset samt Marineholmen var blant de første mål. Det britiske og franske konsulat ble undersøkt og konsulene tatt i forvaring. Den britisk konsulatstab og de briter som var knyttet til det britiske havnekontor ble internert, men det lyktes flere av dem å unnslippe. Noen av dem som var knyttet til havnekontoret drev etterretningsarbeid for britene.

Det kom ikke til skuddveksling mellom norske og tyske styrker i byen. En kort stund ble det overveid om norske soldater som lå på sørsiden av Nygårdsbroen skulle angripe tyskerne ved Marineholmen. Ikke minst av hensyn til de mange sivile som strømmet over broen ble alle slike planer forkastet. De norske soldatene ble trukket sørover i retning av Nesttun. Ulven ekserserplass var et av tyskernes mål. Plassen var uten noen militær verdi på dette tidspunkt, fordi avdelingene som hadde vært der, var reist mot Voss. Et tysk kompani rekvirerte busser fra Bergens Sporveier og drog til Ulven gjennom svermen av biler, sykler og fotgjengere som var på vei ut av byen. Fem norske soldater som ble oppdaget på Minde, tok de med i bussene. På Ulven fant tyskerne bare et par offiserer og ti soldater, som ble tatt til fange.

Det var litt etter kl. 0500 at de første tyske soldatene dukket opp ved Bergenhus. De heiste det tyske flagg og skjøt hvitt signallys for å varsle om at festningen var overtatt. Like etter kom generalmajor Tittel og snart var også admiral von Schrader der. De to sjefene hadde all grunn til å være tilfredse. Erobringen av Bergen hadde funnet sted til planlagt tid og uten at tap av menneskeliv hadde vært større enn man måtte regne med. Fra de tyske skipene ble det landsatt soldater og materiell uten hindringer.

Fra tysk side hadde man riktignok regnet med at byen ville bli overgitt av den militære sjef på norsk side. I stedet ble tyskerne møtt av den stedfortredende distriktskommandosjef, som hadde fått ordre av general Steffens om å motta tyskerne. Han hadde hverken fullmakt til å overgi byen eller til å forhandle. Den tyske øverstkommanderende gikk derfor over til å ta kontakt med byens sivile myndigheter. General Tittel sa til admiral von Schrader at han tok det som et dårlig tegn at den norske øverstkommanderende var ute av byen. Han fryktet at det innebar at de norske styrkene nå samlet seg til angrep. Paradoksalt nok var sjefen for IR 9 fremdeles på Bergenshus på dette tidspunkt, travelt opptatt med de siste forberedelsene til mobiliseringen av de norske styrkene på Voss. De tyske militære visste ikke hvem han var eller hva han gjorde på Bergenhus. Derfor kunne han i full uniform forlate festningen i bil, sammen med regimentskriveren, etter at arbeidet var avsluttet i morgentimene.

General Tittel innkalte politimesteren og hadde et kort møte med ham. Etter å ha forklart at tyskerne var kommet som venner for å yte beskyttelse mot britene, forsikret generalen at man var innstilt på et praktisk samarbeid med de sivile myndigheter. Enhver form for motstand var nytteløs og ville bli slått ned med alle midler. Politimesteren erklærte seg villig til å sende ut en appell til befolkningen om å forholde seg rolig og i størst mulig grad gjenoppta sitt daglige virke. Samtidig innskjerpet general Tittel at byen måtte blendes, og at det ble meldt at gass og elektrisitet inntil videre ville bli avstengt hver kveld.

Etter politimesteren var det ordfører Asbjørn Stensakers tur til å møte på Bergenhus. Ordføreren tok med seg finansrådmann Einar Olsen. Også de fikk en sterk henstilling om å bidra til å få dagliglivet i byen i gang. Tyskerne ville ikke tåle noen form for obstruksjon, men ville heller ikke blande seg inn i byens egne anliggender uten at det var nødvendig. Ordføreren ble bedt om innkvartering av tyske soldater i noen av skolene, det ble varslet om at kontorrom måtte ordnes og generalen krevde plass på sykehus for tyske sårede.

Snart dukket bistre, grønnkledde soldater opp i små patruljer. Noen til fots, andre syklet og ganske få hadde motorsykler. Man stirret på deres hjelmer, geværer og på håndgranatene som stakk sine treskaft opp av militærstøvlene; dette var ingen venner.

Det første inntrykket var sjokkartet og utløste umiddelbart en livlig rykteflom. Folk spekulerte over hvor mange de kunne være og hvor lang tid det ville gå før britene kom. Hvor var det blitt av de norske soldatene? At noen var tatt til fange, ble fort kjent. Men det begynte snart også å ryktes at tyskerne ikke hadde vist seg andre steder enn i selve byen og aller nærmeste omegn. Norske forsvarsstyrker gjorde seg klare til å ta kampen opp.

Mannskaper som hadde fått mobiliseringsordren klarte å ta seg ut av byen uten særlige vanskeligheter. Samtidig drog mange frivillige. De fleste soldatene fra Ulven og karene som kom fra byen samlet seg etter hvert i et område øst for Nesttun – langs jernbanelinjen. Så snart styrken var noenlunde fulltallig ble jernbanelinjen sprengt flere steder. På Voss ble det truffet energiske forberedelser til å få satt avdelingene i kampklar stand.

Tyskerne oppdaget snart den mobilisering som foregikk og ba ordfører Stensaker om å stanse den, noe han avslo.

«Hadde bare . . .»

Det tyske angrepet mot Norge var en av de dristigste operasjonene under den annen verdenskrig. Men det kunne lett ha endt med katastrofe for tyskerne, noe som ville ha fått virkninger for hele krigføringen.

En viktig forutsetning var at det fra norsk side ikke ble gjort

Hærens nøytralitetsvaktavdelinger på Vestlandet var helt utilstrekkelige i mars/april 1940. Bataljon av IR 9 var blitt satt opp 28. mars 1940. Mannskapene hadde til oppgave å forsvare hele Bergen og Hordaland. Her en soldat på Fløyen.

Bergensavisene meldte om tyske krigsskip på vei nordover fra tyske havner 8. april. Samtidig forteller avisene at Norge krever vestmaktenes minesperringer fjernet. Vi var på vei utfor stupet.

Bergens Aftenblad

Bergens Adressecontoirs Efterretninger.

0 TYSKE KRIGSSKI

Kattegat på vei nordove

rge krever fjernet straks vestmaktenes min

sperringer og krigsskib ved vår kyst.

rbeholder sig å ta passende forholdsreg

Det samlet seg alltid mange lasteskip på Bergens havn vinteren 1939-40. Mange av dem var utenlandske.

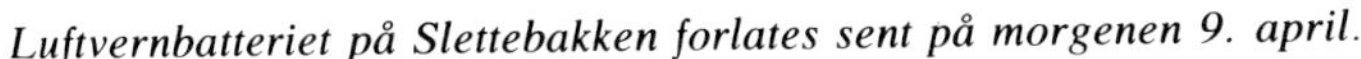

Norske soldater i Bjørnsonsgate på Kronstad om morgenen 9. april. Troppen har rekvirert en sivil lastebil for å komme ut av byen.

Luftvernbatteriet på Slettebakken forlates sent på morgenen 9. april.

«Skålevikstrappen» som man fryktet ville bli brukt av de tyske støttropper som ble landsatt på Kvarven for å erobre forsvarstillingene fra sjøsiden. (Tysk foto fra sommeren 1940).

Ett av de tyske sjøflyene som kom inn over byen 9. april. På Den Nationale Scene stod Bajaderen på programmet.

69. Infanterie Division rykker inn i byen, mens tause og fortvilte bergensere står og ser på.

Britene bombet også lasteskipet «Bärenfels». Da ammunisjon og bensin om bord eksploderte sank skipet delvis. Det ble gjort store skader i hele havneområdet. Bildet er fra Skoltegrunnskaien. På utsiden av kaien lå vraket av Königsberg, som hadde rullet rundt før den sank.

Krysseren Königsberg like etter at den ble truffet av bomber fra britiske fly 10. april. Det brenner om bord og skipet har begynt å få slagside. Det var blitt sterkt skadet av kanonene fra Kvarven under innseilingen 9. april. *Se neste side.*

Vraket av «Bärenfels» brente i flere dager. Men tyskerne klarte å redde en del av lasten fra lasterommet forut.

←
«Königsberg» velter rundt og synker, etter å ha blitt revet opp av flere eksplosjoner, forårsaket av bombetreffene.

så sterk motstand at angrepet ble vesentlig forsinket. Forsyningslinjene var lange og sårbare. En periode med uventet dårlig vær kunne ha skapt de alvorligste problemer for sjø- og lufttransportene. Angrepet hadde som den mest sannsynlige forutsetning at det ikke ville bli møtt med særlig effektiv motstand fra norsk side. Dette hadde Vidkun Quisling og Hagelin understreket overfor de tyske ledere. I operasjonsordren fra general Falkenhorst – datert 4. mars 1940 – ble det som alternativ A nevnt at man kunne få oppleve en fredelig okkupasjon. Det andre alternativ var kamp. Ved alternativ A gjaldt det for tyskerne så raskt som mulig å samle sine styrker etter landsettingen, for deretter å forsterke sjokket i sivilbefolkningen og de norske militære ved «fast, soldatisk opptreden». Det ble sagt at man skulle legge vekt på å skåne den berettigede norske æresfølelse, fordi det gjennom en taktfull opptreden fra tysk side kunne være håp om å vinne det norske offiserkorps.

Det ble altså alternativ B som fikk aktualitet de fleste steder i Norge. Tyskernes ordre gikk da ut på å nedkjempe all militær motstand så raskt som mulig og sikre området for videre operasjoner. Mobilisering av norske styrker måtte forhindres og bl.a. av den grunn ble det lagt vekt på at norske militære øvelsesplasser og depoter måtte tas hurtigst mulig.

Fordi tyskerne primært satset på en fredelig okkupasjon var det ikke mulig for dem å åpne angrepet mot Bergen med flybombing eller artilleribeskytning fra skip mot festningsanleggene. Fra tysk side var det dessuten meget ønskelig å overta festningene intakte, for å kunne nytte dem mot britene, som de regnet med ville komme.

Det norske forsvar var svakt og den sivile og militære beredskap utilstrekkelig. Dertil kom en rekke uhell under den forvirring som tyskerne ganske riktig hadde regnet med ville oppstå i de første og avgjørende timer. Det er alltid mulig etter et tapt slag å si at tingene kunne ha gått så meget annerledes, «hvis bare . . .». Mange har sagt det i Bergen etter 9. april 1940. Hadde britene vært i farvannet utenfor Vestlandet natten til 9. april, eller hadde de norske minesperringene vært på plass, eller hadde torpedobatteriet på Kvarven vært skyteklart eller . . .

Det sier atskillig om den tyske selvsikkerhet og dristighet at admiral Schmundt valgte å sende sine skip gjennom det trange farvannet og forbi festningsanleggene i nattemørket – rett inn på Bergen havn. Den norske ilden ble ikke besvart av de første båtene. Han måtte være forberedt på at torpedobatteriet på Kvarven var skyteklart, men drog inn før de tyske landingsstyrkene var nådd frem til batteriet. Ifølge de tyske offiserer som planla angrepet var det også et viktig fort på Florvåg og et haubitzerbatteri på Sandviksfjeliet – –.

To faktorer ble tillagt særlig vekt fra tysk side. For det første mente man at nordmennene ikke ville sette seg alvorlig til motverge. For det annet regnet tyskerne med, at hvis nordmennene ville forsøke seg på motstand – så skulle de ikke få tid til det. Derfor måtte erobringen av byen skje så raskt som overhode mulig.

Det norske militære beredskap var for svakt, befal og mannskaper hadde stort sett for liten tillit til egen evne til å stanse angriperne. Tyskerne dekket over sine svake punkter ved en selvsikker og truende holdning. Men egentlig var det bare såvidt det lyktes . . .

Et siste «hadde bare . . .» hører med – for det er kanskje det viktigste. Hovedansvaret for at forsvaret ikke var godt nok, hviler på de politiske myndigheter som først lot vårt forsvar forfalle og senere forsømte å bygge det opp igjen. Soldatene måtte møte invasjonsstyrkene med utilstrekkelige midler og befal og mannskaper måtte til dels klare seg med improvisasjoner. «Hadde bare . . .».

Det første døgn

Tyskerne arbeidet febrilsk for å istandsette festningsanleggene som de hadde erobret. Det var små skader; de norske styrkene hadde ikke ødelagt kanonene eller torpedobatteriet på Kvarven. Det norske luftvern var av liten verdi, men til gjengjeld hadde de tyske krigsskip utmerket luftskyts. I løpet av 9. april ble den skadede krysseren «Königsberg» forhalt til Skoltegrunnskaien, slik at kanonene på akterdekket sikret innseilingen. «Karl Peters» ble lagt ved Marineholmen og kunne derfra med sine kanoner være med å dekke innseilingen til havnen. «Bremse» lå ved Dokkeskjærskaien. Tyskerne sørget for at nøytrale handelsskip på Byfjorden skjermet deres egne fartøyer.

Etter planen skulle alle de tyske krigsskip forlate byen allerede samme kvelden. Den øverste tyske marineledelse la stor vekt på dette, fordi den fryktet at skipene ellers kunne bli tvunget til kamp mot sterke britiske marinestyrker når de returnerte til tysk havn. Hjemreisen ble regnet som kanskje den farligste del av hele operasjonen, fordi man da ikke lenger hadde overraskelsesmomentet. Det ble tidlig klart for admiral Schmundt at det ikke var mulig å få reparert «Königsberg» og «Bremse» så raskt at de kunne bli med. Han gav derfor ordre om at de to skipene skulle bli i Bergen; de øvrige skulle forlate havnen kl. 1930. «Köln» var i ferd med å lette anker da 24 britisk Hampdens og Wellington bombefly gikk til angrep. Ingen av de britiske bombene traff sine mål, men maskingeværild drepte tre tyske gaster og såret fem andre om bord på «Köln». Et av flyene ble skutt ned av tysk luftvern.

Det britiske admiralitet hadde hatt til hensikt å sende en flåteavdeling til Bergen 9. april for å ødelegge den tyske Gruppe 3. I siste liten ble planene omgjort. En av de viktigste grunnene til det, var at britene trodde at tyskerne hadde klart å sette festningsartilleriet i orden og at torpedobatteriet på Kvarven var brukbart. Britene hadde forøvrig også overdrevne forestillinger om den tyske flystyrken på Sola. I virkeligheten var tyskerne neppe i stand til å forsvare innseilingen til Bergen mot en besluttsom angriper.

På vei ut fra havnen om kvelden uskadeliggjorde tyskerne noen av de minene som «Tyr» hadde lagt i Vatlestraumen. Admiral Schmundt våget ikke å fortsette sørover med en gang. Han satte derfor kursen inn Hardangerfjorden til den trange Maurangerfjorden. Beskyttet av lavt skydekke ble skipene liggende der til om kvelden 10. april. Et døgn senere var flåtestyrken tilbake i Wilhelmshafen.

«Königsberg» gikk det verre med. Om morgenen 10. april ble skipet angrepet av 16 Skuafly fra Fleet Air Arm. Bombingen tok til kl. 0630 og to middelstore bomber (250 kg) traff. Tre andre eksploderte i sjøen like ved akterdekket. Det ble anrettet så store skader, i tillegg til dem som kanonene på Kvarven hadde gjort, at krysseren var ferdig. Litt før kl. 1100 veltet «Königsberg» langsomt rundt ved Skoltegrunnskaien og sank. Bare litt av akterenden stakk opp. Om bord var to mann drept under bombingen og 13 gikk ned med skipet og ble registrert som savnet. Det var dessuten 14 sårede. «Königsberg» var det første større krigsskip som ble senket av flybomber under den annen verdenskrig.

For bergenserne var det vellykkede britiske flyangrep på havnen et lyspunkt. Mange begynte å regne med at alliert landgang måtte være umiddelbart forestående. Det samme tenkte også de tyske sjefene i byen. Admiral von Schrader skrev i sin krigsdagbok at det kanskje var et hell i uhellet at «Königsberg» gikk tapt, for på den måten fikk han flere menn til kystfestningene. Mannskapet fra krysseren overtok kanonstillingene og torpedobatteriet på Kvarven. Det skulle vise seg at de først kunne få avløsning 20. mai, da det kom kystartillerister fra Tyskland.

General Tittel og admiral von Schrader hadde ingen muligheter for å utvide brohodet Bergen. Deres styrker hadde ikke proviant for mer enn et døgns forbruk noterte general Tittel i sin krigsdagbok. Fire forsyningsskip skulle ha kommet samtidig med angrepsstyrken, men nådde ikke frem. Ett ble senket utenfor Lillesand («Rio de Janeiro»). Et annet var gått på grunn allerede 7. april litt nord for Helsingborg. Et tredje, «Sao Paulo» på 5 000 br.reg. tonn gikk på en av minene «Tyr» hadde lagt ut, og sank 9. april om kvelden litt sør for Vatlestraumen. Det fjerde, «Marie Leonhardt», på 2 500 br.reg. tonn, kom til Bergen sent på kvelden den 10. april. Om bord var bl.a. 111 hester og transportmateriell. Det var ikke det general Tittel trengte mest akkurat da.

Et annet tysk skip hadde klart å komme frem til Bergen om morgenen 9. april. Det var et mindre lasteskip, utstyrt med estniske kjennetegn og tilsynelatende med trelast på dekk. Det hadde klart å bløffe seg forbi et norsk vaktskip i forvirringen denne natten. Om bord i skipet var et tysk marinemannskap. Lasten bestod av 150 miner. Allerede 10. april om morgenen minela dette skipet Vestre Byfjord og den nordlige led som vern mot britiske flåteangrep. Dagen etter gikk den tyske fiskedamperen «Cremona» og et annet mindre tysk fartøy på noen av minene i utløpet av Byfjorden. Av mannskapene ble 31 mann tatt opp av sjøen, av dem var 10 såret. 16 mann klarte selv å ta seg til land, men 18 tyskere omkom ved disse minesprengningene.

Underlig nok dukket det også opp et tysk lasteskip som gikk i ballast, nemlig M/S «Claire Hugo Stinnes». Det kom inn 9. april om kvelden og forlot kort tid senere uanmeldt havnen. På vei sørover ble det oppbrakt av torpedobåten «Stegg». Det førte da dansk flagg og hadde danske kjenningstegn malt på skipssiden. Det ble av «Stegg» eskortert til Kinsarvik. Der ble det senere skadet da tyske styrker overtok skipet etter kamp med norske avdelinger 25. april. En uke senere ble det torpedert på vei til Bergen, og måtte landsettes som vrak.

De minene «Tyr» hadde lagt ut kom til å gjøre sin store nytte. Det er antatt at minst seks skip ble ødelagt av dem og de skapte bekymringer hos den tyske marineledelse i Bergen, som trodde at minene måtte være sluppet av britiske fly.

Admiral von Schrader og general Tittel hadde begge opprettet sitt første hovedkvarter på hotel Terminus om ettermiddagen 9. april. De visste at dette ville være et utsatt sted i tilfelle flyangrep, ikke minst fordi hotellet lå så nær jernbanestasjonen. En del av admiralens stab holdt da til på «Karl Peters» som nå hadde gruppens sambandsstasjon. Kommunikasjonene var dårlige de første dagene, bl.a. fordi man i Oslo ikke hadde rukket å gjennomføre den planlagte utbygging av sambandsstasjonen etter at «Blücher» var senket. De tyske sjefene i Bergen følte seg derfor temmelig isolerte; i sin krigsdagbok skrev admiral von Schrader at «den enhetlige ledelse fikk komme etterhvert». Man var foreløpig nødt til å improvisere.

Den 11. april flyttet admiralen inn i et rekvirert privathus i nærheten av Hellen. General Tittel overtok Statsarkivets bygning på Årstadvollen og opprettet kontorer der.

Det ble lenge antatt at de tyske invasjonsstyrkene fikk hjelp av soldater og marinefolk som var kommet inn på havnen før 9. april. Det er ikke riktig. Ingen av skipene som lå der hadde soldater eller tysk militært materiell om bord. Bare ett av skipene var tysk; et mindre dampskip på vei fra Ålesund med sildemel.

Etter hvert beslagla tyskerne rett nok last fra en del skip som de beholdt som priser, laster som til dels var bestemt for Finland. I flere av de finske skipene var det militære forsyninger, blant annet våpen og ammunisjon, kjøretøyer osv. beregnet for det finske forsvar. Dette falt nå i tyskernes hender. Men slikt var noe de ikke kunne regne med på forhånd. Under planleggingen hadde det vært drøftet å sende soldater til norske havner ved hjelp av lasteskip. Men planen ble oppgitt fordi risikoen for å bli oppdaget var stor, og en slik avsløring kunne velte hele aksjonen. Det ble regnet som utelukket at soldater gjemt i lasterom kunne forholde seg så stille at ikke norske marinefolk ville oppdage dem under eventuell inspeksjon. Dessuten måtte fartøyene bruke norsk kystlos og han ville oppdage om det var mennesker eller hester i lasterommene.

De ytre befestningene i Bergensområdet ble i løpet av noen dager evakuert av de norske styrker, etter at det var blitt klart at motstand ikke lenger hadde noen hensikt. Atskillig materiell ble reddet unna tyskerne. På Herdla var det militære mannskaper like til mai. De ble da sendt hjem etter ordre fra sitt befal og før tyskerne kom.

En rekke norske marinefartøyer hadde sammenstøt med tyskerne, og flere skip ble senket i kamp. Særlig harde ble stridene i Hardangeravsnittet, der nordmennene klarte å improvisere et hardnakket forsvar som sinket tyskernes fremstøt mot Voss og Odda.

Isolasjon

Mange bergensere kom seg ut av byen i de første dagene. Det var særlig tanken på hva som kunne skje dersom det ble gjort britisk landgang i byen som skremte. På flere av skolene ble det innkvartert mennesker fra utsatte strøk ved havnen, og et par hundre tilbrakte de første nettene i Fløibanetunnelen og under Sverresborg. De kommunale myndigheter skaffet ullteppper og organiserte matleveranser fra et beredskapskjøkken på hotell Rosenkrantz.

De fleste av forretningene holdt lukket det meste av 9. april, men dagen etter var flere åpne noen timer. Det ble hamstret matvarer av frykt for at butikkene igjen kom til å stenge og at tyske styrker ville beslaglegge varelagrene.

Den tyske øverstkommanderende krevde at kommunen skulle ta seg av de norske krigsfangers forpleining. Det ble ordnet 10. april på tilfredsstillende måte, takket være beredskapskjøkkenet. Men behovet for forsyninger til byen ble tidlig et meget alvorlig problem for de kommunale myndigheter. Byen var isolert fra sitt omland. Dersom dette kom til å vare lenge kunne det bli en katastrofe.

Et helt akutt problem var pengevesenet og økonomien. I møte med byens banksjefer 10. april fikk finansrådmannen avtalt at bankene skulle åpne snarest mulig. I første omgang skulle hver kunde bare kunne ta ut 50 kroner på hver konto. Samtidig ble det gitt tillatelse til å utbetale alle lønnstagere halv lønn. Det var mangel på likvider. Derfor ble det straks forberedt trykking av anvisninger, «nødpenger» (selv om man ikke nyttet det uttrykket). Anvisningene skulle lyde på fem og ti kroner, og være signert av ordfører og finansrådmann. Laksevåg kommune laget engangsanvisninger pålydende fem kroner. De var gyldige i tidsrommet 16. april–31. mai og ble nyttet ved kjøp av mat. Den 1. juni ble det dessuten laget «seddel-erstatninger» eller nødpenger, også pålydende fem kroner. Det ble trykt i alt 15 000 slike sedler og de var i bruk frem til 1. august. I prinsippet var disse anvisningene bare gyldige innenfor kommunen, men det hendte nok at de dukket opp i Bergen også.

Det var ingen lovhjemmel for pengeanvisningene; de kommunale myndigheter handlet under nødrett. Norges Banks avdeling i byen hadde en forholdsvis stor seddelbeholdning i 500 og 1 000 kronesedler. Disse var det ikke særlig bruk for på dette tidspunkt. Småpenger og sedler av de mest kurante verdier manglet.

Tyskerne fikk 11. april etter konferanse med finansrådmannen og direktøren i Norges Banks avdeling åpnet en konto på 1,3 millioner kroner. Det var for å unngå at tyskerne satte i sirkulasjon såkalte «Reichskreditkassenscheine» som betalingsmiddel.

Den 11. april ble ordføreren anmodet av de tyske sjefer om å sørge for en verdig begravelse av dem som var falt under angrepet på byen. Fra tysk side var man inne på tanken om en fellesgrav på et sentralt sted og det ble antydet at et passende sted ville være ved Lille Lungegårdsvannet foran biblioteket. Denne tanken ble avvist, og det ble bestemt at de falne skulle begraves på Solheim gravplass. Gravferden fant sted 13. april – i regn og sludd. I seremonien medvirket biskopen, en katolsk prest og en tysk feltprest. Det var taler av admiral von Schrader, den tyske konsul, oberst G. I. Willoch, fylkesmann Lindebrække og ordfører Stensaker. Et tysk æreskompani stod oppstilt, mens norske krigsfanger bar kistene med de norske falne til graven. Seremonien tok sikte på å gi inntrykk av fordragelighet og forsoning. Tyske fotografer tok en rekke bilder av høytideligheten. Det var 7 nordmenn og 19 tyskere som ble gravlagt.

Et ledd i normaliseringen var gjenåpning av Bergen lokalradio 13. april. Tyskerne hadde laget et kort program som markerte at sendingene nå tok til igjen. At det skjedde til tonene av den tyske nasjonalsang og Horst Wesselsangen var for dem naturlig. Men fra den tyske konsul kom det noe senere et råd til de militære sjefer om å unngå å nytte strofen: «Heute gehört uns Deutschland, Morgen die ganze Welt».

Ordfører Stensaker som hadde påtatt seg å si noen ord til befolkningen da sendingen tok til igjen, ble av tyske marinefolk bedt om å nytte anledningen til å få lossearbeiderne til å møte frem til arbeid neste morgen, en søndag. Det hastet for tyskerne å få losset skipet «Bärenfels». Arbeiderne hadde holdt seg borte fra slikt arbeid av lett forståelige grunner. Dels var det tale om tysk krigsmateriell, dels var havnen en ytterst farlig arbeidsplass på grunn av britiske bombefly. Fredag 12. april hadde fly forgjeves prøvd å bombe skipet. Maskingeværild anrettet imidlertid skader på et mindre tysk marinefartøy – «S 24» – og drepte en av mannskapet.

Tyske militære klarte i løpet av lørdag den 13. å få losset en del av lasten, bl.a. 87 000 liter flybensin som i kanner og fat ble ført over på en pram som senere ble slept ut i nærheten av Kristiansholm. Det var fremdeles 60 000 liter om bord.

De kommunale myndigheter følte seg under press i lossesaken. I løpet av natt til søndag fikk politimester og havnefogd samlet noen av byens uteliggere og menn som var plassert i Haukås arbeidsgård. De ble utstyrt med nye overalls, fikk med seg en kyndig formann og tidlig søndag morgen stod denne styrken klar til å begynne lossingen av «Bärenfels». Bare to timer etter at de var startet, kom britiske fly inn over byen. Det tyske lasteskipet var deres viktigste mål. Arbeiderne kom i dekning før det smalt, og det ble ikke mer lossing av det skipet for deres vedkommende. En av bombene traff nemlig kaien like ved skipets akterende. Der var det blitt stående igjen noen bensinkanner. De eksploderte, ilden spredte seg raskt til skipet, og alle forstod at det var utelukket å få slukket, på grunn av eksplosjonsfaren. Sentrumsgatene, Engen og Nordnes ble avsperret like før ilden nådde det aktre lasterom hvor ammunisjonen befant seg. Den kraftige eksplosjonen kl. 0900 ødela vindusruter over store deler av sentrum. Skipet fikk sterk slagside og akterskipet sank. Brannen herjet over hele dekket og det var ventet at fartøyet skulle gå ned, men forskipet holdt seg flytende. Da ilden omsider slukket var det fremdeles verdifull last i rommene forut. Bombeangrepet førte til at et sjøfly av typen He 59 som lå på havnen ble sterkt skadet. Tyskerne reddet mannskapet og slepte flyet i sikkerhet midt under angrepet.

Det så fælt ut på Skoltegrunnskaien etter det britiske angrepet. På utsiden lå vraket av «Königsberg». Lagerskurene var ødelagt og store mengder sukker, mel og kaffe var gått tapt. Det var flere bombekratere, jernbanevogner var knust og fiskekasser og annet gods lå slengt utover. Fire av de store portalkranene var veltet, og over hele området lå det militæreffekter, bilvrak og jernskrammel i kaotisk forvirring.

Utpå ettermiddagen kom fem tyske ubåter inn på havnen, loset gjennom minesperringene av andre tyske skip. Det var det første besøk av ubåtene, som kom for å bunkre. Admiral von Schrader noterte i sin krigsdagbok at det var nødvendig raskest mulig å bygge Bergen ut til et støttepunkt for marinen.

Brohodet utvides

«Bärenfels» skulle egentlig ha gått til Narvik, men var blitt omdirigert til Bergen fordi general Tittel måtte ha forsyninger før han kunne bryte ut av byen med sine styrker. Etter at brannen var slukket klarte tyskerne å få i land det meste av det militære materiell som ennå var ombord. Blant annet tre 15 cm kanoner, et 10,5 cm luftvernbatteri og to 2 cm luftvernkanoner, 156 tonn ammunisjon og nesten 200 tonn næringsmidler foruten 50 kjøretøyer, herav 24 lastebiler. Lossearbeidet ble avsluttet omkring 10. mai. Det tok altså så lang tid under de vanskelige omstendigheter at general Tittel fikk liten glede av materiellet til sin offensiv østover.

Mellom 11. april og 17. mai kom ikke et eneste forsyningsskip til byen. Transportene fra Tyskland gikk til Oslo, Stavanger eller Trondheim. General Tittel i Bergen måtte vente. Derfor kunne han i de første ukene ikke utvide brohodet, noe som gav de norske avdelingene på Voss god tid til å organisere seg.

Bare mindre tyske styrker trengte den første tid ut fra byen til lands. Deres oppgave var dels å rekognosere, dels å opprettholde et visst press mot de norske stillingene. Endelig skulle de søke å sikre en mest mulig fremskutt linje i tilfelle nordmennene gikk til angrep. Både admiral von Schrader og general Tittel var klar over at hvis det ble satt i gang et energisk angrep av britene fra sjøsiden og norske styrker fra land ville det være små sjanser for tyskerne på Bergenshalvøya. De ville være tallmessig underlegne og mangle forsyninger til en mer omfattende strid.

General Tittel hadde vært inne på tanken om å sende en parlamentær til Voss for å forhandle med general Steffens om en overgivelse av de norske styrkene. På grunn av dårlig flyvær den 12. og 13. april ble denne planen oppgitt.

Natt til 17. april gikk det storalarm i Bergen og omegn hos alle tyske avdelinger. Det ble gitt varsel om at det kunne ventes en britisk landgang når som helst. Om morgenen ble alarmen avblåst – det eneste som hendte var et mindre flyangrep på havnen, der et tysk sjøfly ble skadet. De tyske sjefene var nervøse – med god grunn. Den 18. april konstaterte admiral von Schrader at det ikke lenger fantes ammunisjon til de tre største luftvernkanonene (10,5 cm). Anmodningene om å få nye forsyninger og mannskapsforsterkninger ble avvist av hans overordnede som meldte at andre frontavsnitt var mer utsatt. Det var særlig situasjonen i Narvikområdet som bekymret den øverste tyske krigsledelse.

Sjøflyavdelingen som var kommet til Bergen satte i gang skytteltrafikk til Stavanger. I tiden fra 18. til 30. april kom det forsterkninger luftveien både av mannskaper og ammunisjon. I slutten av april begynte sjøflyene også å frakte flybensin i kanner til Trondheim. Derfra ble bensinen sendt videre nordover, eller nyttet av de fly som var i bruk i Nord-Norge. Også hurtiggående S-båter ble i siste halvdel av april satt inn i forsyningstrafikken mellom Stavanger og Bergen.

General Tittel begynte marsjen østover etter å ha fått ordnet denne forsyningskjeden. De tyske styrkene møtte relativt liten motstand utenom de steder hvor nordmennene hadde rukket å forberede stillinger. Initiativet var hele tiden på tysk side; det var som om nordmennene manglet kampkraft – og ledelsen var for tilbakeholden. Den 23. april skrev general Jodl i sin krigsdagbok etter et møte med Hitler og den øverste krigsledelse, at det hadde vært meningen å sende forsterkninger til Bergen. Troppene der måtte bli gjort mer bevegelige og kampsterke. Men bare tre dager senere var dette blitt omgjort. De fem skip og 1 800 mann som skulle til Bergen ble i stedet dirigert til Oslo. Situasjonen på Vestlandet hadde da endret seg i tysk favør.

Mange av de norske soldatene på Voss ble både overrasket og skuffet da de fikk vite at de skulle sendes østover; de hadde regnet med at avdelingen skulle settes inn for å frigjøre Bergen. Mest bitterhet var det nok hos de mange frivillige, som måtte avvises fordi depotene på Voss var tømt for våpen og uniformer. Det utstyr IR 9 skulle hatt, lå igjen på Ulven. Mange frivillige måtte under atskillige vanskeligheter ta seg tilbake til Bergen, til dels gjennom tyske linjer. Det var ikke bruk for dem, hadde de fått høre.

De første represalier

Den tyske militære ledelse i byen var opptatt av den skjulte mobilisering som de visste foregikk, men som de ikke klarte å stanse. Omfanget av virksomheten ble kanskje noe overdrevet av de beredvillige kontakter som rapporterte den slags til tyskerne, i første rekke medlemmer av den tyske koloni. Den tyske øverstkommanderende i Bergen noterte i sin krigsdagbok 13. april at «nasjonalsosialistene fikk oppdrag: Angi oppviglere, englendere, hemmelige sendere og ammunisjonslagre». Admiral von Schrader og general Tittel jaktet stadig på «usynlige motstandere». Med stort alvor hadde de derfor avhørt folk fra den relativt ubetydelige organisasjonen Frivillig Norsk Forsvar.

Det tok flere dager før de tyske militære sjefene følte seg forvisset om at det ikke fra det hold skulle bli drevet noen franktirørvirksomhet. Men medlemmer av den tyske koloni viste stadig oppfinnsomhet når det gjaldt å rapportere mistenkelige foreteelser. Så svak som stillingen var for tyskerne rent militært, kunne ikke general Tittel la være å reagere på meldinger om mystiske grupper av unge menn i distriktene rundt byen.

Under disse forhold er det forståelig at det vakte opphisselse da en tysk intendanturoffiser 14. april meldte at han var blitt beskutt i Sandviken om morgenen. En bergenser ble litt senere arrestert mistenkt for mordforsøk. Hjemme hos ham fant tyskerne også kommunistiske «Hetzschriften», noe som åpenbart skjerpet deres mistanke. General Tittel tok saken opp med politimesteren. Etterforskningen bekreftet ikke mistanken, tvertimot tydet alt på at det var noe sludder. Men generalen varslet gjennom byens aviser at hvis det ble gjort nye forsøk på bakholdangrep mot tyske militære, ville han ta gisler og erklære unntakstilstand.

Episoden var direkte foranledning til at alle private våpen måtte innleveres til politiet.

Den 18. april ble Askøysenderen, som tjente rent sivile norske formål, satt ut av drift ved at en sjøkabel ble kappet. General Tittel offentliggjorde en erklæring der han minnet om situasjonens alvor. Han sa bl.a. at den

> «forbryterske handling berøver den fredselskende befolkning i Bergen den siste mulighet til å sette seg i forbindelse med sin familie ute i verden, og dermed bevisst har sabotert tilbakevenden til ro og tillit hos befolkningen i Norge . . . I gjentagelsestilfelle vil jeg sette fast som gissel innflytelsesrike menn som bor i nærheten av gjerningsstedet».

Det var ikke lett å si hva som var mest avskyelig: Hykleriet om at befolkningen var frarøvet muligheten til å oppnå kontakt med familien «ute i verden», eller truselen om å ta gisler og la dem unngjelde. Den tone som ble anslått i slike advarsler fra tysk side – helt fra første stund – var grunnfalsk.

Politimesteren i Hordaland fikk i oppdrag å drive etterforskning i sabotasjesaken – men den ble aldri oppklart.

På denne tiden anmodet admiral von Schrader Oslo om å

sende 20 Gestapomenn til Bergen. En tid senere ble anmodningen gjentatt. Da var tallet redusert til 10, og det ble bedt om at noen av dem måtte være norskkyndige. Henvendelsene dokumenterer at samarbeidet mellom tysk sikkerhetspoliti, Gestapo og de militære lederne var bedre enn mange nordmenn fikk inntrykk av under okkupasjonen.

Den 21. april ble det notert i den krigsdagbok som ble ført ved den 69. Infanteridivisjon at det var opprettet et eget etterretningskontor i byen – ledet av Fregattenkapitän Bode. Kontoret skulle samarbeide med Gestapo, men kunne også opptre selvstendig. Blant oppgavene som ble nevnt var sabotasje hos motstanderen, planlegge opprettelse av en konsentrasjonsleir under ledelse av Gestapo, skaffe pengemidler til spionasje m.v. Det var altså meget spesielle oppdrag dette militære kontor skulle ta seg av. Av ganske særlig interesse er det faktum at det var de militære sjefer i Bergen som tok initiativet til opprettelse av konsentrasjonsleir – allerede 21. april. Tidlig ble det forutsett av dem at fengslene ville bli for små. Fangeleiren på Ulven ble visstnok tatt i bruk 1. juni.

Frimurerlosjens hus i Kaigaten ble beslaglagt av tyskerne i slutten av april måned. Etter få dager var hele huset omgjort til tyske kontorer med radiosentral og lager i kjelleren. Stadtkommandanten avviste krav om erstatning for beslaget, for i tyske øyne var frimurerne en farlig og konspiratorisk organisasjon. I september ble alle frimurerlosjer i Norge forbudt og eiendeler som tilhørte Den norske Frimurerorden ble da konfiskert og lederne utsatt for langvarige forhør.

Det var blitt mange problemer for den militære ledelse i slutten av april. Bergensernes fiendtlige innstilling irriterte okkupasjonsmakten. Forsøk på å få i stand et mer vennskapelig forhold mislyktes. Forvaltningen gikk tregt; tyskerne forstod ikke norsk lynne og fra norsk side var det som regel liten forståelse å finne.

Et særlig problem skyldtes de mange utenlandske båtene på havnen. Mannskapene laget ofte bråk på land og det hendte at sjøfolk nektet å følge ordrer fra tyske militære. Antall skip øket dessuten stadig, fordi det ble ført inn fartøyer fra flere steder langs kysten. Den 25. april var det samlet 185 skip på havnen.

Av dem var 121 norske, 19 svenske, 21 danske, 13 finske, 9 estniske og 2 amerikanske. De siste ble forøvrig omregistrert til Panamarederier under bergensoppholdet.

På grunn av manglende lossekapasitet kunne ikke lasten føres i land i Bergen, ble det sagt fra norsk side. Heller ikke kunne skip som tyskerne hadde tatt som priser føres til tysk havn, fordi marinen manglet kapasitet til eskorte og prisemannskap.

De nøytrale skipene fikk man først klarere ut, mens norske måtte vente. Fra tysk side var man bekymret fordi skipene var fristende mål for britiske bombefly. På dette tidspunkt hadde ikke tyskerne særlig meget luftskyts.

Det daglige brød

Det var nok et utbredt ønske at arbeidslivet måtte komme i gang så snart det lot seg gjøre. Dette var nødvendig skulle man klare seg. At det også var i tysk interesse at hjulene kom i gang, fikk ikke hjelpe. Alternativet var nød og kaos, der befolkningen ville få det vanskelig.

Ett av de mange praktiske problemene var at en stor del av befolkningen var reist ut av byen. Det ble antatt at 15–20 000 bergensere var evakuert til områdene nord for byen, mens kanskje det dobbelte antall var i Fana og Os kommuner. Også fra Laksevåg hadde folk i stort omfang trukket bort fra tettbebyggelsen og bodde hos slekt og venner andre steder.

Tyskerne krevde arbeidshjelp til virksomheten på havnen, i første rekke da lossing. Det var nok å gjøre. De kommunale myndigheter fikk pålegg om å organisere lossearbeidet. Etter noen tids overveielser, «rekvirerte» kommunen folk som var plassert i Haukås arbeidsgård. Det var en nødløsning, som det neppe var lovhjemmel for. Den uventede pengerikelighet som arbeidsinnsatsen skaffet denne sosialgruppen, førte etterhvert til atskillig gateuro. Det ble vist overbærenhet så lenge som mulig. Men myndighetene fryktet at det kunne komme til sammenstøt med tyskere. Politimesteren fikk derfor tillatelse til å samle en del av gruppen og internere dem om bord på D/S «Lynx» som lå på havnen. Kommunen påtok seg å forskuttere alle utgifter ved anbringelsen, selv om det var statens oppgave å skaffe midler. Utgiftene kom opp i 43 000 kroner. Denne interneringen skjedde først etter at de juridiske og prinsipielle sider av saken var blitt drøftet av politimester, ordfører, finansrådmann, statsadvokat og byrettsjustitiarius. Det var en nødsforanstaltning. Avgjørende var faktisk den vekt det ble lagt på politiets alminnelige plikt til å forebygge alle former for fare mot den offentlige sikkerhet. Erfaringene med en del av de utenlandske mannskapene fra skip som var blitt liggende på havnen, styrket ønsket om å få anbringelsen gjennomført.

I midten av april hadde ordføreren sendt ut et opprop om at alle ledige snarest måtte melde seg på arbeidskontoret. Dette var tiltrådt av Samorganisasjonen og av den lokale avdeling av Norsk Arbeidsgiverforening. Full sysselsetting var et urealistisk mål. Det hadde allerede før invasjonen vært mange arbeidsledige i byen og distriktene, og nå var tallet steget sterkt. Det meste av transportvirksomheten lå nede. Biltrafikken kom så smått i gang etter at Bergens Handelsstands forening hadde påtatt seg å organisere en Transportsentral. Det ble gitt kjøretillatelser til såkalt livsviktig kjøring og bare hvis det var helt klart at transportene ikke gikk ut av byen. Meget få laste- og varebiler var disponible for private firmaer; en stor del av bilene var rekvirert av kommunen og av det sivile luftvern. Mange biler var forøvrig kjørt ut av byen de første dagene etter 9. april.

Det meste av industrien manglet råvarer som vanligvis kom fra distriktene eller fra utlandet. Lagrene av slike varer var små. En ytterligere komplikasjon for nærings- og arbeidsliv var mangelen på kontanter. Det ble derfor improvisert byttehandel, særlig mellom byfolk og bønder. Men i distrikter hvor det var mange evakuerte kunne det oppstå knapphet på forbruksvarer som butikkene var vant til å få fra byen. Slike distrikter hadde heller ikke noe vareoverskudd til byttehandel.

Et spesielt rasjoneringsutvalg ble nedsatt i Bergen. Flere vareslag ble straks rasjonert, i første omgang smør, margarin og smult – og rasjonene ble satt til 25 gram pr. dag. Uten slik rasjonering ville beholdningene av smør og margarin ikke vart mer enn i en uke. Beholdningen av råstoff for margarinproduksjonen i byen var så beskjeden at det bare strakk til for noen få dagers forbruk. Først i slutten av mai ble rasjonene av fett øket til 40 gram pr. dag. Det syntes man var et stort fremskritt. Til gjengjeld ble da kaffe, te og sukker rasjonert fordi grossistene varslet at lagrene minket.

Det ble i slutten av april arbeidet med å få i gang en viss sjøverts trafikk med distriktene. Gjennom møter med fylkesmann, ordfører og finansrådmann søkte ruteselskapene å få en ordning. Dette ble lagt frem for de tyske myndigheter til godkjennelse. De hadde vært imot at lokalbåtene tok opp trafikken. Det skyldtes at de ikke hadde folk nok til å føre effektiv kontroll. En tid overveide endog de militære sjefer å anmode medlemmer av den lokale tyske koloni om å følge med lokalbåtene, men planen ble oppgitt. Fordi forsyningssituasjonen var så prekær, måtte de militære sjefer i Oslo gå med på at en begrenset rutetrafikk ble gjenopptatt. Før planene ble satt ut i livet, ble det kjent at general Steffens på Voss nedla forbud mot alt rutesamband mellom Bergen og de distriktene som tyskerne ikke hadde kontroll over. Av lojalitet overfor den øverste norske militære sjef i området ventet Hardanger Sunnhordlandske Dampskipsselskap med å sette i gang sine ruter til Hardanger. De begynte 6. mai, etter at kampene i Sør-Norge stort sett var slutt.

De tyske offiserer som hadde ansvar for forsyningstjenesten erkjente at matvaresituasjonen i Bergen var særdeles vanskelig. I et notat datert 6. mai til kommanderende admiral skrev overkvartermesteren for XXI. Gruppe at de tyske styrkene i Bergen bare hadde forsyninger for 14 dager. På grunn av sprengte jernbanelinjer og veibroer måtte man regne med at det ennå ville ta 4–5 uker før forsyninger kunne føres frem over land. Befolkningens situasjon var sterkt utsatt. Det var strengt nødvendig å få forsyninger til byen, ja, så alvorlig var det blitt, at skip straks burde settes inn fra Stavanger, selv om noen av dem kunne bli senket underveis.

Telefonsambandet mellom byen og distriktene var dårlig i hele april og det meste av mai. Mange som hadde sin familie evakuert mistet kontakt, mens ryktene svirret om de problemer som fantes for sivilbefolkningen. Pårørende ventet nyheter om slektninger som deltok i kampene. Det var vanskelig å få rede på hvordan det gikk.

Fullstendig isolert var byen ikke. Folk tok seg frem langs skjulte stier. Det fremgår av tyske arkiver at angivere varslet tyske militære om mistenkelig trafikk ut fra byen. Tyskerne var særlig på vakt mot menn som søkte ut av byen for å melde seg til tjeneste i de norske styrker. Den som var lokalkjent fant frem. Noen søkte seg også ut i øygarden, dels for å komme bort fra byen, og dels i håp om å kunne få bli med en båt over Nordsjøen. Enkelte klarte endog å ta seg frem til Nord-Norge, hvor de deltok i kampene i Narvik-området. En slik ferd langs kysten ble organisert i Bergen for 5–6 mann i midten av mai måned.

Administrasjonsrådet opprettes

De kommunale myndigheter måtte de første ukene handle på egen hånd – eller i samsvar med pålegg som ble gitt av den tyske øverstkommanderende. Det var ingen kontakt med de lovlige norske statsmyndigheter eller sentraladministrasjonen i Oslo. Det var heller ikke noen form for kontakt med den «regjering» Vidkun Quisling fortalte at han hadde utpekt. Det lille man fikk vite om begivenhetene andre steder i landet var det som stod i de sensurerte avisene, foruten det man kunne få gjennom radio. De som fikk inn sendinger fra radiostasjoner i det ikke-okkuperte Norge, særlig Vigra inntil den ble bombet, kunne holde seg noenlunde orientert om den norske regjerings syn. Men mange av de meldingene som kom også fra den kanten var unøyaktige og til dels feilaktige, ganske enkelt fordi nyhetsformidlingen ble for tilfeldig i denne kaotiske tiden.

Da Administrasjonsrådet ble opprettet i Oslo 15. april, hadde ordfører Stensaker sagt at de kommunale myndigheter i Bergen ville anerkjenne rådet. Dette spørsmål hadde kommunen fått en jurist til å utrede; det gjorde seg gjeldende en viss skepsis overfor dette nye organet.

Det *var* også mange uklarheter. Administrasjonsrådet stod helt uten forbindelse med Bergen da det ble opprettet. En kunne heller ikke vente at rådets medlemmer skulle ha noen innsikt i de problemer som myndighetene i Bergen hadde å hanskes med. De vedtak som rådet traff i den første tiden måtte nødvendigvis bli preget av at det holdt til i Oslo.

Den virkelighet man stod overfor i Bergen var at de tyske militære ledere hadde kontroll over byen. Juridiske og forvaltningsmessige hensyn måtte innordnes under okkupantenes vilje, selv om bergenske jurister studerte Haag-konvensjonens bestemmelser om rettigheter og plikter under en okkupasjon. Når alt kom til alt var det makten som tellet, ikke jussen. Tyskerne hevdet stadig at de ønsket et korrekt forhold til de kommunale myndigheter og til statens representant, fylkesmannen. De forsikret at de ikke hadde noen interesse av å blande seg inn i det lokale styre og stell. Men det var alltid den vesentlige reservasjon at det var de tyske myndigheter som måtte ha det siste ord når felles interesser ble berørt.

Krigstilstand

Den 11. april var det i en kunngjøring fra Berlin offisielt slått fast at det etter tysk oppfatning «hverken de jure eller de facto» forelå noen krigstilstand mellom Norge og Tyskland. I forbindelse med den angivelige skyteepisode den 14. april var dette blitt bekreftet indirekte av den tyske øverstkommanderende i byen. Da det nemlig ble tale om å stille mannen som var arrestert og siktet for mordforsøk, for tysk standrett, hadde politimester Pedersen sagt at han da måtte trekke den slutning at Norge og Tyskland var i krig med hverandre. Han viste til at general Tittel 9. april hadde forsikret at man fra tysk side ikke skulle blande seg inn i norsk administrasjon og rettsvesen. Tyskerne overlot etter dette til norsk politi å forfølge denne saken.

Den 20. april – på Hitlers fødselsdag – kom admiral von Schrader med et følge av høyere offiserer til ordførerens kontor. Det var en lørdag, og admiralen hadde på forhånd varslet om at han ville treffe fylkesmann, ordfører og politimester. Ingen av de norske visste hva møtet gjaldt. Admiralen innledet med å ta frem et eksemplar av kommunistavisen «Arbeidet», og sa at avisen var utkommet uten å være sensurert på forhånd. Det ville man ikke godta for fremtiden.

Dernest fortalte han at det var blitt skutt mot en tysk soldat i Ibsens gate. Dette så man særdeles alvorlig på og han antydet at det ville bli iverksatt strenge tiltak.

Admiral von Schrader meddelte så høytidelig at det var inntruffet en ny situasjon i forholdet mellom Norge og Tyskland. De to land var fra nå av i krig med hverandre. I denne nye situasjon ville han som øverstkommanderende straks overta den «utøvende myndighet» i Bergen.

Ordfører Stensaker svarte at avisen som hadde vakt irritasjon jo hadde en relativt sterk ideologisk tilknytning til Sovjetunionen som var Tysklands allierte. Myndighetene i Bergen heftet ikke for noe av det avisen offentliggjorde og kunne heller ikke utøve noen form for sensur.

Når det gjaldt den påståtte skyteepisoden, ville saken selvsagt øyeblikkelig bli etterforsket av norsk politi. Så snart resultatet forelå, ville admiralen bli underrettet.

At den tyske øverstkommanderende for Norges vestkyst nå overtok den høyeste utøvende myndighet i Bergen ble foreløpig bare tatt til etterretning. Ingen av nordmennene kommenterte opplysningen om den inntrådte krigstilstand. For dem var det likevel selvsagt at vi var i krig; det eneste overraskende var at dette først nå ble erkjent fra tysk side.

Om ettermiddagen fikk ordfører, politimester og fylkesmann brev fra general Tittel. Initiativet til disse brev var tatt av den tyske konsul, som hadde ment at man ved avslutningen av den første fase av okkupasjonen skulle gi uttrykk for anerkjennelse til de sivile myndigheter i Bergen. Ordlyden illustrerer godt den nærmeste idylliske atmosfære man fra tysk side mente å ha konstatert i byen. Det brev ordføreren fikk lød:

«Etter at et nytt avsnitt i Deres skjønne by Bergens skjebne er begynt med overtagelsen av den utøvende makt av øverstkommanderende for den tyske vernemakt i Bergen, ville jeg gjerne som kommandør for de tyske tropper i Bergen, uttrykke min særlige takk for Deres lojale opptreden og Deres stadige samarbeid.

De har fra første stund handledyktig bevist at De var villig til å arbeide sammen med oss for å gjenopprette orden og ro og for en varig forståelse med den norske befolkning.

Jeg har den fulle tillit til at De under de endrede forhold også videre vil gjøre alt til beste for de Dem betrodde medborgere og til beste for en forståelse med de Dem vennligsinnede, fredselskende tyske soldater.»

Søndag 21. april kom et brev fra admiral von Schrader der meldingen om maktovertagelsen ble skriftlig bekreftet. Nyordningen medførte, skrev admiralen, at «den norske regjeringskommisjon etter meddelelsen fra Oslo ikke har noen innflytelse, og at jeg ble overdradd den utøvende myndighet i Bergen. Det betyr at de herværende myndigheter ikke tillates å motta noen instrukser eller befalinger fra andre enn meg.»

Ordfører, fylkesmann og politimester ble samtidig forelagt en erklæring på tysk som admiralen ba dem undertegne straks. I erklæringen skulle de sivile norske myndigheter godta at admiral von Schrader var overlatt «den utøvende myndighet i det av de tyske tropper i og omkring Bergen besatte områder». De tre sivile lederne skulle forplikte seg til å motta alle forordninger som angikk lover og rettstilstand utelukkende fra den tyske øverstkommanderende. «Det er meg bekjent at jeg ikke har lov til å motta eller følge instrukser eller befalinger fra andre steder», het det tilslutt i erklæringen.

Admiral von Schrader overlot til ordføreren selv å avgjøre om han ønsket å offentliggjøre meldingen om «den grunnleggende forandrede rettstilstand» ved et opprop til befolkningen. Før en eventuell offentliggjørelse ønsket han å bli underrettet. Det samme gjaldt hvis «ordføreren tror det er overflødig, fordi endringen ikke virker på den brede massen foreløpig».

Erklæringen ble dessverre ikke offentliggjort. Det hadde unektelig vært en fordel om det var blitt gjort, fordi den så klart og tydelig fastslo at Tyskland formelt var i krig med Norge.

I admiral von Schraders erklæring ble det uttrykkelig sagt, at «så lenge krigføringen ikke nødvendiggjør andre tiltak, har jeg ikke til hensikt å forstyrre Deres arbeid i den form det hittil har vært utført.» Dette ble riktignok gjort avhengig av at myndighetene i Bergen skriftlig godtok ordningen og undertegnet den erklæring de hadde fått tilsendt.

Fylkesmannen, politimesteren og ordføreren ble raskt enige om at erklæringen ikke kunne undertegnes i den form den hadde fått av von Schrader. Med den tyske konsul som mellommann ble det lagt frem et motforslag overfor admiral von Schrader, og 23. april ble partene enige om en ny formulering. Det var en sterkt utvannet erklæring, der nordmennene først uttalte at de var blitt gjort kjent med at admiral von Schrader var blitt overdratt den utøvende myndighet i det område tyskerne holdt besatt i og rundt Bergen. Det het videre:

> «Jeg har erklært meg beredt til å utøve de funksjoner som er nødvendige for å opprettholde sivilbefolkningens liv, handel, samferdsel og sikkerhet, videre på samme vis som hittil, kun i samarbeid med de tyske vernemaktsmyndigheter.»

Rekkevidden av denne erklæring er høyst diskutabel. Den ble avfattet og undertegnet under sterkt press, idet von Schraders løfte om ikke å blande seg inn i styre og stell – «så lenge krigføringen ikke nødvendiggjorde andre tiltak» – ble gjort avhengig av nordmennenes underskrift. Det de sivile norske myndigheter forpliktet seg til var bare å samarbeide med de tyske «vernemaktsmyndigheter».

Myndighetene i Bergen kunne ikke vite at denne episoden i virkeligheten var uttrykk for en maktkamp mellom de militære sjefer og partiledelsen i Berlin. Da det var blitt klart at Kongen og Regjeringen ikke ville overgi seg, men tvertimot ta opp kampen mot de tyske angripere, hadde man i Berlin motstrebende erkjent at denne del av planen sviktet. Hitler uttalte til sine medarbeidere at han ville sende en betrodd partimann til Norge, som sin spesielle representant. Riksmarskalk Herman Göring støttet idéen og det ble antydet at gauleiteren i Rhinland, Josef Terboven, ville være et godt valg. Hærens overkommando var engstelig for at dette ville bety at de militære ikke lenger skulle spille den ledende rolle i Norge. Den 18. april hadde derfor general Jodl gitt ordre til at det skulle utarbeides en kunngjøring om at minister Bräuer i Oslo ville bli avløst av en «Zivilkommissar». Jodl hadde tenkt seg at denne «Zivilkommissar» skulle være underordnet den militære øverstkommanderende, general von Falkenhorst. Derfor fikk von Falkenhorst allerede 19. april overdratt den utøvende makt i Norge. I sin dagbok skrev Jodl samme dag: «Fornyet krise. Politisk aksjon mislykket. Minister Bräuer blir avskjediget. Da Norge er i krig med oss, er UD's oppgave avsluttet. Etter Førerens oppfatning må det brukes makt. Gauleiter Terboven skal settes inn.» Og dagen etter skriver Jodl at Hitler åpenbart er blitt «suggerert» av meldinger fra Luftvåpnet (Göring) om at nordmennene i stor stil kan komme til å drive gerilja og sabotasje. «Jeg gikk allerede 19. april mot en slik oppfatning. Vi må ikke drive nordmennene til passivt eller endog aktivt motstandsarbeid for det er jo nettopp britenes mål».

At det hadde vært atskillig usikkerhet på tysk side med hensyn til rekkevidden av en erklæring om krigstilstand, er lett å se. Den 16. april hadde statssekretær Friherre von Weizsäcker i det tyske utenriksministerium telegrafert til konsulatene i Bergen, Kristiansand, Narvik, Stavanger og Trondheim og forklart at utover det å bryte ned den væpnete motstand, var Tyskland ikke i krig med Norge. Den 18. april skrev den tyske sjef i Stavangeravsnittet, oberst von Beeren til fylkesmannen i Rogaland bl.a. « . . . Jeg tillater meg enda en gang å henvise til at etter den siste erklæring fra Den tyske riksregjering, som jeg nettopp har mottatt, består der ingen krigstilstand mellom Det Tyske Rike og Norge». Det var først 22. april at oberst von Beeren meddelte fylkesmannen og ordføreren i Stavanger at det var krigstilstand, og at han selv overtok den øverste sivile myndighet i Rogaland. Myndighetene i Stavanger ble imidlertid ikke avkrevd noen lojalitetserklæring, slik som de ble i Bergen.

Erklæringen i Bergen er enestående. Formelt hindret den myndighetene i å følge instrukser og påbud som ble gitt av det nyutnevnte Administrasjonsråd i Oslo. Særlig viktig var det ikke på dette tidspunkt, fordi kontakten med Oslo likevel var brutt. Det var den tyske øverstkommanderende i Bergen som var den faktiske sjef, og erklæringen fastslo at slik skulle det fortsette å være. Men 24. april kom Førerens proklamasjon om at Josef Terboven var utnevnt til «Reichskommissar für die besetzten norwegischen Gebiete». Den nye Reichskommissar skulle ivareta Rikets interesser og utøve den høyeste regjeringsmakt på det sivile område. Den øverste militære sjef i Norge, general von Falkenhorst, hadde ifølge proklamasjonen høyeste militære myndighet. Hans ønskemål i den sivile sektor kunne bare gjennomføres av Reichskommissar. De to sjefene var sideordnet, men slik proklamasjonen var utformet hadde Terboven fått den øverste regjeringsmakt og dermed de videste fullmakter.

Hvordan skulle stillingen i Bergen bli etter dette? Skulle de sivile norske myndigheter være forpliktet til bare å følge pålegg og ordrer fra den militære øverstkommanderende, slik de hadde lovet? Problemet ble løst på den enkle måten at erklæringen ble «glemt», både av de tyske militære sjefer og av de norske myndigheter.

Den tyske proklamasjon av 24. april – det såkalte «Führer-Erlass» hadde i sin innledning slått fast at «regjeringen Nygaardsvold, gjennom sine erklæringer og sin opptreden, foruten ved de kamphandlinger som finner sted etter dens egen vilje, hadde skapt krigstilstand mellom Norge og Det Tyske Rike.» Teksten til dette «Erlass» ble trykt i første nummer av «Verordnungsblatt für die besetzten Gebiete». Dette forordningsblad ble først trykt på norsk i begynnelsen av mai. Da var innledningen om krigstilstanden mellom de to land sløyfet.

For de aller fleste nordmenn var det uten særlig interesse hva tyskerne kalte forholdet mellom Tyskland og Norge. Ingen kunne være i tvil om at det var krig fra 9. april – hvordan skulle ellers en krig arte seg? Det var senere ikke inngått fredsavtale – altså var det fortsatt krig sommeren 1940. De lovlige norske myndigheter fortsatte kampen fra London; oppgaven i det okkuperte Norge var å holde ut og forberede seg på frigjøringen. At de tyske myndigheter varierte språkbruken etter hensikten, forvirret ikke mange. Gjaldt det å true, skremte de med krigsrett og viste til krigstilstand. «Krieg ist Krieg» var et standarduttrykk som tyskerne nyttet når de selv følte et visst ubehag over den fremgangsmåte som ble praktisert. Gjaldt det å vinne venner var det naturligvis mer hensiktsmessig å tale om det germanske fellesskap, om våpenbrorskap osv. Særlig i de første månedene Terboven var i Norge prøvde han å fremstille det som om konge og regjering var i krig med Tyskland, mens det norske folk ikke var det. De som fulgte den «flyktede» regjerings politikk, var en «klikk» som satte seg utenfor fellesskapet. En stor del av den nazistiske propaganda bygget på denne eiendommelige forestilling, som knapt noen i hele Norge trodde på.

Hjulene holdes i gang

I det okkuperte Norge var det godtatt at man skulle søke å holde arbeidslivet i gang under de nye forhold. Lenge før det var oppnådd kontakt mellom Administrasjonsrådet i Oslo og resten av landet var denne holdning akseptert. Det finnes ikke et eneste eksempel på at offentlige norske myndigheter i de okkuperte områder ikke gikk inn for å få arbeidslivet i virksomhet.

Den formelle tyske maktovertagelse av administrasjonen i Bergen fikk ingen reell betydning, ja, knapt nok noen administrative virkninger. Den tyske militære øverstkommanderende grep ikke mer inn i forvaltningen enn før. Men i en annonse i bergensavisene 27. april kunngjorde han at han hadde overtatt den utøvende makt i Bergen. Meldingen om dette kom midt inne i en erklæring som både inneholdt anerkjennelse og strenge advarsler. Det var en oppskrift som man senere skulle bli vant til.

«Nordmenn, bergensere, ta det rolig og fornuftig som hittil! Men den som ikke vil høre må føle!

... Fra tysk side har man spesielt lagt vekt på ikke å blande seg i kommunale eller juridiske anliggender. Dette har forøvrig også vært unødig, da det daglige liv atter er kommet i de gamle folder, takket være arbeidet fra de lokale myndigheters side.

Av den grunn er det heller ikke utadtil kommet til uttrykk at den tyske øverstkommanderende den 20. april har overtatt makten i Bergen og i de av tyske tropper besatte distrikter. Myndighetene arbeider som sedvanlig til befolkningens beste og det daglige liv kom etterhvert i gang. Tilførslene fra landbruksdistriktene tok til igjen ved samarbeid med den tyske vernemakt og forretningslivet kom i gang igjen.

– – –

Den tyske vernemakt har konstatert og har beviser for, at den norske øverstkommanderende for Vestlandet, general W. Steffens har oppfordret til sabotasje og fiendtlige handlinger mot handel, virksomhet og overfor den tyske vernemakt av personer som ikke tilhører det norske militære.

Den tyske øverstkommanderende er derfor i ro- og sikkerhetsinteresse tvunget til å gjøre oppmerksom på faren ved å følge denne uforsvarlige og opphissende propaganda og må ta de nødvendige restriksjoner for å møte dette angrep på den tyske hær og det fredelige liv i Bergen ...»

Erklæringen nevnte deretter forbrytelser som ville bli dømt ved tysk rett, i første rekke sabotasjehandlinger mot livsviktige bedrifter og kommunikasjoner, senkning av skip og «enhver voldshandling mot personer som tilhører den tyske vernemakt», samt endelig det å bære våpen. Dommen ved tysk krigsrett for alle slike forbrytelser var døden.

Det var tyskernes ønske at hjulene skulle settes i gang igjen overalt hvor det var mulig; sabotasje ville ikke bli tålt.

De daglige møter i byens kriseutvalg og de hyppige konferanser mellom representanter for organisasjoner, banker og institusjoner gikk videre uten alvorlige forstyrrelser fra tysk side. Det faktum at Bergen var avskåret fra resten av landet skapte et naturlig og sterkt samhold. På alle hold merket man vilje til å hjelpe hverandre ut av vanskelighetene så langt det var mulig. Ikke fra noe hold kom det kritikk mot at «hjulene skulle settes i gang».

Det var f.eks. bred enighet om at man måtte søke å unngå at virksomheter stoppet slik at arbeidsledigheten øket. De som gikk ledige fikk tilbud fra kommunen om å begynne grønnsakdyrking på Landås i begynnelsen av mai, i påvente av annet lønnet arbeid. Men fordi det meste av industrien i Bergen og på Laksevåg hadde sine markeder utenfor Bergenshalvøen og dessuten var avhengig av råvarer utenfra, måtte det ekstraordinære tiltak til for å unngå masseledighet. Det ble derfor opprettet et produksjonsråd allerede den 24. april. Rådet fikk stor myndighet; det kunne bl.a. avgjøre om en bedrift skulle få fortsette virksomheten eller ikke. Fant rådet at samfunnsmessige hensyn tilsa det, skulle byens banker stille de nødvendige pengemidler til rådighet slik at bedriften kunne fortsette. Oppstod det tap som følge av dette, påtok de kommunale myndigheter seg å sørge for å dekke tapet. Produksjonsrådet fikk en garantikapital på 5 millioner kroner. Norges Bank dekket halvparten av summen og bergensbanker resten. Planen var å sikre sysselsetting for ca. 4 000 arbeidere i ca. 12 uker gjennom denne garantiordningen.

Det ble ikke reist innsigelser mot den store makt produksjonsrådet fikk. Det ble f.eks. godtatt at rådet skulle ha rett til å føre kontroll med selskapenes drift og revidere deres regnskaper. Den enkelte bedrift måtte forplikte seg til å sysselsette et nærmere antall personer på full arbeidsuke. Ordningen virket i praksis – hjulene ble holdt i gang og det forhindret økt arbeidsledighet.

Bortimot 200 bedrifter var i forbindelse med produksjonsrådet, og i kreditter ble det bevilget 3 millioner kroner. Nesten 2 000 mennesker ble på denne måten sikret arbeid uten at garantistene led tap. Av særlig betydning var det, at det gjennom samarbeid med kommunale myndigheter ble startet byggeprosjekter som kom hele bysamfunnet til gode.

Omtrent samtidig med at produksjonsrådet ble opprettet forsøkte tyskerne å sikre seg kontroll over byens økonomi ved å avkreve bankene en lojalitetserklæring. Gjennom en «Anordning» beordret Fregattenkapitän Angermann etter befaling av «innehaveren av den øverste makt» bl.a. at bankenes samlede beholdninger av verdier kun skulle disponeres etter avtale av den tyske vernemakt. Bankenes ledere ble ifølge anordningen gjort personlig ansvarlige overfor «innehaveren av den utøvende makt ... Med dette ansvar står de under krigsrett». Det tyske krav ble straks avvist av finansrådmannen som pekte på at det ville medføre at de sivile myndigheter i byen ble satt ut av funksjon på det økonomiske område. Bankene ble deretter enige om en erklæring som var mindre vidtgående. I hovedsak gikk den ut på at alle bankverdier skulle bli i Bergen under bankenes fulle kontroll. De skulle ikke kunne fjernes uten tillatelse av den tyske vernemakt. Det het i den nye erklæring som bankene selv formet:

> «Bankenes ledelse skal være forpliktet til å fortsette virksomheten overensstemmende med lovgivningen i den utstrekning det kreves for opprettholdelse av næringslivet og med den begrensning som følger av deres virkemidler til enhver tid.»

Det vesentlige ved denne form var at den uttrykkelig bygget på den eksisterende lovgivning. I midten av mai, etter at det var oppnådd kontakt med Oslo, ble erklæringen erstattet av en mindre omfattende forpliktelse som var resultat av forhandlinger mellom bankene i Oslo og de tyske sivile myndigheter. Den var begrenset til å hindre at bankene foretok disposisjoner som antas, direkte eller indirekte, «å komme det Britiske Imperium eller dets allierte til gode».

Umiddelbart etter 9. april besluttet de kommunale myndigheter at arbeidstagerne inntil videre bare skulle få utbetalt femti prosent av lønnen. Når forholdene ble avklart og man igjen hadde oversikt over stillingen skulle de resterende femti prosent utbetales. Forutsetningen var at ingen skulle betale skatt eller gjeld av det reduserte lønningsbeløpet. Det samme gjaldt husleie og andre økonomiske forpliktelser. Da de kommunale myndigheter oppfordret til full lønnsutbetaling igjen og det dessuten var blitt mulig å få ut større beløp av bankinnskudd, regnet man med at dette ville få pengesirkulasjonen i noenlunde normale former. Det lokale prisråd hadde nedlagt forbud mot økning av husleier uten samtykke av rådet. Det var dessuten kontroll med prisene.

I april/mai ble situasjonen drøftet på lokalt plan mellom Samorganisasjonen og Norsk Arbeidsgiverforening. Det ble tatt sikte på å få en ny lønnsordning og snarest mulig sikre alle lønnstagere utbetaling av den lønn de hadde tilgode. Det ble oppnådd enighet 4. mai. Tidligere overenskomster skulle fortsette, men det krisetillegg som var blitt innført 1. september 1939 ble ikke lenger utbetalt. Det ble altså en lønnsreduksjon, beregnet til omtrent 8 prosent. Samorganisasjonens representanter krevde at de midler som på den måten ble innspart skulle gå til sysselsettingstiltak og til støtte for ledige. Det ble samtidig forlangt at prisene på livsviktige varer måtte bli satt ned, og at det skulle forhandles om senkning av husleien og eventuelt om bankrenten.

Resultatet av forhandlingene var vanskelig å godta for mange. Talsmenn for kommunistpartiet gikk særlig hardt ut med kritikk. De antydet endog at lønnsordningen var et eksempel på at Samorganisasjonen og arbeidsgiverne utnyttet situasjonen. I kommuneadministrasjonen var man betenkt over den kraftige reaksjonen og fryktet uro på arbeidsplassene. Ordføreren henstilte til noen av de kommunistiske fagforeningsfolkene om å dempe kritikken. Man befant seg i en ekstraordinær situasjon og måtte holde sammen. «Arbeidet» kom rent i harnisk over lønnsavtalen.

Det ble fra tysk side sagt at man ikke var i favør av lønnsreduksjon, noe lederen for den næringsøkonomiske avdeling, major von Viebahn, skrev i et brev til ordføreren. Majoren hadde latt seg intervjue av lokalpressen i slutten av april om den økonomiske situasjon i byen. Han hadde uttalt seg optimistisk om blant annet sysselsettingsmulighetene – eventuelt med tysk hjelp. Da ordningen mellom partene i arbeidslivet ble offentliggjort hadde tyskerne ingen innvendinger.

Den lokale avdeling av Norges Bank fikk sende et brev til Oslo 7. mai med et tysk militærfly. I brevet fikk Norges Banks hovedkontor en første orientering om den vanskelige situasjon Bergen befant seg i. Det var ellers en inntrengende anmodning om at det omgående måtte sendes penger. Fire dager senere kom et tysk fly med den første sending pengesedler. Et par dager deretter kom en større sending sedler med et av de første togene etter at jernbanen var kommet i gang igjen. Det ble derfor ikke aktuelt å trykke flere pengeanvisninger – de såkalte «bergenspenger». I stedet kunne bankene ta til å innløse dem som hadde vært i sirkulasjon.

De tyske myndigheter var interessert i å stimulere de økonomiske og handelsmessige forbindelser mellom norske og tyske firmaer. Den 6. mai fikk næringslivets folk vite at de kunne sende brev til tyske forretningsforbindelser – i åpen konvolutt – til «Verwaltung und Wirtschaftsamt der deutschen Wehrmacht in Bergen». De militære myndigheter ville så besørge posten videresendt. Det var visstnok ikke noen korrespondanse som ble formidlet på denne måten.

Eksplosjoner, bomber og drivstoffmangel

Natten til 8. mai ble titusener vekket av en kraftig eksplosjon. Lufttrykket førte til at det oppstod skader på hus over store deler av Nygårdshøyden, Møhlenpris, Kalfaret, Solheimsviken, Damsgård og Laksevåg. Vindusruter ble knust, takstein blåste av og trær veltet. Det var på Marineholmen eksplosjonen skjedde og omfanget av ulykken ble først kjent den følgende dag.

Det begynte å brenne i en mindre trebygning. Tyskerne

prøvde å slukke, men da de ikke klarte det, ble brannvesenet tilkalt. Det ble telefonert fra Marineholmen kl 0330, og brannvesenet fikk etter forespørsel vite at det ikke var fare for eksplosjoner på brannstedet. Brannsjef Harald Sontum ledet slukningsarbeidet. Ilden hadde særlig godt tak i en verkstedsbygning og brannslukningsmateriellet ble derfor ført frem mot dette stedet.

Den kraftige eksplosjonen kom omtrent på det tidspunkt brannfolkene for alvor var begynt å bekjempe ilden. Brannsjef Sontum og seks av hans menn ble drept. Ti andre brannmenn ble såret. Etter den store eksplosjonen fulgte en rekke mindre; det fortsatte slukningsarbeid var derfor uhyre farlig og vanskelig.

De tyske tap ved eksplosjonen ble aldri offentliggjort, men 15 militære mistet livet og 43 ble såret. Det ble senere fra tysk side antatt at det var 40 dypvannsbomber som var brakt på land fra «Karl Peters» som var årsak til eksplosjonen. Tysk politi gjorde energiske undersøkelser for å finne ut om det hadde vært sabotasje med i spillet. Trafikken ut og inn av byen ble nøye kontrollert fra tidlig om morgenen 8. mai. Det ble også arrestert noen bergensere, bl.a. nattportieren på hotell Terminus der det tyske militære hovedkvarter var. Etter avhør ble de satt på frifot. Brannen oppstod høyst sannsynlig som følge av uforsiktighet fra tyske soldaters side.

Ulykken styrket følelsen av at Bergen var en frontby, der krigsskader kunne få stort omfang. Dagen etter eksplosjonen på Marineholmen angrep britiske bombefly mål i byen. Det skjedde om kvelden og på grunn av en misforståelse ble det ikke gitt flyalarm. Det var et ganske dramatisk angrep som egentlig var rettet mot skip på havnen. Noen bomber traff hus i Strandgaten, bl.a. Firdaheimen hospits. Der ble en nordmann drept. En tysk minesveiper, M 134, som lå ved Dokkeskjærskaien fikk en fulltreffer og sank i løpet av få minutter. Fire av mannskapet ble drept og åtte såret. Også Kvarven og Hellen ble angrepet. Ett fly styrtet i sjøen vest for Hegraneset og de to flyverne omkom. Begge likene ble senere tatt opp fra sjøen av tyskerne og begravd i Bergen.

To dager senere angrep britiske fly på nytt. De bombet tankanlegg på Florvåg og satte flere av tankene i brann. Det var uråd å få ilden slokket. Omtrent 19 millioner liter olje og bensin gikk tapt. Det tilsvarte to års normalt forbruk i Bergen. Over hele byområdet var de veldige røykskyene fra Askøy synlige i nesten en uke. Det skapte en uhyggesstemning, selv om det var en tilfredsstillelse å vite at tyskerne fikk mindre drivstoff.

Under slike forhold, med flyangrep, eksplosjoner og branner, var det vanskelig å få dagliglivet «normalisert» slik admiral von Schrader ønsket. Det gikk rykter om at flyene hadde sluppet flyveblader, der det var nevnt at nye og større bombeangrep kunne ventes. Og mange ventet trofast på den dag britene skulle gjøre landgang.

De strenge restriksjonene på all sivil bilkjøring satte sitt sterke preg på gatebildet. I begynnelsen av juni oppnevnte kommunen et tre-mannsutvalg som skulle utrede spørsmålet om å skaffe gassgeneratorer til kommunens biler. Bensinrasjonering ble innført 1. juli. De første rasjonene ble satt til 30 prosent av vanlig behov, men alle forstod at kvoten ikke kunne fastsettes på dette grunnlag. Rasjoneringen førte til at drosjetallet sank drastisk – fra 60 til 20 – og bare en eneste drosjeholdeplass ble opprettholdt.

I løpet av sommeren dukket forøvrig de første generatorbilene opp i byen. De minste generatorene nyttet karbid, mens de største ble fyrt med ved, eller knott som man kalte de små vedstykkene. Knottproduksjonen kom snart i gang overalt på Vestlandet, ikke minst etter at bensinrasjoneringen ble vesentlig skjerpet 1. september.

Presse og radio knebles

I ti-tiden 9. april ble samtlige bergensaviser varslet pr. telefon av folk fra general Tittels stab om at korrekturtrykk av alle sidene måtte forelegges general Tittel og rittmester von Stockhausen på Bergenhus. Sistnevnte forstod norsk. Gjennom denne kontroll sikret tyskerne seg at det ikke kom noe på trykk som de ikke ønsket. Neste dag ble også redaktørene innkalt til admiral von Schrader. Der ble sagt at det gjaldt en pressekonferanse; et begrep som hadde en annen mening for journalistene enn dette møte. Det som skjedde var nemlig at rittmester von Stockhausen la frem de grunnleggende retningslinjer som skulle gjelde for pressens arbeid. Det ble uttrykkelig forbudt å offentliggjøre noe som var uheldig for tyske interesser, eller som kunne gi slike inntrykk. Rittmesteren oppfordret redaktørene til lojalt å samarbeide, og stilte faktisk i utsikt en viss oppmyking av sensurbestemmelsene som var pålagt dem 9. april. Det ble imidlertid gjentatte ganger understreket at åpent eller skjult arbeid mot tyske interesser ikke ville bli tålt. Forøvrig ble det fremhevet at avisene kunne spille en viktig rolle når det gjaldt å berolige befolkningen.

Det var en særdeles vanskelig oppgave avisene hadde. Retningslinjene var uklare; det var ikke mulig å si hva tyskerne regnet som «negative» artikler og notiser til en hver tid. En avis – Gula Tidend – innstilte 10. april. I de andre avisene forekom det flere ganger at det i spaltene var hvite felt, noe som vitnet om at stoff var strøket av den tyske sensur. I de første ukene var admiral von Schraders stab ikke i stand til å finlese alle avisene. Derfor forekom det at det kom inn stoff som tyskerne mislikte. Etter noen tid ble det forøvrig innført et nytt sensursystem, idet rittmester Stockhausen, som hadde fått kontor på hotel Terminus, leste avisene etter at de var trykt. I redaksjonene måtte man da bare håpe at han ikke oppdaget noe han mislikte –.

Den 7. mai holdt tyske offiserer en «pressekonferanse», der sjefredaktørene for Bergens Aftenblad, Bergens Arbeiderblad, Bergens Tidende, Dagen, Gula Tidend og Morgenavisen var til stede. Tyskerne forsikret at de var innstilt på et godt og nært samarbeide. Men det ble nevnt at de ville sette pris på at avisene gjenopptok sin praksis med redaksjonelle lederartikler og kommentarer til aktuelle begivenheter. Bare på den måte kunne man unngå at avisene fikk et altfor stereotypt preg, mente de tyske offiserene. De sa også at avisene burde venne seg av med å bringe alarmerende og sensasjonelle nyheter og bilder. Deres oppgave var først og fremst å virke beroligende på opinionen.

Tre dager senere beklaget general Tittel seg overfor ordføreren fordi bergensavisene alltid inneholdt likt stoff. De manglet etter hans mening mot til å skrive uavhengige lederartikler og kommentarer til døgnets hendinger. Dessuten viste de for stor avhengighet av britiske og «hemmelige oppdragsgivere».

Den neste dag skrev admiral von Schrader et brev til Bergens Tidendes redaktør og konkretiserte klagemålene med en rekke punkter. Helt siden 9. april hadde avisen, trass i gjentatte advarsler, vist at den ikke ville følge de retningslinjer som var gitt. Flere artikler hadde hatt en slik form og et slikt innhold at de var egnet til å fremkalle uro i befolkningen. Admiralen ville dessuten peke på visse feil som hadde forekommet i det siste. I brevet fulgte så en henvisning til artikler som var trykt i tiden 8.–11. mai og som tyskerne mislikte. Til slutt ble det vist til en spesiell sak som hadde fått tyskerne rasende:

> Den 10. mai hadde Bergens Tidende på første side en billedmontasje, som på en fordekt måte var rettet mot de tyske styrker. Avisen hadde fått tillatelse til å offentliggjøre to forskjellige bilder og de burde vært gjengitt hver for seg. Ved at klisjeene ble tilskåret hverandre, måtte det inntrykk bli skapt, at den tyske vernemakts handlinger i Ulvik umiddelbart kunne settes i sammenheng med den tyske generals person. Underskriften under de sammenhengende bilder «To bilder fra Ulvik» uten nærmere forklaring viser likeledes at Bergens Tidende ville bringe de to bilder i indre sammenheng . . .
>
> Disse eksemplene viser at Bergens Tidende søker – åpent og skjult – å motsette seg de fastsatte retningslinjer.

Etter dette ble Bergens Tidende stanset fra 14. mai til og med 21. mai.

Øverstkommanderende i Bergen hadde en egen avdeling som var ansvarlig for presse- og informasjonsspørsmål. Denne avdelingen fikk 9. mai mer detaljerte retningslinjer å arbeide etter. Blant de oppgaver den ble pålagt var å gjennomgå avisene fra Bergen, Stavanger og Voss hver dag. Det skulle føres dagbok over virksomheten. Avdelingen hadde som en av sine plikter å sørge for at meldingene fra den tyske overkommando om hendingene ved frontene straks ble oversatt til norsk og sendt avisene. Den skulle også påse at ingen av avisene utkom med «hvite flekker» som røpet at noe av stoffet var strøket av sensuren. Redaksjonen skulle pålegges å ha reservestoff liggende i slike tilfeller. For å sikre et godt samarbeid skulle det nyttes et «mestbegunstigelsesprinsipp», slik at de aviser som viste størst samarbeidsvilje også fikk det beste nyhetsstoffet, intervjuer med tyske offiserer osv.

I begynnelsen av juni, etter at det var etablert noenlunde normale telefonforbindelser innenlands, ble sensurbestemmelsene samordnet for hele dagspressen. Retningslinjer ble sendt avisene gjennom NTB. Det ble for sikkerhets skyld gjentatt at det stoff som kom gjennom nyhetsbyrået var sensurert og derfor kunne brukes som det kom. En karakteristisk melding fra NTB fra denne tiden forklarte bl.a.:

> ... Regjeringen Nygaardsvold må ikke forsvares. Taler av personer som tilhører kongefamilien, regjeringen eller generalstaben må ikke gjengis. Fotografier av dem må heller ikke offentliggjøres.
>
> Hva utenrikspolitikken angår, må en ta hensyn til Tysklands utenrikspolitikk. Land som Tyskland har avtaler med må ikke angripes.
>
> Meldinger som gjelder økonomiske og finansielle forhold, næringsliv og industri må ikke gi anledning til uro. Bare den slags meldinger som fremhever at vanskeligheter overvinnes eller er overvunnet må sendes ut.
>
> En må ikke offentliggjøre noe som skader forholdet mellom de tyske tropper og den norske befolkning.
>
> Den tyske overkommandos beretninger må slåes godt opp.
>
> En må ikke gjengi meldinger fra andre aviser som gjelder krigsskader, skipsforlis eller forholdet mellom troppene og befolkningen.
>
> En må ikke bruke ordet verdenskrig om den pågående konflikt ...

Norske pressefolk hadde aldri opplevd noe tilsvarende. Sensuren var ikke bare detaljert og streng; den var også uttrykk for en grov forakt for sannheten. Det var ille å få vite hva man ikke fikk skrive, men det var selvsagt verre å få vite hva man skulle skrive – mot bedre vitende. Det ble en sport og litt av en kunst å smugle inn «forbudt stoff» overalt hvor det var mulig. Det forekom selvsagt også at det ved feil eller misforståelser dukket opp stoff i avissidene som sensurinstansene ble irritert over. Straffen lot sjelden vente lenge på seg. Noen ganger kom det bare irettesettelser – som til et ulydig barn. Andre ganger kunne en avis bli stanset eller mulktert. Samtlige bergensaviser hadde sine kontroverser med pressesensuren.

Avisene kom forøvrig i en vanskelig økonomisk situasjon. Annonsemengden sank drastisk og det var i den første tiden heller ikke mulig å få sendt aviser til distriktene utenfor byen. I slutten av april varslet «Dagen» at den ventelig måtte innstille. Admiral von Schrader fikk kjennskap til det, og folk i hans stab begynte å arbeide med planer om å bruke avisens tekniske utstyr og presse til å få utgitt en tysk avis i Bergen. Men «Dagen» holdt det gående, og imens måtte admiral von Schrader oppgi sine avisplaner.

Pressen drøftet sin prekære økonomiske situasjon med kommunen. Det endte med at de kommunale myndigheter sa seg villige til å utvide sin annonsering i dagspressen, som et bidrag til å styrke avisenes økonomi. Et unntak ble gjort overfor «Arbeidet». Den kommunistiske avisen førte hele tiden et så aggressivt språk mot de kommunale og nasjonale myndigheter at det var enighet om ikke å gi den noen form for støtte.

Redaksjonen i «Arbeidet» klaget til kommunen over at avisen ikke ble sensurert på linje med de andre. Årsaken til dette var en misforståelse mellom de tyske myndigheter og politimesteren. Tyskerne hadde tidlig krevd at politimesteren skulle ha ansvaret for at avisen ble sensurert. Til tyskerne hadde han sagt at avisen var så liten og så fullstendig uten innflytelse at det ikke var nødvendig å forhåndssensurere den. Men etter at «Arbeidet» utover sommeren ved flere anledninger pådrog seg tyskernes vrede, ble situasjonen en annen. Den tyske øverstkommanderende ble for alvor oppmerksom på saken da han fikk greie på at tyske militære var blitt tilbudt avisen av selgere på gaten. Det gjorde ham skeptisk. Den 25. mai ble det fra tysk side overfor ordfører Stensaker bedt om strengere sensur av «Arbeidet», som hadde kritisert de norske myndigheter på en uvennlig måte. Det var ved denne anledning at det ble ordnet med vanlig sensur av avisen, på linje med de andre bergensavisene. Til da hadde avisen måttet klare seg med en slags selvsensur.

Det var ikke bare pressen tyskerne underkastet kontroll og meningstvang. Også radioen ble sensurert meget omhyggelig. Alle programmer måtte være godkjent på forhånd i de minste detaljer. Både de tyske sensureksperter i von Schraders stab og medlemmer av den tyske koloni i byen fulgte nøye med i sendingene. Stort sett var de lite tilfreds med programmene og hadde mistanke om at ledelsen i NRK's lokalavdeling bevisst gikk inn for å gjøre sendingene så lite attraktive som mulig. Tyskerne visste meget vel at det var sendingene fra London folk hørte på. Riktignok hadde man fra midten av april hatt en ordning med såkalte familiemeldinger i lokalradioen. Folk sendte melding om hvor de oppholdt seg og om hvordan de hadde det, andre som bodde uten kontakt med vedkommende satte pris på slike opplysninger. Programmet fikk et visst publikum, men etter at forholdene var blitt mer normale falt behovet bort.

Internt drøftet folkene i presse- og informasjonsavdelingen i øverstkommanderendes stab om noe kunne gjøres for å bruke radioen på en måte som styrket tyskernes sak. Da det viste seg av man bare hadde de relativt få tyske musikkprogrammene å by på, kom man til det resultat at alle radioapparater burde inndras. General Tittels stabssjef foreslo 25. april at politiet skulle fjerne alle apparater og høyttalere fra restauranter og offentlige lokaler. Begrunnelsen var at sendingene fra «utenlandske» stasjoner kunne virke uheldig for dem som hørte på. På dette tidspunkt var de tyske militære ledere sterkt irritert over de oppfordringer som hadde vært gitt over bl.a. Vigrasenderen om å fortsette kampen mot okkupantene.

Dagen etter krevde rittmester Stockhausen at samtlige radioapparater i byen burde inndras straks. Politimester Pedersen svarte at han ikke kunne anbefale et så drastisk tiltak. Byens befolkning ville i tilfelle bli «unødig irritert». Rittmester Stockhausen hadde også vært inne på den mulighet at det ble innført et forbud mot å lytte på visse utenlandske stasjoner. Men han bøyde seg for politimesterens argument om at det hadde liten hensikt å innføre forbud som man ikke kunne kontrollere at publikum respekterte. Politimester Pedersen gikk imidlertid med på at alle høyttalere skulle fjernes fra restauranter og offentlige lokaler. Kontrollen med at de faktisk ble fjernet var relativt lempelig. Tyskerne forfulgte ikke saken videre, men varslet generelt skjerpet kamp mot alle former for sabotasje. Det ble gitt en særlig advarsel til dem som lyttet til de «fiendtlige» stasjonene som oppfordret til undergravingsvirksomhet.

I admiral von Schraders stab var man meget interessert i å få en mest mulig effektiv kontroll med post og telesamband. Men foreløpig manglet tyskerne tilstrekkelig antall menn til slik overvåking. Det ble organisert stikkprøver av posten fra og til Bergen, og det ble også innledet hemmelig kontroll med rikstelefonsamtalene. En fullstendig overvåking var ikke teknisk mulig på dette tidspunkt fikk admiralen opplyst av sine folk. Heller ikke alle telegrammer ble kontrollert, men det ble innført stikkprøvekontroll både i Bergen og på Voss. Soldater som forstod norsk ble gitt i oppdrag å utføre dette arbeid.

Dagliglivets «normalisering»

Den tyske øverstkommanderende ville gjerne gi inntrykk av at forholdet til sivilbefolkningen var godt og problemfritt. Dette kunne svekke virkningene av de – tildels overdrevne – meldinger som ble gitt av nyhetsmedia i det ikke-okkuperte Norge om forholdene i Bergen.

På helt andre premisser hadde også de kommunale myndigheter interesse av at det ble ro og orden. Den nervøsitet som gjorde seg gjeldende på mange hold skapte utmerket grobunn for alle slags rykter. Gang på gang kom det «sikre» meldinger om at det ville bli landsatt britiske styrker. På kommunalt hold følte man en forpliktelse til underhånden å overveie hvordan byens befolkning best kunne vernes i en slik situasjon. Ved større krigshandlinger i selve byen ville mange menneskeliv gå tapt og det ville oppstå store materielle skader. Kunne noe gjøres i beredskapsøyemed? Det ble gjort visse undersøkelser, bygget på utredninger som var gjort før 9. april. Kriseutvalget fikk bl.a. i all stillhet undersøkt hvilken kapasitet byens krematorier kunne ha i en gitt situasjon og hvor mange gravplasser som kunne disponeres.

Ryktene representerte både håp og frykt. De var utrolig seiglivede og smittet også over på tyskerne. Flere ganger innførte de beredskapstiltak basert på upresise meldinger om forestående angrep. Politimesteren henstilte gjennom annonser 24. mai publikum om å stanse ryktemakeriet. Han ville slå hardt ned på alle som spredte rykter som var «farlige og ondsinnede, eller som var egnet til å skape skrekk og forvirring blant befolkningen – f.eks. uriktige meddelelser om evakuering».

Isolasjonen gjorde at Bergen og nærmeste omland fikk forsyningsproblemer i hele april og første uke av mai. Langs skjulte ruter kom riktignok en del matvarer frem, særlig kjøtt og poteter. Men ferskfiskleveransene var dårlige fordi tyske marinestyrker sperret en del av kysten og fordi fiskeflåten til dels var i bruk til annet; de mange som var evakuert til steder i øygarden hadde bruk for båtene. Den første ferskfisklasten kom til torget 27. april. Til da hadde det bare vært saltet, røkt og tørket fisk å få kjøpt. Byens kolonialgrossister hadde forholdsvis store lagre av hermetikk og kolonialvarer, men de regnet ikke med å holde det gående hvis det ikke kom nye forsyninger i løpet av mai måned.

I slutten av april fikk skolene i byen beskjed om at all undervisning var utsatt til etter sommerferien. Noen private skoler fortsatte imidlertid og Norges Handelshøyskole gjennomførte eksamen for sine studenter. Det ble utdelt vitnesbyrd for bestått middelskoleeksamen og artium på grunnlag av standpunktkarakterer. Mens elevene på den måten fikk en lang ferie, ble lærerne i prinsippet forpliktet til å ta arbeid i kommunens tjeneste. Noen havnet på kontor i administrasjonen, andre fikk jobber i det sivile luftvern, og atter andre drev jordbruksarbeid – i kommunal regi. Grønnsakdyrking kom i gang i byens utkanter. En spesiell nødsarbeidskomite skaffet i løpet av april midlertidig sysselsetting for ca. 400 mann i bygge- og anleggsvirksomhet i kommunens regi. Nærmere 100 mann var i gang med vedhogst i byfjellene. Målet var å skaffe 5 000 favner ved før vinteren satte inn. På Flesland hadde kommunen i april–mai begynt torvskjæring som et supplement til brenselsforsyningen.

Det kom flere ganger til mindre sammenstøt og krangel mellom tyske soldater og bergensere. Særlig skapte det strid at norske kvinner viste seg sammen med uniformerte tyskere. Fra øverste militært hold i byen ble det klaget til politimester og ordfører over at slike kvinner ble «forulempet» ved nedsettende tilrop. Mange mennesker kom i konflikt med tyske militære av den grunn. Noen havnet i fengsel for kortere tid. Fra tysk side ble det varslet om at okkupasjonsmakten ikke ville finne seg i noen form for forulempning, fordi dette var vanære av den tyske uniform. Forgåelser ville bli straffet ved tysk rett, ble det sagt. Da Reichskommissar Terboven besøkte Bergen i midten av mai forklarte han de lokale militære ledere at politiet måtte forby sjikane av kvinner som var sammen med tyskere. Han fortalte at i Oslo var folk som hadde snauklippet slike kvinner dømt ved særdomstol og transportert til «konsentrasjonsleir i Tyskland».

De tyske militære ledere la stor vekt på at byens kinoer snarest måtte komme i gang. Det ble riktignok krevd at filmene på forhånd måtte være godtatt av tysk sensur. Franske og britiske filmer kunne ikke vises. Tyske filmer hadde man ikke mange av, og etter at kinodriften var begynt viste det seg snart at det heller ikke var lett å skaffe slike filmer. Men så ivrig var tyskerne når det gjaldt kinoforestillingene, at det stadig ble arbeidet for å få tysk film til byen.

Også Den Nationale Scene fikk i gang forestillinger,

sterkt oppfordret av admiral von Schrader. Det begynte med en oppførelse av «Bajaderen» 8. mai. Det var 15 timer etter at Marineholmen var ødelagt, og mens hele byen var i sorg. Forestillingen begynte like etter et kraftig flyangrep. Tyskerne var i flertall i teatersalen. Billettprisen var blitt redusert for å friste folk til å komme.

Det ble forøvrig en kort sesong på Engen. Den 15. juni ble teaterbygningen så ødelagt ved et bombeangrep at den ikke kunne brukes. Ut på sommeren kom man i gang i Ole Bull-kino med en revyforestilling og Wiers-Jenssens udødelige «Jan Herwitz». Ingen av forestillingene egnet seg for et tysk publikum, men gav til gjengjeld rik anledning til politiske tvetydigheter som utløste stor jubel i salen.

I begynnelsen av mai krevde admiral von Schrader at byens forretninger skulle fjerne trelemmene som var satt opp foran vinduene etter eksplosjonen på «Bärenfels». De første henstillingene ble stort sett overhørt. Men de ble snart gjentatt i mer bestemte vendinger, inntil det 6. mai ble gitt en klar ordre. Lemmene skulle bort innen 11. mai fra alle vinduer.

Tidspunktet var uheldig. Eksplosjonen på Marineholmen vitnet om at trelemmene kunne ha sin funksjon. Det er imidlertid sannsynlig at admiral von Schrader på dette tidspunkt hadde fått vite at Reichskommissar Terboven ville komme på sin første visitt til Bergen 19. mai. Da gjaldt det å kunne gi inntrykk av at man var kommet langt i Bergen i retning av normalisering og samarbeid mellom tyske og norske interesser.

Det helt overveldende flertall av befolkningen viste iskulde overfor tyskerne og deres få venner. Det kom til uttrykk på mange måter og ble registrert av den tyske militærledelse. For mest mulig å mildne denne kulde og eventuelt skape noe større hjertelighet hos de reserverte bergensere, ble det gjort planmessige forsøk med arrangementer. Ett av dem var å la et tysk militærorkester gi konserter i Byparken. Gjennom kontakt med den aktive tyske konsul og den tyske koloni søkte admiral von Schrader etterpå å finne ut hvordan tiltaket ble mottatt.

Et irritasjonspunkt var de tyske soldatenes kjøp av matvarer, særlig smør, sjokolade, fett og kaker. Varer som var rasjonert måtte forbeholdes befolkningen, var den alminnelige mening.

Riktignok har antagelig omfanget av slike individuelle tyske innkjøp vært overdrevet; bl.a. ble det påstått at folk så at «tyskerne» spiste sjokolade med smør på osv. Men hele problemet ble tatt opp med admiral von Schrader. Resultatet ble at ingen tyske soldater fikk kjøpe mat i byens forretninger. En annen sak var at store mengder matvarer ble rekvirert hos byens grossister.

Butikkene hadde stengt kl. 1500 i april, men 16. mai kunngjorde politimesteren at de skulle holde åpne til kl. 1700, unntatt lørdag, da stengetiden var kl. 1600.

Det viste seg forøvrig at det måtte bli truffet en ordning som gjorde det mulig for tyskerne å kjøpe visse matvarer i butikker og på kafeer. Utpå høsten fikk de derfor egne rasjoneringskort for kaker. Det ble snart et vanlig syn å se tyske soldater som satt på konditorier. Forøvrig hadde de sine «Soldatenheim», der det var utlagt tyske aviser og ble servert øl og mat.

Allerede 20. april hadde ordføreren spurt general Tittel om det ville bli anledning til å feire 17. mai i Bergen. Han fikk da ikke noe klart svar; generalen hadde på det tidspunkt viktigere ting å tenke på. Senere kom både ordføreren og politimesteren til at det var klokest ikke å tillate noen 17.mai-feiring. Administrasjonsrådet hadde bestemt at 1. mai skulle være vanlig arbeidsdag. Fra tysk side hadde man også meddelt Kriseutvalget at dagen ikke måtte brukes til demonstrasjoner av noen art. Det kom ikke til episoder i byen og det styrket den oppfatning at 17. mai også burde være vanlig arbeidsdag. Administrasjonsrådet nedla for sikkerhets skyld forbud mot feiring av dagen.

Politimesteren var forberedt på uro. God tid i forveien ble det innført restriksjoner på alkoholserveringen på restaurantene. Offiserene forklarte sine soldater hva 17. mai stod for i norsk historie og orienterte om den feiring som tradisjonelt hadde foregått denne dagen. Det ble gitt streng beskjed om å holde seg unna alle tilløp til demonstrasjoner. For sikkerhets skyld ble soldatene gitt ordre om å holde seg borte fra byens gater etter kl. 20.

Tidlig om morgenen gikk flyalarmen – som en slags erstatning for den tradisjonelle salutt fra Skansen. Utpå formiddagen var det igjen flyalarm. Men i gatene var alt rolig det meste av dagen. Spredte tilløp til demonstrasjoner kunne man nok oppleve om kvelden. Nasjonalsangen kunne høres gjennom vinduer og det var en del flagg å se i byens utkanter. Utpå natten kom glade mennesker fra fest – de hadde pyntet seg med 17. mai sløyfer. På en underlig måte kom selve forbudet mot demonstrasjoner til å gi dagen en helt spesiell karakter: Aldri tidligere hadde følelsen av samhold mellom kjente og ukjente vært så merkbar. Gjennom radioen tok mange del i høytideligheten i London, med overføring av gudstjeneste fra den norske sjømannskirke. Og fedrelandssangens ord fikk en særlig betydning for titusener.

Forbindelse med resten av landet

Den 26. april holdt admiral von Schrader møte med ordfører, fylkesmann og politimester. Han var alvorligere enn vanlig, og viste dem et opprop han hadde fått tak i. Det var utstedt av general Steffens på Voss.

«Nordmenn! Avvis ethvert samkvem med Bergen. Husk at båttrafikk fra og til Bergen *ikke* tjener norske interesser, men bare fiendens. For det første får tyskerne på det vis høve til å spre sine agenter eller tropper (i uniform eller sivilkledde, kanskje også i norske uniformer) ut over landdistriktene. Dernest får de tilførsler av varer fra landdistriktene. Det er naivt å tro at våre landsmenn i Bergen kommer til å få noen glede av de varer som blir sendt til Bergen. Tyskerne opptrer med en tilsynelatende elskverdighet som gjør at det er vanskelig til å begynne med å gjennomskue deres brutalitet. Men la dere ikke forlede til kameraderi med fienden. Husk at alle norske myndigheter i Bergen, statens menn, kommunens menn og private handelshus m.v. alle står under tysk kontroll. De opprop og taler som vi hører om eller ser i avisene fra ordfører, biskop m.fl. er bare opplesning av taler sensurert av tyskerne. Ingen nordmann i Bergen hverken skriver eller taler fritt. Hver kvinne og mann må nå forstå at fienden i Bergen vil ødelegge oss med alle midler. Det er hans eneste mål. Men like sikkert er det at vårt mål må være: hel isolasjon av Bergen. Det er den eneste måte vi kan stanse tilførslene til tyskerne på og dermed gjøre deres stilling der umulig.»

General Steffens uttrykte seg tydelig nok. Den tyske øverstkommanderende hadde muligens håpet at byens sivile myndigheter ville ta avstand fra oppropet. Men det gjorde de ikke. I virkeligheten var de fullstendig klar over at den oppfatning som general Steffens gav uttrykk for, ble delt av de fleste som oppholdt seg i de områdene som ikke var okkupert av tyskerne.

I noen tid hadde Kriseutvalget vært opptatt av den byttehandel som var kommet i gang med landdistriktene. Så sent som dagen før møte med admiral von Schrader hadde utvalget vedtatt å innstille handelen. Dels skyldtes dette at forsyningsmyndighetene krevde bedre oversikt over alle forsyninger, dels at enkelte rasjonerte varer hadde en tendens til å forsvinne vel fort. De momenter som general Steffens fremhevet spilte naturligvis også en rolle, selv om situasjonen fortonte seg annerledes for dem som allerede var under tysk kontroll.

Fisketilførslene ble søkt sikret gjennom kjøp av fisk direkte hos kontakter langs kysten både i nord og sør. Det var imidlertid først etter at kampene i Sør-Norge var innstilt at det ble mulig å organisere forsyningstjenesten på en tilfredsstillende måte. Da dukket forøvrig også byttehandelen opp igjen – i felles interesse. Trafikken mellom byen og distriktene ble atskillig livligere i mai. Mange steder skortet det på importerte matvarer, og de transporter som kom fra byen var meget populære. Bergenserne fikk til gjengjeld kjøtt og flesk, smør og ost.

De vanlige kommunikasjonsmidler ble hardt rammet av den strenge bensinrasjoneringen som ble innført 1. juni. Til gjengjeld var det et stort fremskritt at telefonforbindelsen mellom Bergen og resten av Sør-Norge ble bedre. Den 24. mai ble linjen til Oslo åpnet, noe som fikk stor betydning ikke minst for kommuneadministrasjonen som kunne rådføre seg med de sentrale myndigheter under Administrasjonsrådets ledelse.

Reisetrafikken var beskjeden. Det var vanskelig å få plass med skip og tog, og man måtte være forberedt på store forsinkelser. Reisen til Oslo tok 40 timer. Først med tog til Garnes, derfra båt til Stanghelle, så tog videre til Svenkerud og derfra buss til Nesbyen og så igjen tog til Oslo. Der var overnatting underveis – enten på Geilo eller Ål.

Strekningen Bergen–Voss ble åpnet for sammenhengende trafikk 16. juni. Da gikk et ekstratog med innbudte nordmenn. Foruten de norske ingeniører og entreprenører som hadde utført arbeidet sammen med tyske soldater fra et byggekompani, var kommunale tillitsmenn og pressefolk med på turen. Den tyske militære og sivile ledelse var selvsagt med, og general Tittel var vert ved en lunsj på Voss. Før ekstratoget gikk, var det ordnet med diverse sikkerhetstiltak mot sabotasje – i all diskresjon. Fire dager senere kom den tyske øverstkommanderende, general Falkenhorst, på inspeksjonsreise til Bergen. Han nyttet ekstratog fra Voss og bodde under oppholdet på hotel Norge. Det var en triumf for byggekompaniet i Bergen at jernbanestrekningen til Voss var blitt klar like før, og dette ble også anerkjent av general Tittel.

I begynnelsen av mai var det etablert regelmessig skipsforbindelse mellom Bergen og Haugesund to ganger i uken. Den 22. mai ble forbindelsen utvidet til Stavanger. Alle som reiste måtte ha spesielle pass fra tyskerne. I midten av mai var det også kommet i gang rutetrafikk mellom Bergen og Skjolden i Sogn og man var begynt trafikk til Sunnhordland. De mange minesperringene krevde at skipene hadde los, og tyskerne advarte gjentatte ganger mot minefaren. I tillegg til de tyske minene risikerte skipene også å gå på slike som var sluppet av britiske fly. I midten av juli ble to mindre båter minesprengt på Byfjorden. På den ene, bergningsbåten «Draug», omkom seks mann.

Sivil tysk administrasjon

Den 22. mai meldte den tyske konsul i Bergen at han var fratrådt sin stilling. Meldingen kom uventet – tilsynelatende også for ham selv. Reichskommissar Josef Terboven hadde vært i Bergen fra 19. til 22. mai, og bl.a. meddelt konsulen at det var gjennomført en nyordning som gjorde at hans virksomhet måtte avsluttes straks. Inntil da hadde konsulen virket som en meget aktiv mellommann mellom de tyske militære myndigheter og byens administrasjon. Det ble nå gitt beskjed om at de kommunale myndigheter for fremtiden skulle holde kontakt med *«Dienststelle des Deutschen Gebietskommissar in Bergen»,* et kontor som var en del av Reichskommissars administrasjon. Den første leder for dette kontoret var SS-Brigadenführer Schaller, som hadde vært Gauleiter i Aachen og partimedlem helt siden 1923. Den tyske konsulen ble boende i Bergen noen uker og uformelt kom han fortsatt til å spille en rolle som rådgiver for de tyske militære sjefene. Han hadde praktisk talt daglig kontakt med admiral von Schrader, som uten tvil foretrakk ham fremfor Schaller. Den 22. mai måtte divisjonskommandøren i Bergen, general Tittel formelt overgi den myndighet han hadde hatt over den sivile forvaltning til gebietskommissaren. Det ble kort registrert i generalens krigsdagbok.

Den sivile tyske administrasjon flyttet inn i Bergens Håndverk- og Industriforenings nye bygg i Veiten. De militære kontorene lå spredt i byen. Admiral von Schrader holdt til i Nyhavn, Stadtkommandantur var i Bergens Handelsgymnasiums hus ved Stadsporten, Divisjonsstaben og general Tittel var i Statsarkivet på Årstadvollen. Sikkerhetspolitiet holdt først til i Norges Handelshøyskoles hus på Nygårdshøyden, men flyttet senere over til «Håndverkeren» i Veiten. Den første politiavdeling ble offisielt gitt navnet Wehrmacht-Sicherheit-Polizei og forkortet WeSiPo; et ord som tross alt låt bedre enn Gestapo.

Den aller første tid hadde tyskerne fått en avdeling på Haukeland sykehus. De norske pasienter som var der – de fleste eldre mennesker – ble overført til Fridalen skole, som var innrettet som hjelpesykehus og alarmplass for Det sivile luftverns sanitet. Snart overtok tyskerne imidlertid Grønnestølen skole og gjorde den om til sykehus for militært personell. Blant det fåtallige legepersonale som arbeidet der i mai var en norsk krigsfange.

Det kom en del søknader til de tyske myndigheter om frigivelse av norske fanger, men med få unntak ble alle søknader avvist. De fleste ble holdt internert om bord i «Leda» og «Jupiter» som lå oppankret i Eidsvåg. Mange krigsfanger var først internert på skip som lå ved Marineholmen, men de ble heldigvis overført til båtene i Eidsvåg i slutten av april. Eksplosjonsulykken på Marineholmen ville utvilsomt blitt en atskillig større tragedie dersom flyttingen ikke hadde skjedd. Forholdene om bord i «Leda» og «Jupiter» var noenlunde bra. Noen av fangene ble forøvrig satt til å losse handelsskip på havnen, andre drev opprydningsarbeid etter bombing og eksplosjoner. Det var fra tysk side avgitt en vaktstyrke på 20 mann, utstyrt med geværer og håndgranater. Den 9. mai gav Føreren beskjed om at krigsfangene i Sør-Norge skulle settes fri; offiserene først etter å ha gitt æresord på at de ikke igjen ville gripe til våpen mot Tyskland. Men løslatelsen trakk ut. Riktignok ble general Tittel fortalt at alle de norske fangene ombord i «Leda» og «Jupiter» hadde ropt «Heil Hitler» da de fikk vite at Føreren ville løslate dem(!) – alle unntatt oberst Willoch, som det ble notert i krigsdagboken. Men løslatelsen måtte godkjennes i Oslo. Først den 28. og 29. mai ble det gitt tillatelse til at fanger over 35 år skulle settes fri – med unntak av offiserer. I dagene som fulgte ble nye grupper løslatt, slik at de siste soldatene fra «Jupiter» ble fri den 4. juni. Deretter kom turen til offiserene, som undertegnet erklæringen om ikke på ny å gripe til våpen mot Tyskland.

General Tittel var misfornøyd med sivilbefolkningens holdning og hadde vært inne på tanken at man skulle vente med å frigi krigsfangene til det var skjedd en endring. Den 3. juni samlet han – etter flere dagers omhyggelige forberedelser – fylkesmennene fra Sogn og Fjordane og Hordaland, ordførerne i Bergen og de omliggende kommuner, politimestrene i Bergen og nabofylkene og en rekke ledende kommunale autoriteter til et møte. Han hadde dessuten invitert representanter for Landsorganisasjonen og Norsk Arbeidsgiverforening til sin konferanse. Det han fremfor alt ønsket å fortelle var at det nå var slutt med hans tålmodighet; han ville ikke lenger tolerere befolkningens uvennlige holdning. Generalen leste opp en liste over «forgåelser mot den tyske vernemakts ære». Det gjaldt f.eks. nedlatende tilrop mot jenter som viste seg sammen med tyskere, demonstrasjoner mot uniformerte tyskere på restauranter osv. Han hadde gitt sine soldater anvisning om ikke lenger «høysinnet» å overse slike krenkelser. «Gjerningsmennene vil for fremtiden bli overgitt Gebietskommissar», sa general Tittel. Det var et lite varsel om hvem som satt med makten. I tillegg til sjikanen hadde tyskerne også oppdaget flere ondartede og ansvarsløse sabotasjeaksjoner. Telefonledninger var kuttet flere steder. Særlig alvorlig var det at nordmenn hadde stjålet et maskingevær fra et nødlandet tysk sjøfly ved Leirvåg. Man hadde mistanke om at de som hadde tatt det, var reist nordover med båt for å slutte seg til de norske styrker. «Den som deltok i sabotasjeaksjoner ville bli straffet med døden,» sa general Tittel. Etter denne introduksjon, kunne han opplyse at samtlige inviterte skulle få hilse på den nye Gebietskommissar Schaller på Fjøsanger. Fra Statsarkivet reiste deltakerne i tyske biler til dette første møte med den nye sivile tyske sjef for Bergen. Schaller holdt et forholdsvis intetsigende, kort foredrag der han forsikret at alle hadde mest å vinne ved et positivt og helhjertet samarbeid. Det kom nærmest som et antiklimaks etter general Tittels sterke åpning tidligere.

Den nye tone var blitt ettertrykkelig fastslått. Krigen i Norge var gått inn i sin siste fase og utfallet kunne ingen være i tvil om. Tyskerne var meget seiersbevisste, også fordi felttoget i Vest-Europa gikk så godt for dem.

Det var uklare forhold mellom de kommunale og statlige norske myndigheter på den ene side, og de tyske forvaltnings-

←
Fotografi tatt fra britisk fly. Fire tyske sjøfly ligger på havnen. Bildet viser Hegreneset få dager etter at tyskerne hadde erobret byen.

Avdelinger fra 69 Inf. Division paraderte for sin sjef, general Tittel, på Torvalmenningen. Bergenserne holdt seg borte fra skuespillet.

Divisjonens musikkorps i hanemarsj på Torvalmenningen — uten sivile tilskuere.

Det var lange køer utenfor alle banklokaler i de første dager etter 9. april. På hvert bankinnskudd fikk man bare ta ut 50 kroner. Mange var redd for å miste sine penger.

Finansdepartementet meddeler:

Der har i de siste dager versert et forlydende i Bergen om at det angivelig skal forestå beslagleggelse av 20 % av bankinnskuddene. Dette rykte er grepet helt ut av luften, og det savner ethvert grunnlag.

Eksplosjonsulykken på Marineholmen natten til 8. mai. Til v. på bildet litt av «Statsråd Lehmkuhl», til h. et av de norske marinefartøy som tyskerne hadde tatt. Midt på bildet sjøbrannsprøyten.

Gjennom oppslag i banklokalene forsøkte Finansdepartementet å berolige publikum på den mest kategoriske måte. Det lyktes bare delvis.

Drivstofftankene på Florvåg ble bombet og satt i brann 10. mai. 19 millioner liter olje og bensin gikk tapt — det kunne ha dekket 2 års normalforbruk i byen. Røyken drev over byen hele den følgende uke.

Norske krigsfanger var i lengre tid internert på «Leda» og «Jupiter» som lå utenfor Eidsvåg. Her deles det ut strømper.

Noen fanger ble satt til vedhugst på Espeland, til venstre ser man litt av den tyske vaktpost.

organer på den andre. Administrasjonsrådets rolle var også usikker. Fylkesmennene gikk lenge uten direktiver for sitt arbeid; Hordaland hadde en tid to fylkesmenn etter at general Steffens hadde utnevnt en mann med kontor i Odda. Det var også mange uklare administrative problemer i forholdet mellom fylke og kommune, og på Vestlandet var det ikke lett å få vite hva Administrasjonsrådets linje egentlig var i slike spørsmål. Rådet fastsatte f.eks. i april/mai visse rasjoneringsbestemmelser, men fra Bergen ble det svart at de var uten interesse. Der hadde man allerede innført rasjonering av strengere art enn den som ble foreslått. Det samme gjaldt for andre kommuner på Vestlandet.

Tyskerne henvendte seg ofte direkte til kommuneadministrasjonen – eller fylkesmannen i Hordaland – i saker som Administrasjonsrådet egentlig skulle ha ansvar for. Det var til dels fullt bevisst fra tysk side. Under sitt opphold i Bergen 19.–22. mai forklarte Reichskommissar Terboven de tyske militære sjefer at Administrasjonsrådet ikke var noen norsk regjering. Han pekte på at rådet var blitt anerkjent av den norske konge og dermed ikke kunne regnes som velvillig innstilt overfor tyskerne. Rådet hadde imidlertid erklært seg beredt til uinnskrenket samarbeid med den tyske Reichskommissar. Fra og med 28. mai overtok Gebietskommissaren formelt ansvaret for alle sivile spørsmål i Bergen og omegn. Han handlet etter ordre fra Terboven, som gikk utenom Administrasjonsrådet så ofte det passet ham. I enkelte tilfelle klaget Administrasjonsrådet til Terboven over dette, men det ble ikke bedre av den grunn. Sent i juli hadde Terboven bestemt seg for å feie bort hele Administrasjonsrådet. Men først skulle forhandlingene om «riksrådet» gjennomføres.

I løpet av sommeren søkte Gebietskommissariatet på ulike måter å styrke sin innflytelse i kommunepolitikken. Det skjedde dels på måter som gjorde det vanskelig for kommunen å reagere. Ofte gjaldt det tiltak av rent praktisk art, der byens interesser tilsynelatende var best tjent med å følge tyskernes forslag for å unngå friksjoner. I et samarbeid der den ene parten hele tiden står klar til å fremsette ultimate krav, kan man ikke tale om likestilling. Det gjør det vanskelig å si hvor langt man kan gå i obstruksjon uten at det blir svart med harde mottiltak. Ingen følte trang til å utforske om truslene var alvorlig ment når det gjaldt bruk av makt.

Reichskommissar Terboven forsøkte under sitt bergensbesøk å danne seg et bilde av de ledende personligheter i byen. Det var enighet mellom ham og de tyske militære ledere om at fylkesmann Lindebrække ikke helt tilfredsstilte de tyske ønsker vedrørende statens representant på stedet. Det var en mann som «ikke hadde noen entydig innstilling til situasjonen», het det i et notat fra møtet.

Norske myndigheter måtte trekke den konklusjon at Haag-konvensjonens bestemmelser om okkupasjon bare i meget begrenset grad gav beskyttelse mot overgrep fra okkupanten. De ordrer tyskerne fikk fra ulike hold i Berlin var bestemmende for dem, og det var av mindre interesse om de kunne sies å være i samsvar med folkeretten. For å hindre at det oppstod misforståelser måtte den sensurerte presse med jevne mellomrom ta inn meldinger fra andre okkuperte land om hvordan det kunne gå kommunale myndigheter som satte seg opp mot okkupasjonsmakten.

På den annen side hadde de tyske militære ledere åpenbart intet imot at det forekom enkelte meningsytringer som var rettet mot nordmenn. «Arbeidet» hadde f.eks. hatt sterke angrep på regjeringen Nygaardsvold. «Haugarland Arbeiderblad» hadde på lederplass tatt avstand fra Vidkun Quisling i juni. Den lokale pressesensur i Haugesund spurte om artikkelen foranlediget kritikk mot redaktøren og avisen fra tysk side. General Tittel svarte at han holdt det for riktig ikke å legge noen demper på «den slags avvikende meningsytringer, som Tyskland riktignok tok til etterretning, men ikke lot seg influere av.» Gebietskommissars representant meddelte at i innenrikspolitiske spørsmål, som f.eks. det foreliggende, skulle ikke Wehrmacht foreta seg noe. Hvorvidt Tittel forstod at det var en maktkamp mellom Quisling og Terboven på dette tidspunkt er uklart. Terboven var sikkert glad for all den kritikk som fremkom mot Quisling og tolererte derfor en slik artikkel i haugesundsavisen.

I august fikk byen besøk av SS-Oberführer Karl Eugen Dellenbusch, som var falt i unåde hos sin sjef Terboven. Han skulle ha et kort gjestespill som Gebietskommissar og ble allerede i september avløst av Regierungsrat Heinze – «en høflig og dannet mann, men ivrig nasjonalsosialist», ifølge ordfører Stensaker.

I sin krigsdagbok noterte general Tittel at han «tilfeldigvis» fikk høre at Gebietskommissariatet var omdannet til «Aussenstelle des Reichskommissariats». Samarbeidet mellom de tyske militære sjefer og folkene fra Reichskommissariatet var dårlig.

Tyske oppdrag til bedrifter

Fra første øyeblikk hersket det uklarhet med hensyn til hvordan man skulle forholde seg overfor tyske anmodninger om praktisk bistand i form av tjenester og arbeid. Når øverstkommanderende – enten personlig eller gjennom sin stab – rekvirerte tjenester fra private eller fra de kommunale myndigheter, syntes man i første omgang å måtte finne seg i det. Biler og busser ble rekvirert, senere tok tyskerne alle lagre av spesielle varer de hadde behov for – som f.eks. bildekk og slanger, drivstoff osv. Mange skoler og pensjonater ble rekvirert, villaer og kontorer ble overtatt på kort varsel. Riktignok ble det som regel ført forhandlinger om de økonomiske vilkår knyttet til overtakelsen, men det var tyskerne som fastsatte de endelige betingelser.

I de tilfellene hvor det var helt åpenbart at rekvisisjonene direkte tjente tysk krigsinnsats, ble det protestert fra norsk side. Men heller ikke det skjedde alltid med samme konsekvens, bl.a. fordi det stundom var et rent skjønnsspørsmål om man hjalp fienden ved å samtykke i rekvisisjonen. Transportmidler til tyske soldater den 9. april ble rekvirert hos kommunen, og det er forståelig at ingen denne kaotiske morgen nektet å låne ut Sporveiens busser. Men selvsagt var det i høyeste grad hjelp til fienden; bussene hadde til og med norske sjåfører.

Mer uklar var grensen når det gjaldt ulike former for arbeid for tyskerne. Det ble tidlig bruk for folk som ville påta seg å reparere tyske kjøretøyer – eller rettere norske biler i tysk tjeneste. Tyske skip fikk reparasjonsarbeid utført ved verftene. Det gikk heller ikke lenge før byens bakerier, bryggeri og andre fikk store bestillinger for tysk regning. Meget tidlig kom også de første anmodninger om hjelp fra norske firma i bygge- og anleggsbransjen. Dermed oppstod vanskelige avveiningsspørsmål. På den ene siden var det bred enighet om at «hjulene skulle settes i gang» av hensyn til sivile norske interesser. På den andre siden gjaldt det å unngå å yte fienden bistand.

Det var atskillig ledighet nettopp i bygge- og anleggsbransjen. I samarbeid med kommunen og Norges Statsbaner utførte en entreprenør i Bergen broarbeid mellom byen og Voss. Flere broer var blitt sprengt av de norske soldatene da de trakk seg østover. Ødeleggelsene gjorde det umulig å nytte tog på strekningen. Det kunne selvsagt sies at det var viktig for de sivile norsk myndigheter at linjen ble satt i stand snarest. Men ingen var i tvil om at tyskerne også i høyeste grad var interessert i dette; så interessert at de ledet utbedringsarbeidet og stilte militært materiell til disposisjon. Det var ikke vanskelig for entreprenøren å skaffe arbeidshjelp til oppdragene. Både i byen og distriktene meldte det seg mange.

En sak som var atskillig vanskeligere gjaldt tyskernes planer om å bygge flyplass på Bømoen ved Voss. Allerede i begynnelsen av mai tok de saken opp med kommunen. De sa da at en flyplass der ville ha stor betydning for byens forbindelse med andre deler av Norge, og de minnet endog om den turistmessige fordel en slik plass ville kunne få for fremtiden. Det ble nevnt at hvis intet bergensfirma tok på seg byggingen, ville man få entreprenører fra andre distrikter. I dulgte former ble det antydet at det kom til å bli til skade for Bergens befolkning hvis ikke arbeidet snarest ble påbegynt. På dette tidspunkt var det forøvrig flyplassbygging i gang med norsk arbeidshjelp både på Fornebu, Sola og Værnes. De argumenter som ble nyttet disse stedene minnet om dem som ble brukt i Bergen. Rådmannen for 2. avdeling henviste tyskerne til byens entreprenører. Han skaffet en fortegnelse over alle firma; men la til at det ikke var noen av firmaene som tidligere hadde drevet slikt arbeid og at de heller ikke hadde de anleggsmaskiner som ville bli nødvendige. Da tyskerne litt senere tok saken opp med entreprenørene sa de at flyplass skulle bygges om nødvendig under tvang. Det var usikkerhet blant firmaene om hvor langt de kunne tvinges til å gå i henhold til folkerettens bestemmelser. Men det var liten veiledning å få hos kommunale myndigheter og hos jurister som ble spurt. En av juristene som ble utesket svar, skrev til en entreprenør:

«... Det man oppnår ved å si nei, blir etter min oppfatning å gi den annen part anledning til selv å ta hånd om saken og det kan, når det først er gjort en åpning, få konsekvenser for andre tilfeller. Av den grunn tror jeg ikke man skal avslå å yde sin medvirkning. Jeg har konferert med norske myndigheter. Som rimelig var fikk jeg ikke noget greit svar. Men jeg fikk iallfall bekreftet at man mente at det syn jeg foran har hevdet var det riktige.

... Med hensyn til spørsmålet om hvad folkeretten sier, er det vel ingen her som egentlig har rede på fortolkningen av bestemmelserne. Jeg tror iallfall at man ikke skal hefte seg vekk i det.»

I kommunens ledelse var man på dette tidspunkt, i begynnelsen av mai, begynt å bli engstelige for at tyskerne kunne komme til å gripe til drastiske tiltak hvis de ikke fikk byggearbeidet i gang med hjelp av entreprenørene i byen. Derfor henstilte teknisk rådmann og ordfører på et møte med byggefirmaene at det måtte finnes en ordning. Det ble lagt vekt på de, riktignok uklare, trusler som var kommet fra tysk side. Etter drøftinger mellom entreprenørene innbyrdes, under sterkt tidspress, ble det til at en av dem påtok seg flyplassbyggingen. En kontrakt ble inngått mellom de tyske militære og firmaet, etter at det uttrykkelig hadde vært sagt fra om at de kommunale myndigheter ikke ønsket å medvirke.

Byggefirmaet tok også på seg – etter henvendelse fra fylkesveikontoret i Hordaland – å bygge om veien fra Bergen til Garnes. Anlegget tjente både norske og militære tyske formål.

Flere hundre mann ble sysselsatt og det var rift om å være med.

Flere entreprenørfirmaer tok kontakt med finansrådmann Einar Olsen etter at tyskerne hadde henvendt seg til dem for å få satt i gang byggearbeider. Finansrådmannen gav det han selv kalte rådgivende uttalelser. Han viste særlig til Haagkonvensjonens artikkel 52 om de ytelser en okkupant kan kreve av befolkningen i det okkuperte land. Det viktigste unntak var at okkupanten ikke kunne forlange at den som var okkupert skulle delta i krigsoperasjoner mot sitt land. Men forøvrig kunne okkupanten kreve ting og tjenester av befolkningen til dekning av okkupasjonsstyrkenes eget behov. Hvordan man enn forsøkte å skape klarhet; på sentrale punkter var man henvist til å bruke skjønn og egen vurdering.

Når alt kom til alt var det ikke bare tale om folkerett, men også om moral. Men det må i sannhetens navn sies at både Administrasjonsrådet og de kommunale myndigheter på denne tid la stor vekt på at den sivile forvaltning forble på norske hender i størst mulig utstrekning. Man var innstilt på å unngå friksjoner som ville gi tyskerne påskudd til å gripe inn.

Fra midten av mai ble det sagt fra tysk side at ingen kunne påberope seg Haagkonvensjonens bestemmelser om okkupasjonsstyre, fordi det ikke lenger var krig mellom Norge og Tyskland. Etter tysk oppfatning – slik det ble fremført i debatten med kommunale myndigheter på denne tid – kunne det ikke lenger være tale om at sivilbefolkningen ble pålagt forpliktelser som kunne tolkes som «krigsoperasjoner mot fedrelandet». Disse argumentene fra tyskerne kom bare fire uker etter at de høytidelig hadde markert at det var inntrådt krigstilstand mellom de to land. På norsk side gjorde neppe det tyske argumentet særlig inntrykk.

At ingen på eget initiativ skulle søke arbeid for okkupasjonsmakten var forholdsvis selvsagt for de fleste. Vanskelighetene oppstod først og fremst når man skulle vurdere graden av press i forbindelse med oppdrag tyskerne ville ha utført. Her måtte den enkelte treffe sin egen avgjørelse. For noen ble det et viktig argument at bedriften måtte holdes gående – av hensyn til de ansatte.

I månedsskiftet juni/juli 1940 var det ved arbeidskontoret i Bergen registrert 3 322 menn og 722 kvinner som ledige. I august/september var tallet redusert til 2 670 menn og 548 kvinner. To måneder senere var tallet igjen steget til 3 050 og 783. Dette var høye tall som nok styrket kravet om å få hjulene i gang. Men ikke engang de ekstraordinære tiltak som ble gjort klarte å få bukt med arbeidsledigheten, for i begynnelsen av desember var 2 579 menn og 855 kvinner uten arbeid. På dette tidspunkt meldte tyskerne at det var arbeidsplasser nok i Tyskland.

Det var ganske omfattende arbeider som ble utført av norske firma for tyskerne i Bergen og Hordaland fra våren 1940. Foruten reparasjon av Hole og Stanghelle bro i mai–juni og flyplassarbeidet på Bømoen, ble det foretatt utbedringer av sjøflyhavnen i Sandviken, satt i gang bygging av festningsanlegg på Korsneset, bygget tankanlegg i fjell i Hestviken utenfor Gravdal og i Skålevik, en stor flyplass ble påbegynt på Herdla og det ble reist brakkeleirer og bygget veier.

På flere av anleggene var det sysselsatt en betydelig arbeidsstokk, og det ble allment kjent at tempoet var lavt og inntektene gode. I hvilken grad byggefirmaene handlet under press fra tyske og kommunale myndigheter når de inngikk de første kontraktene, er aldri blitt oppklart. At det var et element av press i mange tilfeller kan ikke bestrides. På den annen side kan det vises til at det også var entreprenører som avslo kontrakter for tyskerne uten at det fikk konsekvenser for dem. Det er videre på det rene at det var dem som heller gikk uten inntekt enn å søke arbeid hos firmaer som hadde oppdrag for tyskerne. Både norske sivile myndigheter og en stor del av befolkningen mente imidlertid at en heller fikk ta på seg visse typer arbeid for okkupasjonsmakten. På annen måte er det ikke lett å forklare at så mange meldte seg på arbeidskontorene for å få jobb, eller at Administrasjonsrådet anbefalte norske firmaer å påta seg slike oppdrag. De firmaer som ble nyttet av tyskerne sommeren og høsten 1940 skulle senere oppleve at det ble meget vanskelig å skjære virksomheten ned. Nye arbeidsoppdrag ble gitt, og etter hvert kom flere av dem inn i forhold som fikk ytterligere karakter av bistand til fienden og økonomisk landssvik.

Det store arbeide med å utbedre veiforbindelsen mellom Oslo og Bergen var igangsatt av Administrasjonsrådet i samarbeid med fylkenes veikontorer. Det ble regnet som et viktig prosjekt som sikret sysselsetting for norske formål. Men da veien ble erklært åpnet for regulær trafikk 5. desember, var de tyske myndigheter representert med høyere offiserer og tjenestemenn fra Terbovens stab. Norsk og tysk flagg var heist og general Tittel gav middag for ingeniørene. Det ble holdt taler for norsk-tysk samarbeid. Selvsagt hadde veien stor betydning også for tyskerne.

De kommunale myndigheter deltok ved innvielsen av flere tyske anlegg som var utført av norske firmaer høsten 1940. En brakkeleir på Slettebakken hadde kranselag 19. oktober og da var ordføreren til stede, sammen med ingeniører, arbeidere og andre som hadde vært med på byggingen – foruten et sterkt innslag av ledende tyske militære. Under høytideligheten spilte et tysk militærorkester både «Horst Wessel»-sangen, den tyske og norske nasjonalsang. Det var middag på Grand for 250 gjester, deriblant et stort antall fra byggefirmaet. Ti dager senere var det et tilsvarende arrangement med norsk-tysk forbrødring med ordførerens nærvær. Fra tysk side var det viktig å få gitt størst mulig publisitet til begivenhetene og reportasjen i avisene er derfor holdt i en meget velvillig tone.

Flyalarmer og bombeangrep

Det første krigsåret var det mange flyangrep mot byen og mot mål i omegnen. For bergensere flest var de skarpe hylene fra luftvernsirenene ganske kjærkomne avvekslinger, selv om de også skapte uhygge. Alle sivile hadde streng ordre om å holde seg innendørs når alarmen gikk. Det var særlig granatsplinter som var fryktet. Man skulle helst gå i kjeller eller søke nærmeste tilfluktsrom. Men det var ikke uvanlig at mange overså den slags advarsler og gikk ut på gaten, eller stilte seg opp ved vindu for å følge med i angrepet. Ble det for dramatisk kunne det nok være klokt å søke dekning – men nysgjerrigheten var såre stor.

Den 29. mai ble det sluppet bomber over Laksevåg. De traff et kullager, men skaden var liten. De følgende dager var det flere alarmer og det ble bl.a. bombet på Askøy. Resultatene var skrale. I den forbindelse kan nevnes at Royal Air Force bombet mål på fastlandet første gang i april, da Sola flyplass ble angrepet. De britiske flyverne manglet erfaring i flybombing mot mål på landjorden.

Den 15. juni klokken 3 om natten opplevde byen et angrep som ødela store verdier. Det var flere bombenedslag i sentrum, først og fremst i området rundt Engen og Rådhuset. Teaterbygningen fikk skader, ved Rådhuset ble Vestlandsbankens bygning så ødelagt at den måtte rives. Verst gikk det ut over Nordnes,. Der ble et stort boligområde fullstendig rasert, delvis som følger av bombeeksplosjoner, og delvis av påfølgende branner. Det området som strøk med lå innenfor en linje fra Tolbodalmenning til Nagelgården og derfra opp til Haugeveien. Ved angrepet mistet 7 mennesker livet, 108 hus og sjøboder ble totalskadet og til sammen mistet 1 335 mennesker sine hjem. Det var overveiende et eldre og malerisk strøk som gikk tapt, selv om husene ikke hørte til den mest verdifulle bebyggelse.

Et par netter senere eksploderte bomber som var blitt liggende udetonert i en sjøbod i Sandviken, og det ble gjort store skader på bodene omkring.

Den 7. august klarte britiske fly å sette en stor tank med dieselolje i brann ved Dolvik og nøyaktig tre uker senere ble en annen tank bombet og ødelagt samme sted. Bergens brannvesen som var tilkalt ble da av tyske militære på stedet beskyldt for mangelfull innsats. Det ble klaget skriftlig over brannvesenet til admiral von Schrader, som imidlertid ikke gjorde noe med saken.

Under et angrep 9. september ble to brakker på Ulven ødelagt og to tyske soldater såret. Det var ellers mange flyalarmer

– til sammen vel 70 i 1940. Angrepsmål var særlig havnen, tankanlegg, skipsfart og militæranlegg i øygarden. General Tittel klaget flere ganger til sine overordnede over at luftvernet trengte forsterkninger. Skulle man kunne beskytte havneområdet og andre krigsviktige mål, måtte det bygges flere luftvernstillinger og byen måtte få jagerfly stasjonert i nærheten. Det tyske luftvern ble bygget vesentlig ut i løpet av høsten. Mot slutten av året kom også de første Messerschmidt-flyene til Herdla flyplass. Det ble da langt farligere for angripende fly å komme inn over byen.

Hvis det ved et angrep oppstod skade for sivile interesser søkte tyskerne å utnytte det propagandistisk. Angrepet 15. juni ble fremstilt som ren terrorbombing, særlig i den sensurerte presse utenfor byen. En bergenser som hørte til tyskernes gode venner, foreslo for admiral von Schrader at ordføreren skulle pålegges å rette en protest til Storbritannia på vegne av byen. Admiralen forklarte at en slik protest eventuelt bare kunne formidles over radio og tanken ble oppgitt.

I kontrast til den grove propaganda som tok sikte på å skape hat til britene, ble det stadig lagt blomster på gravene til de allierte flygere på Møllendal kirkegård.

Idrettslivet og «den nye tid»

Allerede i mai-juni 1940 begynte det å bli idrettsstevner og fotballkamper – nesten som i normale tider. Tyske soldater hadde i juni begynt å bruke byens idrettsplasser til trening, og de arrangerte også militære mesterskap. Den 2. juli henvendte Stadtkommandanten seg til ordfører Stensaker med anmodning om at Krohnsminde idrettsplass snarest måtte settes i stand. Kriseutvalget – som nettopp på denne tid endret navn til Forvaltningsutvalget, fordi ordet «krise» skulle unngåes – erklærte seg enig. Når det gjaldt idrettsanleggene i Fana og på Laksevåg, som tyskerne også ville ha satt i stand, viste ordføreren til de respektive kommuner. I midten av august fikk Administrasjonsrådet i Oslo forelagt seg spørsmål om en normalisering av idrettslivet. Det skjedde etter tysk initiativ. Det de ville, var kort og godt at det skulle arrangeres landskamp i fotball mellom Tyskland og Norge. Administrasjonsrådet fant at det ikke hadde myndighet til å pålegge noen idrettsforening eller fotballklubb noe som helst. Heller ikke kunne Rådet kreve at Fotballforbundet skulle arrangere. Tyskerne måtte slå seg til ro med dette svaret.

Administrasjonsrådet avviste anmodningen på et praktisk grunnlag. Men hvordan skulle man så stille seg til det prinsipielle spørsmål om idrettssamarbeid med tyskerne? Det måtte hver enkelt klubb selv finne ut.

I Bergen ble det etter langvarige forhandlinger og atskillig tysk press gjort avtale om en fotballkamp mellom et tysk militært lag og Brann. I siste øyeblikk klarte ledelsen i Brann å unngå arrangementet, som da allerede var blitt omtalt i pressen. Men tyskerne presset på for å få i stand en fotballkamp. Etter nye forhandlinger ble det arrangert en kamp mellom et tysk lag og et bylag. På tribunene var uniformerte tyskere i flertall blant de 2 200 tilskuerne. Kampen gikk den 28. august og bylaget vant 3-2. Utfallet ble oppfattet som et prestisjenederlag for tyskerne. Senere ble det arrangert flere fotballkamper: 20. oktober møtte et sammensatt lag som hørte til Bergen Arbeider Idrettskrets et vernemaktslag på Møhlenpris, og vant 2-0. Det var 1 500 tilskuere. Den 2. november skulle tyskerne få revansje. Kampen gikk på Stadion. Det var 1000 tilskuere, derav halvparten tyskere. De så bergenslaget vinne 6-0. Endelig møtte bylaget et sammensatt tysk militærlag på Stadion 17. november, og 3 500 tilskuere så bergenslaget vinne 1-0. Fotballsesongen var slutt. Det ble ikke flere fotballkamper mellom tyskere og bergenslag, fordi idrettsfronten ble opprettet denne høsten. Den tillot ikke noen brudd på streiken. Endelig var det skapt klare linjer; tanken om et idrettsliv hevet over politikken ble torpedert av nazistene selv.

I den regimentsavis som de tyske infanteristene i Bergen utgav, «Westfälische Infanterie» ble det med en viss bitterhet registrert at idrettsfolkene i byen var helt negativt innstilt til et samarbeid. Avisen kommenterte noen ganger resultater som ble oppnådd av norske idrettsutøvere under konkurranser i Bergen sommeren 1940. Man konstaterte at ungdommen åpenbart var i god fysisk form.

Bergensavisene måtte forøvrig ta inn korte notiser om tidspunkter for tyske sportsarrangementer, bl.a. idrettsstevner og fotballkamper. Det var fri adgang for publikum, men knapt et ti-tall nordmenn var på tribunene ved slike anledninger.

De forskjellige idrettslag la ned sine utendørs aktiviteter utover høsten. Turnforeningene kunne glede seg over stigende oppslutning, og de øvrige klubber og lag la også større vekt på innendørs virksomhet. Flere av idrettslagene kom etterhvert til å tjene som kulisse for illegalt arbeid som bygget på en felles holdning mot okkupanter og nazister.

Den første motstand

Befolkningens første reaksjon 9. april var skrekkblandet nysgjerrighet og handlingslammelse.

Langsomt vek denne stemning for trass og vilje til opposisjon. Det å være uvirksom ble for enkelte uutholdelig. Hensikten for dem som ville være aktive, var å få i gang en opposisjon eller en motstand som hadde mening og mål, og ikke bare ble en tom demonstrasjon.

Tyskernes stadige forsikringer om at motstand var hensiktsløs, ikke bare i Norge, men på alle fronter, førte ikke til den resignasjon de hadde håpet på. Riktignok var krigsmeldingene trøstesløse utover våren og sommeren. De norske og allierte styrker i Nord-Norge måtte formelt innstille kampene 10. juni. Konge og regjering reiste til London. På kontinentet kapitulerte Belgia, Nederland og Frankrike i rask rekkefølge – senere kom turen til Balkan. Luftkrigen mot Storbritannia hadde et forferdelig omfang. Fra havet kom stadig meldinger om norske skip som var senket av tyskerne med store tap av menneskeliv. Avisene var fulle av nyheter om tysk fremgang og om Hitlers seiersvisshet.

Krigens utfall var ikke utelukkende avhengig av det som skjedde ved frontlinjene i Europa. Det var i den lille krets av venner og familie at den viktige holdningskampen skulle stå. Det oppstod en vilje til motstand, nærmest som et desperat uttrykk for ønsket om å bevare selvrespekten. Man lyttet til de positive rykter og unngikk dem som fortalte om motgang og nederlag, på samme måte som man søkte samvær med mennesker som uttrykte tro og håp, og unngikk dem som hadde mistet motet.

Enhver generalisering av motstandskampen må bli misvisende. Hva var i hvert enkelt tilfelle «motstand»? Det å gjøre noe ulovlig er ikke noen brukbar definisjon; det var så meget som etter hvert ble ulovlig. Skulle man si at alle som gjorde noe illegalt i okkupasjonstiden var «motstandsfolk», ville dette begrep miste all fornuftig mening.

Motstand mot okkupasjonsmakten og de nazistiske myndigheter tok mange former – fra «ulydighet» til aktiv sabotasje, fra sivil holdningskamp til militær etterretningsvirksomhet, nyhetsformidling, våpeninstruksjon osv.

Et felles utgangspunkt var å holde seg borte fra alt som kunne yte hjelp til okkupantene og deres norske medløpere, og aldri vise dem velvilje. Denne uviljen mot tyskerne og nazistene var selve forutsetningen for alle former for motstand, slik den vokste frem. Derfor ble også uviljen uten nyanser, hard og kald.

I Bergen var tyskere lite populære lenge før 9. april. Som skipsfartsby hadde Bergen følt nær og god kontakt med britene fra den andre siden av Nordsjøen. Det var aldri tvil om at det var tyske ubåter og miner som senket våre skip og drepte våre sjøfolk. Den antityske og pro-britiske holdningen var forsåvidt en arv fra første verdenskrig, som var blitt forsterket etter at den annen verdenskrig brøt ut. Mange tyskere var klar over at stemningen i byen var fiendtlig; da en tysk skuespillertropp skulle reise dit, sa dr. Müller-Scheld til dem ved avreisen fra Oslo at bergenserne var 150 prosent engelskvennlige. Det var 2. januar 1941 og den tyske kulturlederens observasjon var faktisk ganske treffende.

Den sivile motstand – som i første omgang hadde karakter av ulydighetskampanje – ble særlig rettet mot lovbud og forordninger fra nazistisk hold. Derfor kom denne motstand for alvor i gang i organiserte former som svar på nazifiseringsfremstøt om høsten. Mange bidrog til å skape den holdning som var nødvendig. Særlig viktig for åndskampen var den sterkt nasjonale innstilling som skolens folk hadde. Også prestenes faste holdning fikk stor betydning for den åndelige mobilisering – på dette tidlige tidspunkt.

Den militært pregede motstandsbevegelse kom tidlig. For noen ble den en fortsettelse av den væpnede kamp. Marineoffiserer organiserte f.eks. minelegging i Korsfjorden i begynnelsen av mai. De tilhørte det tyskerne kalte «Organisation Ulstrup», og som de hadde atskillig respekt for.

Militært etterretningsarbeid, «eksport» av folk til Storbritannia, oppbygging av beredskapsstyrker, våpeninstruksjon og i noen grad sabotasje er andre aktiviteter som kom i gang på et tidlig tidspunkt.

Det ble gjort store anstrengelser for å få radiosamband med Storbritannia. Mange ble skuffet over at de ikke fikk kontakt. Men britene kunne ikke stole på andre radiosendere enn dem de selv hadde autorisert. De kunne ikke holde forbindelse med alle hjemmelagede sendere i det okkuperte Europa, selv om de visste at flere av dem ble drevet av folk som arbeidet med livet som innsats. Det var dessuten nødvendig at alle viktige meldinger ble sendt i avtalt kode. Faktisk hadde forøvrig britene på dette tidspunkt ikke kapasitet til å opprettholde kontakt med et større antall sendere spredt utover Vest-Europa.

Det var flere eksempler på at illegalt arbeid kom i gang like etter 9. april. Militære befalingsmenn som var blitt igjen i byen, forberedte seg på å kunne gi de norske styrker utenfor den tyske forsvarsring aktiv støtte. Det ble opprettet flere kontakter med general Steffens på Voss. Han sendte kurerer til byen og gjennom kontaktmenn fikk han opplysninger om tyske styrker og materiell. Noen kjøpte kikkerter og karter i byen – en virksomhet som tyskerne etter hvert ble oppmerksom på.

Andre av dem som var med på dette arbeidet fortsatte med å samle data om fienden også etter at kampene i Sør-Norge var slutt. Tanken var å få sendt informasjonene til London.

I slutten av april var tyskerne blitt klar over at det foregikk innsamling av opplysninger i etterretningsøyemed. En av dem som hadde vært engasjert i dette arbeidet, gikk i hemmelighet over i tysk tjeneste. Han kom til å gjøre stor skade. Omkring 25. juni arresterte tysk politi 25–30 mann. Flere av dem ble siktet for spionasje og takket være angiveren hadde tysk politi god greie på det som hadde skjedd. Tretten av de arresterte ble sendt til Oslo og stilt for tysk krigsrett. Dommene ble avsagt den 28. august. Oberst Gabriel Lund, handelsreisende og korporal Konrad Rendedal og lege Odd Solem fikk dødsdom. Politibetjent Erling Staff fikk fem års fengsel, mens to andre ble frikjent på grunn av bevisets stilling.

Det var de første dødsdommer som ble avsagt mot nordmenn for motstandsarbeid. Dommene ble senere omgjort til festningsarrest og soningstiden redusert. Fra tysk side var rettssaken og domsresultatet ment som en alvorlig advarsel. Det ble i stedet en vekker og inspirasjon.

Også en annen etterretningsgruppe ble arrestert på grunn av angiveri denne første krigssommeren. Det var en del ungdommer som hadde samlet opplysninger om de tyske styrkene i distriktet. Noen av dem hadde hatt kontakt med oberst Gabriel Lund, og var blitt arrestert samtidig med ham, men satt på frifot senere. De var da under oppsikt av tyskernes hemmelige agenter. Gruppen hadde fått laget en radiosender som de prøvde å bruke til meldinger til London. En brite som hadde vært telegrafist i Royal Navy og som tilfeldigvis oppholdt seg i byen, hjalp med sendingene. Like før gruppen ble arrestert, hadde briten og noen av ungdommene reist til Storbritannia.

Det ble snart kjent at 6–8 mann var tatt av tyskerne. Utpå høsten ble det bekreftet at det kom til å bli krigsrett mot dem og at siktelsen var alvorlig. De mange ryktemakerne som stadig var aktive, sørget for å dramatisere gruppens innsats mest mulig. På tysk hold var man alltid interessert i alle rykter som verserte blant nordmenn og det er ingen tvil om at rykteflommen gjorde skade.

Nordsjøfarten begynner

Båttrafikken fra Vestlandet til Shetland begynte allerede i april-mai 1940. I den første tiden var det særlig britiske soldater og sivile, samt norske militære tjenstemenn det gjaldt å få over Nordsjøen. Men også mange ungdommer drog vestover. Det er antatt at omtrent 30 båter gikk fra Norge i mai. Tallet sank noe utover sommeren, men til gjengjeld ble trafikken da bedre organisert og det begynte å komme i gang visse eksportruter.

De første gisler i forbindelse med nordsjøfarten kom til Bergen 21. mai. Det var fire menn som tyskerne mente måtte ha kjennskap til en motorkutter som var gått fra Leirvåg. Tyskerne trodde den hadde søkt seg nordover til de norske styrkene. Flyktningene ble beskyldt for å ha tatt med seg et maskingevær fra et nødlandet tysk fly. Gislene satt i Bergen kretsfengsel og deres sak ble overlatt Gestapo.

Så sent som i juni/juli ble det sendt britiske statsborgere fra bergenskanten til Shetland. To britiske ektepar, det ene med to barn, hadde vært i dekning i Kinsarvik etter å ha kommet seg ut av byen i aprildagene. I midten av juni hadde de fått hjelp av en bergenser med å komme videre til Syltøy i Fjell. Mens de ventet på en anledning til å krysse Nordsjøen, kom bergenseren med enda en brite. Det var visstnok den telegrafisten som hadde vært med i gruppen som tysk politi hadde arrestert i juni. I slutten av juni drog de 7 britene til Shetland med den vesle skøyten «Sjøglimt». Etter et kort oppphold kom båten tilbake til Fjell – uten at turen ble kjent.

På denne tid hadde tyskerne egentlig små muligheter til å

holde et effektivt oppsyn med den lange kysten. Riktignok utgjorde tyske marinefartøyer og fly alltid en viss risiko, men det var ikke særlig mange av dem. Et alvorlig problem for de fiskere som påtok seg å bringe folk over Nordsjøen, var imidlertid at de britiske myndigheter ikke tillot båtene å returnere etter oppholdet på Shetland. I hvert fall voldte det store vanskeligheter å få slik tillatelse, og dette ble etterhvert kjent langs kysten. Den som reiste over måtte derfor regne med å bli der. Under slike omstendigheter er det ikke vanskelig å forstå at enkelte kunne nøle, blant annet av hensyn til familie og eiendom som måtte etterlates.

Det var derfor en stor fordel da man fikk i stand mer organisert transporttjeneste, delvis med fartøyer som var leid eller kjøpt av dem som stod bak overfarten.

På et relativt tidlig tidspunkt gjorde tysk politi de første arrestasjoner av Englandsfarere. Forholdene var temmelig gjennomsiktige mange steder i øygarden. Når det på et lite sted ute i havgapet plutselig dukket opp fremmede med kofferter og ryggsekker, kunne man lett gjette hva det gjaldt. Det ble ofte snakket åpent om det – altfor åpent.

En gruppe bergensere ble tatt på Rubbestadneset i august. Det var en angiver som meldte dem. De ble dømt ved tysk krigsrett utpå nyåret 1941. Det var nok tyskernes tanke at arrestasjonen skulle ha en avskrekkende virkning både i Sunnhordland og Bergen, men den viktigste erfaring som ble trukket av hendingen, var at man måtte være enda mer varsom og unngå angivere.

I oktober omkom noen bergensere – antakelig på Korsfjorden – underveis til Shetland. Det var ikke nok å komme unna tyskerne, overfarten kunne også bli en kamp med naturkreftene.

Visitter fra Shetland

På ledende britisk hold var man opptatt av planer om å skade tysk krigsøkonomi ved bombing, sabotasje eller ved angrep på skips- og togtransporter. Norske industribedrifter ble tillagt krigsviktig betydning i flere tilfeller. Derfor sendte britene en sabotasjegruppe til Vestlandet i slutten av mai. Det var i høy grad et eksperiment; de hadde ingen erfaring i slike aksjoner og nordmennene var uten trening i sabotasjeoppdrag. Turen var organisert av Secret Service Intelligence. Målet var først og fremst å stanse produksjonen ved A/S Bjølvefossen i Ålvik i Hardanger. Gruppen bestod av 14 mann og ble ledet av den unge ingeniøren Simon Sinclair Fjeld. Motorkutter «Hospits» satte karene i land i nærheten av Solund 2. juni. Der ble det skjult en del våpen og ammunisjon. Mens Fjeld og noen av mennene reiste til Bergen i etterretningsoppdrag, gikk de andre over fjellene den lange veien til Ålvik. Det var bestemt at to mann skulle utføre selve sprengningen. Dukket det opp flere ukjente i Ålvik, kunne det lett skape mistanke. Midt på dagen 17. juni ble rørgaten sprengt ved to eksplosjoner høyt oppe i fjellsiden. Sabotørene tok seg tilbake til Solund uten å bli oppdaget av tyskerne.

Aksjonen var vellykket. Produksjonen ble stanset og kom først i gjenge igjen i oktober. Gruppen fra «Hospits» skulle også ha sprengt kraftverket på Dale i Bruvik, men denne aksjon ble oppgitt.

Sabotasjen i Ålvik var det første eksempel på angrep av denne art mot industrimål i Norge, utført av folk som kom fra Storbritannia. Tysk sikkerhetspoliti fastslo allerede en uke etter sprengningen at det var sabotasje og de antok at gjerningsmennene var reist nordover med båt. Både marine og hær ble bedt om å være på utkikk etter to menn som var etterlyst. Den videre etterforskning førte til at tysk politi fikk 18 nordmenn på listen over sterkt mistenkte. Politiet fant 181 kasser sprengstoff, radiosender og en kodebok.

I slutten av juni ble det igjen landsatt to mann i Solundtraktene og pånytt var det «Hospits» som førte dem over Nordsjøen. Kort tid senere, i begynnelsen av juli, var samme båten tilbake, denne gang med tre mann. To av dem hadde vært med på Ålviksabotasjen, nemlig Ruben Langmo og Otto Aksdal. Den tredje var Olav Wallin. Etter at de tre var kommet i land litt sør for Utvær fyr, skilte de lag. Langmo som var etterlyst av tyskerne valgte å operere på egen hånd. Han drog til Bergen og fortsatte derfra visstnok til Oslo. I siste halvdel av juli kom han seg tilbake til Shetland.

De to andre fikk hjelp av pålitelige folk, blant dem handelsmann Ivar Duesund. De var noen dager på Fanebust i Lindås, men forholdene var nokså utrygge for tyskere var stasjonert i nærheten.. De fortsatte derfor til Osterøy hvor de skaffet seg skjulested i et uthus og begynte å bruke radiosenderen. Deres oppgave i Norge var først og fremst å rapportere eventuelle tyske invasjonsforberedelser. I London gikk rykter om at tyskerne planla landgang i Storbritannia, delvis med utgangspunkt fra Norges vestkyst. Britene var derfor interessert i opplysninger om tyske flåtekonsentrasjoner, militære forsterkninger og andre aktiviteter som kunne tyde på et angrep.

Otto Aksdal var en tid i byen, der han hadde kontakt med folk som i hvert fall kunne gi enkelte opplysninger om de tyske styrker. Gjennom en av byens bakere fikk han informasjon om størrelsen på brødleveransene til de tyske avdelingene. Det kunne gi en viss indikasjon om antall soldater ble holdt uendret i rapportperioden.

De hadde problemer med å få radiosenderen til å virke. Den kode de nyttet var temmelig primitiv og dersom tyskerne lyttet til sendingene, ville de muligens kunne dechiffrere innholdet. Tyskerne foretok en omfattende rassia på Osterøya, men Wallin og Aksdal hadde kommet seg unna i siste liten.

Secret Service Intelligence hadde sendt en nordmann med sender til haugesundsområdet, med noenlunde samme oppdrag. Tysk sikkerhetspoliti ble satt på sporet etter ham takket være en norsk angiver. Sytten mann ble arrestert i distriktet i første halvdel av august. Dette gjorde at senderen i bergensområdet ble særlig viktig.

Wallin og Aksdal opererte i byen noen dager, men flyttet deretter til Sæterstøl. Den 27. august reiste de tilbake til Shetland etter ordre. Avreisen foregikk fra Blomstertorget midt på dagen med den vesle skøyten «Traust». Tre bergensere fulgte med over. Før de reiste hadde Olav Wallin overlatt senderen til en utdannet telegrafist, som de hadde hatt en viss kontakt med, nemlig Erling Marthinsson. Han brukte den foreløpig ikke. Men utpå vinteren fikk han kontakt med Kristian Steins organisasjon som trengte en sender. Det viste seg da at apparatet ikke var i brukbar stand.

Eksport og etterretning

Det var flere grupper som arbeidet med etterretning og eksport den første krigssommeren. En av de tidligste gruppene ble organisert av tre militære befalingsmenn som hadde sittet i fangenskap om bord på «Leda». Det var orlogskaptein og skipsreder Sigurd S. Aarstad, løytnant Olav Haugsøen og kaptein og kjøpmann Christopher Brun. Aarstad har selv skildret hvordan planene om illegal innsats tok form:

> «Den første følelsen av bittert raseri over overfallet avløstes av trangen til å finne botemidler. Det norske folket hadde ikke noen erfaring ennå. Vi famlet bare etter måter og midler, og kanskje man mange steder diskuterte seg fram til utløperne for den motstandskamp som skulle bli landsomfattende. Det kunne jo først bli bare forslag, nesten famlende planer om å reise en front. Utgangspunktet alle steder i landet var jo bare den ene faste beslutsomhet: Vi vil reise oss til motstand ... Så ble vi satt på frifot, og vi ble hver på vår

kant trukket inn i små, begynnende organisasjoner som hadde startet sitt arbeid allerede mens vi satt og snakket sammen i fangeleiren. Det var for mitt vedkommende englandsfarten . . .»

Utpå sommeren begynte Aarstad, Brun og Haugsøen sitt planmessige organisasjonsarbeid. Gjennom kontakter med menn de hadde sittet i fangenskap med hadde de skaffet seg godt kjennskap til mulige medarbeidere. Noen ble satt til å samle informasjoner og detaljer om tyske forsvarstiltak i distriktet. Andre drev innsamling av penger til å finansiere den illegale virksomheten med. I første rekke kom midlene fra næringslivet i Bergen. Brun satt som den sentrale organisasjonsleder med trådene i sin hånd. Det ble lagt vekt på å få gode kontakter med Storbritannia og de lyktes snart med å skaffe seg medarbeidere langs kysten fra Sogn til Sunnhordland. Aarstad hadde dessuten kontakt med en etterretningsgruppe i Oslo om høsten, og denne gruppen hadde radiosender og kontakt både med London og Stockholm.

Flere av Aarstads medarbeidere var opptatt av å forberede norsk innsats i tilfelle av at britene ville gjøre invasjon på kysten. Man drøftet hvordan gruppen skulle kunne «autoriseres» av myndighetene i London. For sikkerhets skyld varslet man både fylkesmann og ordfører underhånden om at det eksisterte en illegal motstandsgruppe. Ja, man kom endog til at det var sikrest å ha forbindelse med bystyret og det ble derfor tatt kontakt med ett av bystyremedlemmene, Melankton Rasmussen. Flere av bystyrets medlemmer fikk kjennskap til at det var en gruppe under oppbygging. Visstnok for å få i stand en mer formell kontakt med myndighetene i London ble det tidlig bestemt at Melankton Rasmussen skulle reise over for å orientere om det som var i emning. Han drog med m/k «Stjernen» – sammen med 16 andre som ville melde seg til militær innsats.

Rasmussen kom til London, hvor han fikk samtaler med regjeringsmedlemmer og senere med kong Haakon. Han gikk på det første kurs som ble gitt for agenter som skulle utdannes for hemmelig oppdrag, og 9–10 nordmenn deltok. I begynnelsen av november vendte han tilbake sammen med to andre deltakere fra kurset – styrmennene Alf Lindeberg og Fridtjof Pedersen. De tre hadde med seg radiosender til Aarstads gruppe, men det viste seg at den var defekt. Senderen var trolig skadet under transporten.

Lindeberg og Pedersen reiste videre til Sørlandet hvor de hørte hjemme. Melankton Rasmussen fortalte sine venner i Bergen om inntrykk fra London. Man merket seg særlig at britene gjerne ville ha velutdannet militært personell over, at det var ønskelig å starte hemmelige aviser i Norge og at det kunne komme på tale å sende militært utstyr til motstandsgruppene i bergensområdet.

Tysk politi arresterte Melankton Rasmussen og de to som var kommet med ham fra Shetland. Tyskerne hadde funnet spor som ledet dem til deler av det illegale apparat i Bergen, og en rekke mennesker ble arrestert i november/desember. Mellom dem som ble tatt var redaksjonen av den illegale avisen «Nordmannen» som til da hadde klart å utgi sin publikasjon hver fjortende dag siden slutten av juli.

Milorg oppstår

Blant dem som tok til med motstandsarbeid i juni-juli det første krigsåret var kaptein Mons Haukeland. Han hadde deltatt med heder i felttoget. Etter endt krigsfangenskap var han kommet hjem i begynnelsen av juni, fast bestemt på å skape en motstandsfront.

Haukeland mente at krigen kom til å bli langvarig og at man måtte disponere ut fra det. Han trodde ikke på noen snarlig invasjon fra vest – i motsetning til de fleste. Det var derfor nødvendig å arbeide målbevisst for å holde motstandsviljen levende blant kvinner og menn under et slikt langtidsperspektiv. Overilte aksjoner var meningsløse; det var uklokt å undervurdere motstanderen. Det burde etter hans mening bygges opp en organisasjon som kunne settes inn i væpnet kamp når forholdene en gang tilsa det. Provokasjoner overfor tyskerne burde unngåes i oppbyggingsfasen.

Avgjørende for kampen var at man klarte å holde sammen. Kunne man få knyttet kontakter gjennom et nett av pålitelige personer over et stort område hadde man samtidig muligheter for å få sendt ut ordrer og paroler som var av betydning for den nasjonale holdningskamp. Haukeland la helt fra starten av stor vekt på det sikkerhetsmessige. Som sin nærmeste mann hadde han kaptein Fredrik Rieber-Mohn. Han var kommet ut fra sykehuset på Voss i juli etter å være blitt såret under felttoget. De to gikk straks i gang. De søkte underhånden kontakt med offiserskolleger som de visste var å stole på. Etter de retningslinjer Haukeland hadde trukket opp, skulle vervingen av folk skje gjennom bestående foreninger, klubber og på arbeidsplasser. Det skulle dannes lag på inntil ti mann. Ingen i et slikt lag måtte kjenne andre enn lederen, som igjen kjente sin overordnede. Trådene ble samlet hos Rieber-Mohn, mens Haukeland under dekknavnet Niko holdt seg fullstendig i bakgrunnen. Bare noen ganske få personer, bl.a. hans «adjutanter», visste hvem Niko var.

Før året var slutt hadde man kontakter over store deler av Vestlandet. Enkelte av gruppene hadde lagre av våpen. Det var som regel utstyr som norske styrker hadde gjemt unna før de ble demobilisert i april-mai. Haukeland hadde kjennskap til at det også fantes mindre lagre av våpen og utstyr som var kommet vestfra om sommeren. Han var imot at det ble drevet øvelser med våpen i noen lag, fordi faren for å bli oppdaget da var stor. Det kunne også gi folkene uriktige forestillinger om hva striden i første rekke gjaldt. Inntil videre var det etter hans mening tilstrekkelig å drive fysisk trening og holde et mentalt og nasjonalt beredskap.

De enkelte avdelingene fikk kompaninummer og det ble satt opp spesialgrupper som skulle kunne utføre sabotasje, drive etterretningsarbeid, ordne med forsyninger osv. Fordi Rieber-Mohn og Haukeland var kjente forsvarsvenner, måtte de regne med at både nazister og Abwehrfolk ville følge deres daglige virke med vaktsomme øyne.

Andre motstandsgrupper

Det vil neppe bli mulig å registrere nøyaktig alle de ulike motstandsgrupper som oppstod i Bergen og omegn i løpet av sommeren og høsten 1940. Noen av dem krysset hverandre, og det gikk tråder som koblet forskjellige grupper sammen. I den første tiden var en ikke oppmerksom på hvor farlig det var med slike sammenkoblinger. Mange undervurderte Abwehrs og SIPO's evne til å nøste opp en illegal virksomhet. Og fremfor alt manglet nordmenn evnen til «å holde kjeft» med det de så, hørte eller hadde mistanke om.

Flere av de grupper og enkeltpersoner som begynte mer planmessig illegal virksomhet, bl.a. med avisutgivelse, instruksjon i våpenbruk o.l. kom til å bli integrert i den organisasjon som Mons Haukeland var hemmelig leder av. Det gjaldt f.eks. grupper som var blitt dannet innenfor flere idrettsforeninger. Også en aktiv gruppe på Laksevåg – som om høsten omfattet 70–80 mann – må her nevnes.

En vel organisert etterretningsgruppe kom i gang i august. Den samlet inn opplysninger om de tyske militæravdelingenes størrelse og utrustning, stasjonering osv. Det lyktes gruppen å skaffe seg gode oversikter over visse vareleveranser til tyskerne, og dette tjente som grunnlag for observasjonene. Den første tid ble det samlet opplysninger for kyststrekningen Egersund–Ålesund, men da dette ble for omfattende, konsentrerte gruppen seg om Hordaland og deler av Nord-Rogaland. I den første tid ble arbeidet ledet av Eystein Magnus og Per Rasmussen. Gruppens dekkmerke var CX.

Ved Bergen Sjømannsskole var det en krets som høsten 1940 begynte illegalt arbeid. Det var i første rekke folk ved radiolinjen – lærere og elever – som var aktive. Kretsen ble langsomt utvidet og kom snart i sving med våpeninstruksjon og etterretning. Folkene i denne gruppen regnet med å kunne gjøre en innsats når britene eventuelt gjorde invasjon. Med henblikk på dette ble det samlet opplysninger og informasjoner som kunne få betydning dersom det kom til kamp. Av særlig interesse var tyske forsvarsstillinger.

I postetaten grodde det frem en illegal organisasjon som ble ledet av postekspeditør Kristian Stein. Denne gruppen arbeidet med en snarlig britisk landgang for øyet. Den drev en viss etterretningsvirksomhet og begynte tidlig instruksjon i bruk av skytevåpen. De som var med i den militære gren av organisasjonen var opprinnelig delt i lag på fem mann. Kristian Stein hadde kontakt med offiserer og fikk råd fra dem om hvordan våpeninstruksjonen burde foregå. Mot slutten av året var organisasjonen i rask vekst, med forgreninger over store deler av Vestlandet. Den sterke motstandsviljen blant funksjonærer i postetaten var vesentlig bl.a. fordi det oppstod situasjoner der postfolkene klarte å sabotere nazistiske fremstøt. Dessuten var det utmerket å ha hjelp fra postfolkene når det gjaldt å distribuere illegale skrifter.

Det var flere som var i sving med å lage avskrifter av fedrelandssanger, nyheter fra London, kongens taler osv. i løpet av sommeren. Til å begynne med var det kanskje usystematisk og tilfeldig – noe man kunne stikke til arbeidskamerater eller legge i en postkasse i håp om at det ble lest. Folk lyttet til radio og fulgte nøye sendingene fra London. Noen dristige klarte å få i stand aviser som inneholdt nyheter om dem som var blitt arrestert, om det som skjedde andre steder i landet, om tyske krav overfor kommunale myndigheter osv. Det var alt slikt stoff som de sensurerte avisene ikke kunne bringe og som derfor ble lest med stor interesse.

Tysk politi var stadig på jakt etter dem som stod for utgivelsen av slike illegale aviser. I nazistenes øyne var den slags skrifter en grov utfordring, og kom de over noen som hadde laget eller distribuert aviser slo de hardt til.

En av de større illegale avisene var begynt å utkomme i oktober/november. Det var folk i fagbevegelsen som stod bak, og den henvendte seg i første rekke til fagorganiserte.

Det bør også nevnes at kommunistene, som var blitt «illegalisert» av tyskerne i august, var begynt å bygge ut sitt eget hemmelige apparat på Vestlandet, ledet av Peder Furubotten.

Rekvisisjoner

Til all okkupasjon hører rekvisisjon av boliger, kontorplass, lagerrom osv. Det er vel kjent at denne side av okkupasjonen i regelen er egnet til å skape friksjoner; historien kan oppvise utallige eksempler på det. Like etter at tyskerne var kommet til Bergen ble en del bygninger beslaglagt – bl.a. ble flere private hus som stod ledige overtatt av tyske offiserer. Andre hus ble rekvirert gjennom kommunen og da etter avtale med eier.

For å unngå for store ulemper for sivilbefolkningen ble det etter få dager truffet en ordning mellom de kommunale myndigheter og den tyske Stadtkommandant om at alle tyske avdelinger skulle henvende seg til kommunen i tilfelle de ønsket å rekvirere husrom. Innkvartering skulle etter dette ordnes på frivillig grunnlag så langt det var mulig. Bare i de tilfeller det ikke ble oppnådd enighet skulle man rekvirere hus. Anmodninger om rekvisisjon skulle foregå gjennom Stadtkommandantur – som en hovedregel.

Det ble snart så meget å gjøre med innkvartering og husrekvisisjon at kommunen måtte opprette et eget innkvarteringskontor under finansrådmannen. Man fant det mest praktisk å anmode Turisttrafikkomiteen å ta seg av problemet, selv om man her stod overfor en form for turisttrafikk som var uvanlig.

Byen hadde ikke overskudd på leiligheter i 1940. I følge den offisielle statistikk fantes det ca. 30 000 leiligheter, men av dem var det bare omtrent 1 500 som var på mer enn 5 rom. Blant disse var et flertall villaer, hvor det passet dårlig med utleie av enkeltrom.

Det var lite populært å leie ut til soldater eller tyskere. Den huseier som gjorde det, risikerte å miste anseelse, i hvert fall hvis han ikke kunne dokumentere at utleien skjedde etter rekvisisjon.

Fra kommunens side ble det gjort energiske forsøk på å avverge at tyskerne rekvirerte boliger. I flere tilfeller leide kommunen hus som stod ledige, utstyrte dem for egen regning og stillet dem til disposisjon for tyske myndigheter. Det kunne virke som om kommunen på denne måten gav okkupasjonsmakten bistand. Men de kommunale myndigheter mente i hvert fall at de avverget at folk måtte flytte fra sine leiligheter for å gi plass for tyskere. Utleggene til møbler og utstyr til disse leilighetene fikk kommunen bare delvis erstattet av de tyske myndigheter.

Halvparten av byens skoler var rekvirert av tyskerne gjennom det meste av 1940. Det skapte problemer for kommunen og for skolemyndighetene. Den tyske innkvartering var dessuten ikke særlig skånsom mot eiendommene. Kommunen drev hotell Rosenkrantz (med 106 senger) og meget tidlig ble hele hotellet rekvirert. Også andre hoteller og pensjonater ble i stor utstrekning nyttet av okkupantene.

De tyske rekvisisjonene kom til å koste kommunen relativt store beløp det første krigsåret. Særlig oppstod utgifter i forbindelse med flytting av møbler og innbo fra leiligheter og hus som tyskerne rekvirerte; selve leiebetalingen hadde kommunen intet ansvar for. Ved flere anledninger søkte kommunen å få vite hva Administrasjonsrådet mente om erstatningsreglene ved rekvisisjon. Men det var ikke mulig i de første 12 måneder av okkupasjonen å få tilfredsstillende veiledning med hensyn til de plikter stat og kommune kunne påta seg i slike tilfeller. Finansrådmannen tok spørsmålet opp med fylkesmannen og pekte bl.a. på at praksis var meget uensartet og de økonomiske vilkår varierte sterkt. Han krevde at det ble gitt klare direktiver, bl.a. ville kommunen vite hvem som hadde rett til å rekvirere og hvem som hadde plikt til å betale. Men svar fikk han ikke.

Meget tidlig etter sin ankomst i mai rekvirerte det tyske politi den øverste etasje i Bergen Kretsfengsel. Senere fikk de hele fengslet – foruten at de fra begynnelsen av juni tok i bruk en del av militærforlegningen på Ulven til fangeleir. Det tyske Schutzpolizei overtok i siste halvdel av juni Florida sykehus, trass i de katolske søstrenes energiske protester. Men også den tyske marine var interessert i Florida. Det endte med at politiet måtte flytte ut – til brakker som ble bygd på Solheim kirkegård, og Florida ble deretter marinelasarett.

Antinazistiske demonstrasjoner

Etter at tyskernes forsøk på å få i stand et såkalt Riksråd var strandet i de hektiske forhandlingsrundene i Oslo i begynnelsen av september, ble den nye fase i okkupasjonspolitikken gjort kjent gjennom Terbovens «berømmelige» tale 25. september 1940. Administrasjonsrådet ble erklært for oppløst. Konge, regjering og storting ble avsatt og de politiske partiene ble oppløst. Også de store organisasjonene ble oppløst med øyeblikkelig virkning.

Nasjonal Samling var det eneste parti som skulle få fortsette. Norges vei mot uavhengighet skulle gå gjennom folkets oppslutning om dette parti. Det ble av tyskerne utpekt 13 såkalte kommissariske statsråder – av dem var 9 medlemmer av det «statsbærende parti». Formelt og reelt stod de kommissariske statsrådene under den tyske Rikskommissar.

Dagen etter Terbovens tale erklærte Vidkun Quisling at «det som skjer i landet det er innledningen til en tusenårig saga i Norge». Det var det neppe mange som trodde. Det var snarere en tendens til å undervurdere betydningen av det som skjedde i Oslo, noe som kan skyldes at ingen et øyeblikk tvilte på at det var tyskerne og ikke NS som satt med makten i Norge.

I Bergen hadde det vært demonstrasjoner rettet mot tyske påbud i september. Den 21. september – en lørdag – hadde en tysk matros arrestert en bergenser og tatt ham med seg til Gebietkommissariatets politivakt. Ganske raskt samlet det seg en folkemasse utenfor bygningen – etter tysk oppgave 600 mennesker, som først kunne jages bort etter at det var avfyrt skremmeskudd.

En annen av de mest omfattende demonstrasjoner var helt spontant kommet i stand i forbindelse med kravet om at byens borgere skulle skaffe seg spesielle identitetskort – de såkalte grenseboerbevis. Utdelingen av disse begynte på Lungegården skole 23. september. Mange var imot en slik registrering som ville forenkle tyskernes kontroll med alle reiser utenfor det som ble kalt Grenzesone West. I sentrumsgatene kom det til demonstrasjoner og flere hundre mennesker deltok. Tyskerne skjøt varselskudd og stemningen var meget truende på begge sider. Dagen etter ble politimester Aug. Pedersen innkalt til Gebietskommissar Heinze. Han fikk da vite at tyskerne hadde mistanke om at det ennå fantes våpen blant bergenserne. Man var fra tysk side beredt til å gripe hardt inn mot demonstrasjoner av enhver art. Det lokale politi måtte vise større besluttsomhet når det gjaldt å slå ned urostiftere.

Heinze kunne forøvrig fortelle politimesteren at forholdet mellom tyskere og nordmenn nok kom til å bli skjerpet utover høsten og vinteren. Administrasjonsrådets tid var nemlig forbi nå. I nær fremtid ville det bli innsatt «kommissærer» – som det het i et referat fra samtalen. Med denne indiskresjon ville vel Heinze vise politimesteren hvor gode forbindelser han hadde med Reichskommissar Terboven.

Allerede 29. august hadde forøvrig avdelingsleder Engelbrecht ved Gebietskommissariatet begått en lignende indiskresjon overfor admiral von Schrader. Han kunne da i fortrolighet fortelle admiralen at samtlige norske politiske partier ville bli oppløst i nærmeste fremtid. Det skulle komme en ny regjering under ledelse av Quisling. Engelbrecht var ikke korrekt orientert. Terboven ville ikke tillate Quisling å danne noen ny regjering – ikke ennå. Han ville helst ha et «riksråd». Men en regjering hadde vært drøftet som et alternativ i en samtale mellom Quisling og Terboven 27. eller 28. august. Konklusjonene fra dette møte kom altså raskt til Gebietskommissariatet i Bergen.

Den rivalisering som pågikk mellom Terboven og de militære lederne merket ikke offentligheten noe til. Men det var i hvert fall tydelig at Gebietskommissæren i Bergen i stigende grad gjorde seg gjeldende utover sommeren. Kommunen fikk mindre å gjøre med de militære sjefer og deres folk, mens forskjellige «eksperter» fra Gebietskommissariatet begynte å dukke opp i byen. Allerede om sommeren hadde man eksempler på at de uttalte seg både om handel og næringsliv, om mulighetene for å bedre forholdene på enkelte arbeidsplasser osv. Det var imidlertid tydelig at de hadde beskjed om ikke å blande seg inn i kommunestyrets virksomhet.

Bystyret møttes på nytt første gang 7. juni og da ble sakene behandlet på vanlig måte. Ordføreren og finansrådmannen ble hjertelig takket av de folkevalgte for den måte de hadde ivaretatt byens interesser. Den 21. august vedtok bystyret enstemmig og uten debatt finansrådmannens budsjettforslag. Noe tilsvarende hadde aldri hendt i byens historie og var uttrykk for den partipolitiske borgfred som var kommet i stand. «Arbeidet» protesterte riktignok energisk mot finansrådmannens forslag, men før saken kom opp i bystyret var kommunistpartiet blitt forbudt og avisen stanset.

I Bergen hadde man ikke merket meget til Nasjonal Samling våren og sommeren 1940. Det ble annerledes etter Terbovens tale 25. september, da alle andre partier ble forbudt. Ennå før talen i radio var avsluttet kom en tysk offiser til politikammeret og sa at det nå gjaldt å sette i verk partiforbudet straks. Politiet fikk i oppdrag å varsle formennene i de lokale partilag om oppløsningen. Medlemsprotokoller, kartoteker, verdisaker etc. skulle straks beslaglegges. Hele aksjonen skulle være avsluttet i løpet av 24 timer og de beslaglagte gjenstander måtte da være innlevert til det tyske politi. Motstrebende erkjente man på politikammeret at det ikke var annet å gjøre enn å utføre ordren.

Nå dukket også Nasjonal Samling opp. Fylkesfører Edvard Andersen var leder for den lille partigruppen i byen. Han tok kontakt med politiet om kvelden 25. september for å få tillatelse til å sette opp propagandaplakater med en appell om at «Norge kaller». Politiet svarte at det ikke var tillatt å sette opp plakater uten at huseierne i hvert enkelt tilfelle gav sitt samtykke. Neste dag var imidlertid plakatene kommet opp rundt om, også på kommunens bygninger.

Neste kveld marsjerte hirden gjennom sentrumsgatene – ca. 70 mann. Politiet var varslet på forhånd om marsjen, og hadde svart at det var uniformsforbud i Norge. NS ville ikke rette seg etter det, og fikk naturligvis medhold av den kommissariske statsråd for Politidepartementet som politimester Aug. Pedersen drøftet spørsmålet med. Ved en ny propagandamarsj i uniform litt senere fikk hirden hjelp av politiet. Slik assistanse var forøvrig også egnet til å hindre hirden i å angripe mennesker langs ruten.

Den 17. oktober fikk Bergen besøk av Vidkun Quisling. Han kom med tog fra Oslo og ble møtt på stasjonen av politimester Aug. Pedersen. Noen få dager i forveien hadde politimesteren meldt seg inn i NS. Avdelinger av rikshirden og fylkeshirden var møtt frem for å gi føreren en «hjertelig mottakelse», som det alltid stod i pressereferatene. Et flertall av disse hirdfolkene var kommet fra Oslo kort tid i forveien, fordi hirden i Bergen var så fåtallig.

Om kvelden holdt Quisling foredrag i Konsertpaleet. Det var atskillig flere mennesker utenfor enn innenfor. Da Quisling ankom ble han mottatt med fy-rop fra mengden og tilhørerne ble også sjikanert. Store menneskemasser holdt seg rundt kinolokalet under hele foredraget, det ble sunget og ropt, og politiets forsøk på å få folk til å fjerne seg var stort sett forgjeves. Flere uniformerte tyskere ble innblandet i slagsmålene. Gestapo hadde forøvrig sivilkledde folk på stedet som skulle rapportere det som skjedde. Senere på kvelden fortsatte demonstrasjonene utenfor hotel Norge, der Quisling bodde. Det var sannsynligvis flere tusen mennesker samlet i gatene rundt hotellet. Flere ganger kom det til voldsomme sammenstøt med hirdmenn. Folk sang kongesangen og ropte «Ned med Quisling», og stadig brøt det ut nye kraftige pipekonserter når NS-folk viste seg på gaten.

Episoden ble kjent også utenfor landets grenser. Norsk Tidend i London skrev 1. november om demonstrasjonene under tittelen: «Tusener bergensere demonstrerer mot Quisling». En melding fra Stockholm til Reuter gikk ut på at det var beleiringstilstand i Bergen og at to personer var blitt drept under slagsmål mellom sivile bergensere og nazister. «Alt i alt er det Bergen og distriktet omkring som har vist den største motstand mot tyskerne og NS i hele Norge» skrev Norsk Tidend begeistret.

Fylkesfører Andersen i Bergen søkte å bringe et slags forsvar for hirden. I en erklæring som stod på første side i bergensavisene het det:

«De forhenværende politiske motstandere utbrer systematiske rykter om at våre Hirdkamerater fra Oslo ved vår førers tale den 17. ds. skal ha provosert folk og at det derved er kommet til håndgripeligheter. Dette er en bevisst løgn og en med hensikt tilsiktet ødeleggelse av vår bevegelse. Med all bestemthet må vi derfor opptre mot dette ryktemakeri. Våre Hird-kamerater har på ingen måte provosert tidligere politiske motstandere. Piping, ukvemsord mot føreren og den systematiske nedrivning av våre plakater, er det beste bevis hvor provokatørene finnes».

For NS-ledelsen måtte disse erklæringene være temmelig pinlige. I de offisielle referatene hadde det stått at talen ble mottatt med hjertelig bifall og ikke ett ord tydet på at det hadde vært en fiendtlig stemning.

I uken etter Quislings besøk var det demonstrasjoner ved flere av de høyere skoler. Etter det lange avbruddet var undervisningen begynt 15. august, men forholdene var høyst uvanlige. Det var ikke mulig å gjennomføre normal undervisning. Timetallet var sterkt redusert og ved flere skoler møtte elevene bare annenhver dag utover høsten. Demonstrasjonene var rettet mot de få NS-elevene, og fikk særlig voldsom karakter etter at hirdungdommer med køller hadde troppet opp på et par av skolene i sentrum for å forsvare sine yngre partifeller som ble utsatt for trakasserier. Utenfor hirdhuset i Olav Kyrres gate var det ofte uroligheter, og politiet måtte mange ganger rykke ut for å spre mengden som opptrådte truende overfor medlemmer av hirden som stod vakt ved huset.

En meget effektiv måte å provosere de norske nazistene på, var å feste mynter på jakkeslaget – slik at kongens valgspråk «Alt for Norge» og H-7-merket var synlig. Myntene ble pusset skinnende blanke, i seg selv en demonstrasjon som enhver øyeblikkelig forstod. Det ble etter hvert så mye uro i skolene at samtlige rektorer og overlærere ble kalt sammen på kontoret til Rådmannen for 3. avdeling. På dette møtet drøftet skolelederne, sammen med skoleinspektøren, hva man kunne gjøre for å opprette ro i skolene. Alle lærerne var klar over at man stod overfor en fast, om enn uorganisert front blant skoleungdommen. Disiplinen var streng.

Den 6. november fant politimester Aug. Pedersen det nødvendig å innskjerpe loven om at skillemynt bare måtte nyttes som betalingsmiddel. Nazistene ville ha slutt på denne form for kongevennlig demonstrasjon, så meget mer som det etter en nazistisk forordning av 7. oktober var forbudt å «drive propaganda for Kongen». De stadige styrkeprøvene bidrog til å sveise den antinazistiske front fastere sammen. NS-ledelsen følte seg åpenbart ikke sterk nok til å sette inn mer brutale midler; de slagsmål som hirden fikk i stand med jevne mellomrom hadde ingen avskrekkende virkning.

Søndag 10. november kom statsråd Jonas Lie for å holde foredrag i Turnhallen. Det var mange hirdmenn utenfor lokalet og denne gang var det også tysk politi med skytevåpen. Flere hundre mennesker hadde samlet seg utenfor og stemningen ble etterhvert opphisset. Kongesang og fedrelandssang ble sunget flere ganger, og det ble ropt slagord rettet mot Jonas Lie. Hirdmennene søkte å splitte mengden ved å bruke køller, men ble møtt med sterke «fy-rop». Snart var det slagsmål i gang mellom hird og demonstranter som ikke ville la seg jage bort. Politiet grep inn og fikk drevet hirden tilbake til inngangsdøren – og folk ropte nå «Judas Lie, Judas Lie» så det ljomet. Slagsmålene brøt ut på nytt og atter fikk politiet presset hirdfolkene tilbake. Men så kom tyske politimenn og de tok til å jage folk bort fra gatene ved Turnhallen. Politiet måtte hente forsterkning, denne gang for å hjelpe tyskerne og hirden. Flere biler med hylende sirener kom til og først da lyktes det å få demonstrantene bort slik at gatene utenfor Turnhallen kunne bli avsperret.

Tyske myndigheter grep inn overfor politiet og krevde at det for fremtiden måtte gåes frem på mer bestemt måte. Hvis ikke det skjedde, ville tysk ordenspoliti vise hvordan det skulle gjøres. Politimester Aug. Pedersen hadde ingen erfaring i å rydde gatene for demonstranter. Han fant det riktig først å advare publikum, og lot deretter – noen dager etter episoden utenfor Turnhallen – rykke inn en annonse i avisene i Bergen. Der het det:

«Publikums holdning ved de siste foredrag av Nasjonal Samlings ledere har under den nåværende situasjon vært meget uheldig og har i høi grad vanskeliggjort politiets arbeid. Sammenstimlinger, mishagsytringer, piping, tilrop og fornærmelige uttalelser om den tyske vernemakt, samt sang av kongesangen er på det strengeste forbudt. Herefter må politiet uten skånsel splitte enhver folkemengde med de til rådighet stående midler. I den forbindelse gjør jeg oppmerksom på at politiet fra idag er bevæpnet...»

Det var selvfølgelig en helt tåpelig annonse. For det første fikk man en nesten overdrevet erkjennelse av at demonstrasjonene mot NS-lederne hadde stor tilslutning. Det ble talt om «publikums holdning» – ikke om en håndfull urostiftere som handlet etter oppdrag av regjeringen i London. For det annet gjennomskuet alle leserne politimesterens forsøk på å fremstille det som om demonstrasjonen var rettet mot den tyske «vernemakt». Det var NS-folkene det ble demonstrert mot, men politimesteren hadde ikke hjemmel for å hindre fredelige demonstrasjoner mot dem. Den brutalitet som forekom under demonstrasjonene ble utfoldet av hirden, ikke av publikum – utover i rent forsvarsøyemed. Det var hirden som var utstyrt med køller og som brukte disse våpen. Og hirden hadde ikke politimyndighet – selv om de senere fikk status som ordensvern ved NS-møtene.

Noen dager etter politimesterens uheldige annonse dukket det opp en ny, denne gang forfattet av en byråsjef i Jonas Lies eget departement. Her ble det først slått fast at det i den senere tid i Bergen hadde vært «små tilløp til demonstrasjoner fra uansvarlig hold...» Det var slik man skulle si det.

«Som leserne i Bergen vet, har det i Bergen ikke forekommet uroligheter av betydning...»

Det var en forsmedelig korreks til politimester Aug. Pedersen.

Bergenserne fikk snart anledning til å vise hva de mente om besøkene fra NS-ledelsen. Da «statsråd» Riisnes holdt foredrag i byen 13. november var hird og politi møtt frem i stort antall, og gatene rundt Konsertpaleet var avsperret. Arrangørene kunne hatt behov for å ha alle partimedlemmer – også de tilreisende hirdfolk – i selve møtelokalet, for der var det nemlig mer enn glissent på benkeradene. Det var ganske enkelt ikke så mange NS-medlemmer i Bergen at de kunne fylle et middels stort lokale. På den annen side var det pinlig for NS å la en «statsråd» holde foredrag i et lite møtelokale.

Noen dager etter Riisnes' foredrag ble Bergens Tidende stanset i tre dager. Det var straff fordi avisen på første side hadde hatt en annonse med tittelen «billig kjøtt» rett under bildet fra en kransenedlegging på de tyske soldatgravene på Solheim kirkegård.

En ny kommissarisk statsråd, Tormod Hustad, som hørte til de mer anonyme, holdt foredrag i Bergen 27. november. Da hadde NS leid Eldorado kino. Det var stort oppbud av hird og politi utenfor lokalet og det kom ikke til større demonstrasjoner. Den 4. desember var det «statsråd» Skanckes tur. Han holdt foredrag i Logen kino, og heller ikke ved den anledning kom det til demonstrasjoner. Men for nazistene var det pinlig at det møtte så få tilhørere. Adgangstegn til foredragene måtte hentes på partikontoret på forhånd; på den måten hadde man en viss kontroll med hvem som slapp inn.

Politimester Aug. Pedersen hadde travle dager, for det gjaldt nå for enhver pris å unngå episoder. For sikkerhets skyld meddelte han i en annonse 29. november at det ikke var tillatt for noen – ikke engang filatelistforretningene – «å stille ut kong Haakon eller dronning Maud-merker». Politiet var nemlig varslet om at noe slikt hadde skjedd, og alle og enhver forstod hensikten med det.

Både i byen og i nabokommunene klaget tyskerne over at deres veiskilter ble revet ned eller ødelagt. Gjennom annonser i pressen utlovet Hordaland politikammer en belønning på 1 000 kroner til den som gav opplysninger som gjorde at gjerningsmennene kunne pågripes. Slike beløp var noe som ellers bare ble utlovet under jakt etter større forbrytere, og naturlig nok merket folk seg at dette var et sårbart punkt hos okkupanten. Særlig i Fana var det atskillige tilfeller av hærverk på tyske skilt denne høsten.

De første fengselsstraffer for å ha fornærmet tyske soldater ble gjort kjent i slutten av september og i november. Det ene tilfellet gjaldt en mann som i et brev til en venn i Sverige hadde skrevet nedsettende om tyske soldater. Straffen ble to års fengsel.

Forsyningssituasjonen

Mange importører hadde høsten og vinteren 1939 sikret seg store beholdninger av varer fra inn- og utland. Særlig hadde kolonialgrossistene, delvis etter pålegg av myndighetene, bygget opp lagrene av kaffe, mel, sukker osv. med sikte på forbruket på Vestlandet og i Nord-Norge. En del av disse lagrene gikk tapt på grunn av krigshandlinger, men det var fremdeles betydelige kvanta på lager. Det varte ikke lenge før hamstring av alle slags varer tok til. Flere grossister og detaljister innførte derfor tidlig et slags kvotesystem for å få beholdningene til å rekke så lenge som mulig. Utover sommeren og høsten ble stadig flere varer rasjonert – i september kom tekstilrasjoneringen, som i første omgang ikke ble håndhevet særlig strengt. Hardest følte nok mange fett-, sukker- og kafferasjoneringen. Kvotene vekslet nokså hyppig; i oktober 1940 var sukkerrasjonen skåret ned til 200 gram pr. uke og kafferasjonene ble redusert fra 80 til 60 gram. Såpe var da også blitt rasjonert og av en vare som finsiktet mel fikk man bare 100 gram pr. uke.

All kaffeimport var stoppet, men lagrene var så store at forsyningsmyndighetene regnet med at rasjonene kunne opprettholdes også gjennom første halvdel av 1941. Det kom en del sukker fra Danmark og ved årets slutt var det også håp om å få importert 15 000 tonn fra Böhmen. Alle former for krydder var utsolgt, og man var begynt å ta i bruk surrogater. Det var mangel på alle sorter grynvarer og erter, og beholdningene av hvetemel var meget små. Fremdeles fantes det en del sjokolade og kakao, men disse varene ble levert i meget små kvanta fra fabrikkene som ønsket å holde produksjonen gående så lenge som mulig.

I slutten av desember 1940 ble det innført en ny form for tekstilrasjonering. Inntil da hadde man hatt en ordning med kjøpekort; nå kom punktkort etter samme system som tyskerne hadde i sitt sivile forbruk. Det bygget på at hver forbruker hadde et tekstilkort med et bestemt antall punkter (300). Et slikt kort skulle vare et visst antall måneder, f.eks. 14. Hver tekstilgjenstand ble av forsyningsmyndighetene taksert til et antall punkter. En herredress tilsvarte 240 punkter, en skjorte 60, ullpyjamas 110 osv. Dessuten kunne visse sysaker og stoppetråd kjøpes i meget små kvanta hver måned.

Skotøyrasjoneringen var også blitt meget streng ved utgangen av 1940 og det var rasjonering på skosåler ved reparasjon.

Blant de mange varer som ble rasjonert denne høsten var vin og brennevin. Alle over 21 år fikk rett til å kjøpe 1 flaske vin eller brennevin for et nærmere angitt tidsrom. Ved kjøpet ble det klippet en talong på kaffekortet. Misbruk ble straffet med at kaffekortet ble inndratt. Den strenge rasjoneringen førte til livlig svartebørshandel med brennevin av forskjellig kvalitet.

Også andre varer ble snart etterspurt på det illegale marked. Kaffe, sukker, te og hvetemel oppnådde særlig høye priser på denne børsen. Tobakk ble i første omgang rasjonert ved at kundene lot seg registrere i en forretning som førte slike varer. Forretningen fikk så forsyninger fra grossisten etter antall registrerte kunder. Dette system førte til atskillig strid, og forsyningsnemnda fikk mange klager. Fra midten av desember ble endog kaffeerstatning rasjonert; det ble påstått at det skjedde for at folk skulle innbille seg at den smakte bedre enn den egentlig gjorde.

På denne tid ble også andre forbruksvarer rasjonert, bl.a. sjokolade og kakao, potetmel, sago og visse meltyper som ble nyttet særlig til barnemat. Samtidig ble brødrasjonene skåret ned.

For bergenserne var det høyst uvant at ferskfisken uteble fra butikker og torg. Skulle man få fisk, måtte man i hvert fall være tidlig ute, for tilførslene var utilstrekkelige. Det ble kjent at tyskerne kjøpte store kvanta tørrfisk og klippfisk. I visse perioder var det alvorlig mangel på poteter. Kommunen opprettet kriselagre for poteter for å kunne yte hjelp i slike situasjoner, bl.a. var det potetlager i Nykirkens kjeller.

Byens gassverk hadde sikret seg store lagre av kull, men i august måtte verket likevel rasjonere gassleveransen. Elektrisitetsverket hadde lenge gått for fullt, og da vannreservene var små, begynte myndighetene å frykte en krise om høsten. Kommunen skaffet betydelige kvanta ved fra nabofylkene og denne ble brukt til oppvarming i hus med ovn.

Fra 1. september ble det innført 10 prosent omsetningsskatt av ethvert salg til forbruker. Ingen hadde muligheter for å bli hørt med protester mot en slik prisforhøyelse – i tillegg til alle andre plager. Ved samme anledning ble statsskatten på inntekt for 1940/41 hevet fra 10 til 30 prosent og en rekke avgifter ble øket.

Gudskjelov hadde folk styrke nok til å smile – selv når det mest irriterende og byrdefulle inntraff. «Nå kan det vel ikke bli verre». Det er karakteristisk at det vrimlet av vitser nettopp omkring rasjoneringsbestemmelsene og håndhevelsen av dem.

Kommunistpartiet forbys

Tidlig om morgenen 16. august ble det gjennomført en politiaksjon mot kommunistene i distriktet. Det var tysk politi som stod for opplegget, men norske politimenn var beordret til å medvirke. Partiets arkiver og kasse ble beslaglagt, litteratur og propagandamateriell fjernet fra kontoret, «Arbeidets» redaksjon og fra hjemmene til fremtredende partimedlemmer. Flere ledere ble tatt i politiforvaring, men slapp ut kort tid senere – mot meldeplikt. Noen av dem brøt denne meldeplikten, blant dem var partiets vestlandssekretær Peder Furubotten. Han gikk i dekning hos venner utenfor byen – inntil videre – og ble derfor etterlyst av politiet.

Kommunistene var mindre populære i politiske kretser; særlig hadde deres holdning under Finlandskrigen skadet partiet. Også de mange bitre angrep på Arbeiderpartiet og Landsorganisasjonens ledelse gjorde at de var blitt politisk isolerte. «Arbeidet» hadde hele våren opprettholdt sin kritikk mot regjering og vestmaktene. Så sent som 14. juni hadde avisen skrevet på lederplass at Norge snarest burde oppta forhandlinger med Tyskland om fred. «Norge ut av krigen» het artikkelen. Avisen ble ikke stanset av tyskerne, heller ikke fikk den mulkt for noe av det den skrev.

Tyskerne hadde heller ikke hindret kommunistpartiet i å opprettholde en viss møtevirksomhet ut over sommeren – som det eneste av de politiske partiene utenom NS. Møtene ble annonsert i avisene. Den 12. august holdt f.eks. Peder Furubotten foredrag om «Marxismen-leninismens stilling til krigen, dens opphav og vesen».

Politiaksjonen vakte ikke særlig oppmerksomhet utenfor kommunistenes egne rekker. Den ble gjennomført samtidig over hele landet. Det er forsåvidt karakteristisk at den ikke ble viet plass i Administrasjonsrådets drøftinger og heller ikke foranlediget noen form for protest til Terboven. Det har vært antatt at en av de viktigste grunnene til politiaksjonen var at Hitler var begynt å bli urolig over russernes hensikter i nord. Han fryktet at de hadde planer om å sette seg fast i Nord-Finland, eventuelt forsøke å erobre Finnmark og Troms. Denne høsten sendte derfor Hitler militære forsterkninger til Nord-Norge. Norske kommunister representerte i Hitlers øyne et visst usikkerhetsmoment i en slik situasjon.

I Bergen var det neppe mange som ønsket å blande seg inn i et oppgjør mellom tyskere og kommunister. At partiet ble forbudt, kom nok som en overraskelse, men ble ikke sett på som noen stor sak. De andre politiske partiene hadde hele sommeren ligget lavt i terrenget – i motsetning til kommunistpartiet, som arrangerte møter og sendte ut offentlige erklæringer.

Etter kommunistisk initiativ ble det arrangert møte på et hotell i sentrum med utsendinger fra Arbeidernes avholdslag, Ervingen o.a. Det møtte 25–30 mennesker og de ble enige om å starte en illegal organisasjon. Det ble valgt en komite som skulle utarbeide retningslinjer for arbeidet. Men noen organisasjon ble likevel ikke dannet på grunnlag av dette møte.

De fagorganiserte under press

Landsorganisasjonen hadde ikke noe administrativt beredskap som kunne settes inn i aprildagene. I ledelsen i Oslo var det atskillig forvirring de første ukene av april. Sekretariatet var nærmest lammet i flere dager fordi så mange av de ledende hadde fulgt med regjeringen. Også i Arbeiderpartiets sekretariat var det få tilbake like etter 9. april. En liten venstre-gruppe som gjennom lengere tid hadde stått i opposisjon til LO-ledelsen søkte nå å utnytte situasjonen. Den mente at den norske regjering snarest burde innstille all militær motstand mot tyskerne. Dette var ikke vår krig, men en konflikt mellom kapitalistiske makter; Norge burde ikke ta parti i striden. Samarbeid og fred var den linje arbeiderne måtte samles om. Vi skulle verne vår nøytralitet og ikke tape av syne de mer langsiktige politiske mål.

Norges Kommunistiske Parti delte langt på vei disse idéene, selv om partiet opprinnelig ikke hadde vært på linje med de opposisjonelle i LO. Offisielt hadde kommunistpartiet også problemer med å ta klart avstand fra tyskerne på grunn av den vennskapsavtale som var inngått mellom Sovjetunionen og Tyskland i 1939. I Moskva hadde man vist stor forståelse for den tyske okkupasjon av Danmark og Norge – i hvert fall ble det fremstilt slik i den tysksensurerte presse. Kommunistene rettet allerede i mai kritikk mot Administrasjonsrådet og krevde at det måtte gis en bredere sammensetning.

«Denne sentrale myndighet må være sammensatt av representanter for arbeidernes, bøndenes og næringslivets organisasjoner, stå under deres kontroll og handle etter deres mandat. Ved sia av rådet bør det opprettes et konsultativt organ bestående av representanter for arbeiderklassens, bøndenes, fiskernes, funksjonærenes, handelens, industriens representanter»,

skrev «Arbeideren» 14. mai. Det var idéer som tok sikte på en slags korporativ representasjon i det rådgivende organ. Regjeringen Nygårdsvold ble kritisert i samme artikkel, og i stigende grad i artikler som fulgte.

Etter at Konge og Regjering hadde reist fra Norge i begynnelsen av juni og de militære styrker i Nord-Norge innstilte kampen, ble det naturlig å vurdere Administrasjonsrådets rolle på ny. Det ble da klart at opposisjonsgruppen i LO egentlig ikke stod fjernt fra de synsmåter som var kommet til uttrykk i «Arbeideren» – og som også kunne leses i kommunistavisen i Bergen. I midten av juni ble den egentlige «fagopposisjon av 1940» organisert på et møte i Oslo. Det var ikke for å mobilisere til kamp mot tyskerne at møtet ble holdt. Målet var tvertimot å få kontroll over LO og sikre et bedre forhold til okkupasjonsmakten.

Det var neppe talsmenn for denne fagopposisjon i de første månedene i Bergen; det var ikke mulig for tillitsmennene vestpå å ha noen nær kontakt med de ulike grupper i LO's ledelse. Kommunistavisen i Bergen skjerpet sin kritikk av regjeringen og vestmaktene – uten direkte å uttrykke noen tilslutning til Tysklands politikk. Men bergenskommunistene hadde lenge vært i konflikt med Arbeiderpartiet og Samorganisasjonen, og det var ingen som tenkte seg noen enhetsfront.

Den 21. juli ble det arrangert et møte i Bergen etter initiativ til dels av de samme kretser som hadde holdt møte i Oslo i midten av juni. Det var kommunistene som sto som initiativtagere til det de kalte «Arbeiderfolkets Vestlandskonferanse». Ingen ledende arbeiderpartipolitikere deltok. På dette møtet drøftet deltagerne bl.a. behovet for et nytt statsstyre. Det skulle bygges på et samarbeid mellom arbeidernes, bøndenes og fiskernes, funksjonærenes, åndsarbeidernes og mindre næringsdrivendes organisasjoner – med front mot kapitalismen. En lang uttalelse med uklare formuleringer ble offentliggjort, om det fremtidige arbeid. Slik uttalelsen lød kunne den ikke direkte leses som en oppfordring til motstand mot okkupasjonsmakten og nazistene. Det ble riktignok talt om at landet måtte bli fritt, at det skulle kjempes for den nasjonale selvstendighet og mot dem som ville gjøre livsvilkårene vanskeligere osv. Men slik sammenhengen i erklæringen var, måtte dette forståes som et angrep på det økonomiske og politiske system vi hadde hatt i Norge før tyskerne kom – og mot den «forbryterske krigsaktivisme» som hadde ført Norge inn i krigen.

Samorganisasjonens ledelse forholdt seg negativt avventende. Man visste at fagopposisjonen krevde en «arbeider- og bonderegjering», men den kunne bare settes inn med tyskernes hjelp. Den såkalte Vestlandskonferansen hadde i høy grad gitt sin støtte til opprettelsen av en slik ny regjering. Og man merket seg at det ikke var bare fagorganiserte som hadde vært aktive på denne konferansen. Kommunistpartiets sentralstyre var godt representert.

Fra tysk side ble det vist atskillig interesse for å vinne innpass i Samorganisasjonen. Flere ganger tok folk fra Gebietskommissariatet (Dienstelle Bergen) kontakt med forretningsutvalget i organisasjonen. En gang ble det oppfordret til å sette i gang tyskundervisning for alle medlemmer som ønsket det. Det var på den tid begynt å bli antydninger om at norske arbeidere skulle sikres sysselsetting i Tyskland. Et tilbud om språkundervisning som ble utsendt av forretningsutvalget – varslet samtidig at dette var noe man helst ikke burde være med på. Av de om lag 15 000 medlemmene, var det 18 som sa seg interessert. Da det kom til alvor og kurset skulle begynne – møtte bare 4 deltakere.

Utpå sommeren, dette første krigsåret, ble det dannet et

hemmelig utvalg innen Samorganisasjonen. Nils Langhelle ble utpekt som leder av denne seksmannsgruppen som skulle stå klar til å overta organisasjonen i tilfelle nazistene krevde å få sine folk i ledelsen. De som var med i utvalget ble pålagt å holde kontakt med pålitelige tillitsmenn over hele Vestlandet.

Gjennom en serie meldinger og oversikter som ble stensilert, klarte den illegale ledelsen å holde nøkkelpersoner i en viss krets orientert om det som skjedde på fagforeningsfronten. Slik kontakt bidrog til å holde en fast linje blant ledende fagforeningsfolk på Vestlandet, med front bl.a. mot den NS-vennlige ledelsen som var kommet inn i LO i Oslo.

Tysk disiplin

Det begynte tidlig å gå rykter om at tyske soldater hadde begått kriminelle handlinger. Noen hadde hørt at de hadde stjålet, at de hadde nektet å betale for seg, at de hadde fyllekjørt og fått i stand slagsmål. Særlig gikk det rykter om overgrep mot norske kvinner. Det er ingen tvil om at det meste av dette var utslag av fattigmannstrøst. Som neppe noen andre holdt tyskerne disiplin. De militære mannskaper ble innprentet at de måtte opptre korrekt overfor befolkningen. Tysk feltgendarmeri, som var kjent for ikke å legge fingrene imellom, overvåket natt og dag at soldatene opptrådte riktig. Straffen kunne være streng for forseelser; fra arrest og permisjonsnektelse til degradering og dødsdom. Divisjonens feltkrigsrett dømte f.eks. en soldat i Bergen til døden i slutten av oktober, og han ble henrettet 2. november i Gravdal. Han hadde begått kriminelle handlinger i Tyskland.

Etter at tyske sjåfører hadde vært innblandet i en del kjøreuhell, ble det sommeren og høsten 1940 gitt orienteringer om de norske trafikkbestemmelsene. Fartsgrensen ble satt ned og internt ble det oppfordret til størst mulig aktsomhet, fordi nordmenn kjørte annerledes enn tyskerne var vant til.

Menige soldater og gaster måtte være i sine forlegninger klokken 22, mens offiserer fikk være ute en time senere. Det var forholdsvis smått med velferdsarrangementer, utover sportsstevner og kino. Men det ble klaget over at filmene var dårlige – særlig sammenliknet med dem som ble vist for sivilbefolkningen. Da det begynte å komme tyske ukerevyer/filmaviser som et ledd i propagandavirksomheten, ble de vist før hovedfilmene. Tyske ledere var forøvrig indignert – på vegne av sine folk – over det helt fortegnede bilde som ble gitt av angrepet på Norge. På filmen fikk man inntrykk av at det hele bare hadde vært den rene idyll, med en sivilbefolkning som stod klar med blomster. Både admiralen og generalen i Bergen tok denne usanne fremstilling opp med sine foresatte i Oslo og sa at det var fornærmende for deres folk.

Til hjelp for de militære mannskaper ble det av Stadtkommandanten utarbeidet liste over de firmaer og restauranter som tyskerne burde unngå – fordi innehaverne enten hadde vist seg tyskfiendtlige eller var jøder. Den første listen som ble satt opp omfattet 20 navn, og den ble senere korrigert flere ganger. Listene ble formodentlig satt opp av medlemmer av den lokale tyske koloni, og det er vel trolig at de til dels red private kjepphester.

Et spesielt problem var fremkalling og kopiering av filmer som mannskapene hadde tatt. Av hensyn til sikkerheten kunne man ikke overlate dette arbeidet til hvilken som helst fotoforretning – men plukket ut to firmaer. Sikkerhetspolitiet ble pålagt å holde kontroll over de to forretningene. Men det viste seg etter hvert at soldatene ikke tok påbudet alvorlig og leverte inn filmer også til andre.

Militær utbygging

Allerede sommeren 1940 begynte tyske eksperter å undersøke mulighetene for å bygge flyplass i byens nærhet. Bømoen lå for langt borte til å dekke behovet, og tyskerne innså at denne bare kunne nyttes som reserveplass. Da var planene for Herdla begynt å ta form, men samtidig ville de vite om det kanskje kunne finnes en annen egnet plass mere sentralt. I en betenkning som ble avgitt av en «Wehrgeolog» het det bl.a. at traverbanen på Nesttun, et område på Ulven foruten et felt på Haukås og Gaupås kunne bygges ut, slik at mindre tyske fly (Storch) kunne bruke dem. Fleslandområdet ble betegnet som flyteknisk utmerket, men konklusjonen var likevel at man burde satse på Herdla.

Tyskerne drev en omfattende byggevirksomhet og la stor vekt på de forsvarsmuligheter som øyene utenfor Bergen kunne by på. De norske militæranlegg ble satt i god stand, og i det alt vesentlige beholdt tyskerne det artilleri de fant der.

Det ble også satset på å bygge ut havnemulighetene for marinen. Tyske myndigheter meddelte at det ville bli aktuelt å rekvirere BMVs verksteder i Solheimsviken og på Laksevåg. Om dette ble det ført forhandlinger med eierne gjennom lengre tid.

Sommeren 1940 ble de tyske militære sjefer i byen orientert om den hemmelige plan som hadde fått kodenavnet «Herbstreise», og som omfattet styrkene på Vestlandet. Det var en simulert landingsaksjon på østkysten av England, mellom Edinburgh og Newcastle. Den skulle avlede oppmerksomheten fra den tyske hovedinvasjon over Kanalen, en plan som hadde kodenavnet «Seeløwe». 69. Infanteriedivision i Bergen skulle på papiret være med i første landsettingsbølge i «Herbstreise». Den opprinnelige tanke var å starte invasjonen i begynnelsen av september, men det viste seg nødvendig å utsette D-dagen flere ganger. Fra den tyske overkommando var det varslet at alle forberedelser skulle være avsluttet 9. september. Dårlig vær og det faktum at Görings Luftwaffe i strid med forutsetningene ikke klarte å sikre luftherredømmet, gjorde at det 10. oktober ble gitt beskjed om at invasjonen foreløpig var utsatt. For de militære ledere i byen hadde forberedelsene krevd stor innsats på mange felter. Utsettelsen gjorde at det ble bedre anledning til å konsentrere seg om forsvarsutbyggingen i distriktet.

Politikorpsets stilling

Av flere grunner var politikorpset særlig utsatt fra første stund. Det var politiets naturlige oppgave å yte borgerne vern mot overlast og påse at respekten for lov og rett ikke ble svekket. På den andre siden krevde de tyske myndigheter samarbeid og lydighet. Det var hensyn som ikke alltid lot seg forene. Politiets stilling i forhold til de tyske myndigheter var dessuten ytterst uklar i de første måneder.

Vanskelighetene ble særlig store etter at tysk sikkerhetspoliti kom til byen i mai. Sjefen for dette politi krevde flere ganger at norske politimenn skulle medvirke ved aksjoner i hans regi. Den 10. mai ble det f.eks. krevd at norsk politi skulle beslaglegge radiomottagerne hos alle personer av jødisk herkomst. I første omgang unnslo kriminalsjefen seg ved å vise til at det ikke var hjemmel i norsk lov for et slikt beslag. Men etter at spørsmålet hadde vært drøftet blant ledende politiembetsmenn, kom man til at det likevel var best å medvirke. Hovedargumentet var at aksjonen ville bli gjennomført under alle omstendigheter. Hvis man overlot til tyskerne å gjøre det, ville det skje på en brutal måte. Gjorde norsk politi det, kunne man søke å forklare situasjonen og muligens dempe engstelsen hos dem aksjonen gikk ut over. Tilsvarende aksjoner ble gjennomført over hele landet.

Politimester Aug. Pedersen var formann i Politiembetsmennenes Landsforening. Det var en utsatt stilling. Opprinnelig var det intet som tydet på at han hadde nasjonalsosialistiske sympatier. Han opptrådte korrekt overfor tyskerne og viste ingen ettergivenhet overfor medlemmer av Nasjonal Samling. Da general Tittel og Obersturmbannführer Flesch 17. juni hadde en meningsutveksling om inntrykk av bergenspolitiets ledere, var de enige om at de stort sett viste lojalitet. Men tyskerne regnet med at politifolkene nok hadde kjennskap til «underjordiske strømninger og handlinger»; man festet seg ved at politimesteren selv var frimurer og det gjorde ham til en suspekt person.

Etter Terbovens tale 25. september øket presset mot politikorpset. Aug. Pedersen hadde en samtale i Oslo med den kommissariske statsråd for «Politidepartementet», Jonas Lie 8. oktober. Lie rådet Pedersen til å melde seg inn i NS. Samtidig burde han få de andre politiembetsmennene til å gjøre det samme.

Straks etter at Pedersen var kommet tilbake igjen kalte han sammen politiembetsmennene i Bergen og Hordaland. Han gav et referat av samtalen med Jonas Lie og henstilte til dem å melde seg inn i NS, noe han selv aktet å gjøre samme dag. Han forklarte at det hele var en ren formalitet, men hevdet at det likevel var viktig at saken ble ordnet øyeblikkelig fordi Vidkun Quisling neste dag skulle komme til byen. Da var det en fordel om politiembetsmennene var blitt medlemmer av partiet, slik som deres kolleger i hele landet ville bli. I Oslo hadde de allerede ordnet sitt medlemsskap, sa Pedersen. Det var ikke riktig. Men etter denne opplysning undertegnet de fleste politiembetsmennene søknadsskjemaene som Pedersen hadde gjort ferdig for dem. Slik situasjonen var, mente de at dette ikke var noe særlig viktig skritt og de la vekt på at de ikke ville bli pålagt noen spesielle forpliktelser av den grunn. Hvis de ikke meldte seg inn, var det fare for at tyskere eller nazister kom til å overta hele politikorpset, ble det antydet.

Under de mange urolighetene i forbindelse med NS-møtene

i byen i oktober–november opptrådte politiet korrekt overfor alle parter. Deres forhold til hirden var spent, noe publikum fort oppdaget. Et krav fra tysk side om at politiet skulle ha plikt til å hilse på tyske offiserer, skulle komme til å gjøre forholdet stadig vanskeligere. Tyskerne krevde med stigende irritasjon at hilseplikten skulle respekteres. Den 10. juni gav «We-Si-Po»-sjefen Flesch streng ordre om at hilseplikten måtte følges; man skulle hilse med hånden til lueskyggen. Tre uker tidligere hadde Stadtkommandanten konstatert overfor general Tittel at hilseplikten var vanskelig å gjennomføre, fordi «hilsing ikke er innøvd i politiet». Da heller ikke ordren fra Flesch viste synlige resultater, sa general Tittel til politimester Pedersen at det jo ikke dreide seg om hilseplikt, men om et «hilseforhold». Det skulle være lettere for politiet å godta. Selveste Reichskommissar Terboven hadde drøftet problemet under sitt besøk i byen i mai. Han ville at enhver norsk politimann skulle hilse på alle tyske militære, både menige og offiserer. Politiembetsmenn i uniform skulle dog bare ha plikt til å hilse på tyske offiserer.

Det ble nå opprettet en hemmelig gruppe innen politikorpset, og denne skulle bekjempe fremtidige nazifiseringsfremstøt.

Under enkelte sammenstøt på gaten hadde det forekommet at menige tyskere hadde forsvart folk mot hirdens angrep. I en hemmelig instruks som skulle regulere forholdet mellom tysk politi og de militære styrker ble det sagt at man skulle la norsk politi sette i verk de forholdsregler som var nødvendige – så langt det lot seg gjøre. Man skulle selv søke å unngå å bli blandet inn. Den 13. desember hadde den tyske øverstkommanderende i Norge, general von Falkenhorst, sendt ut hemmelige retningslinjer om hvordan de militære styrkene skulle forholde seg i tilfelle det oppstod alvorlige politiske uroligheter. Disse instruksene gikk ut på at ingen som tilhørte de tyske forsvarsstyrker måtte bli innblandet i demonstrasjoner, opptøyer eller uroligheter som var oppstått på grunn av politiske stridsspørsmål. Tyske soldater skulle holde seg borte fra slike konflikter; det var bare norsk og tysk politi som kunne gripe inn. Annerledes kunne situasjonen naturligvis bli hvis det ble rettet angrep direkte mot tyske militære. Da skulle det gripes inn

Bebyggelsen på Nordnes i brann 15. juni 1940. En stor del av de eldre boligstrøkene ble ødelagt.

Et bombenedslag ødela 15. juni 1940 Vestlandsbanken like ved det gamle Rådhus.

De første drosjene med karbidgenerator dukket opp allerede om høsten 1940 og ble snart et helt vanlig syn. På skjermene måtte alle biler ha opplysninger om høyeste tillatte akseltrykk — på tysk, i tilfelle det ble aktuelt å beslaglegge kjøretøyet.

Holbergstatuen ble kledd inn for å hindre skade under flyangrep. Vinduene på de fleste hus i sentrum var dekket av trelemmer, som tyskerne snart krevde fjernet.

Såkalte splintsikre tilfluktsrom fantes overalt og kunne vel gi en viss beskyttelse. Men det var et utrivelig sted å være hvis flyalarmen varte lenge.

Oppslag i banklokalet om hvor kundene kunne søke tilflukt. Det var ellers stående ordre om at sivile skulle søke ned i kjellerne i sine hus under flyangrep.

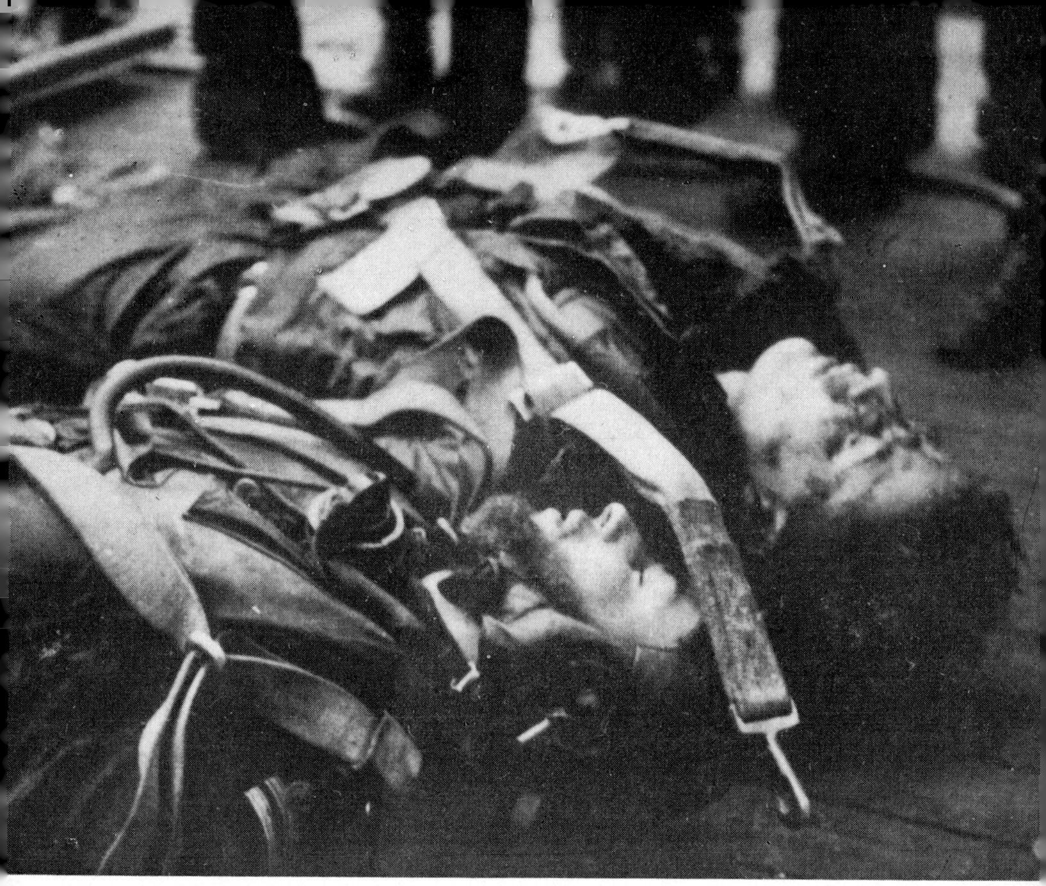

Likene av to unge allierte flyvere som var blitt drept da deres fly ble skutt ned over Byfjorden.

Fotografiet er stilt til rådighet av Billedsamlingen, Universitetet i Bergen.

Gravstedet til en av de ukjente britiske flyverne som var blitt skutt ned. Norske venner sørget for at det var blomster og flagg på deres graver. Slike demonstrasjoner ble etterhvert forbudt.

Fra byggingen av den store ubåtbunkeren på Laksevåg. Det var det tyske firma Danziger Werft og Organisation Todt som stod for arbeidet, som krevde innsats av mange hundre utenlandske krigsfanger. Arbeidet begynte i 1941 og varte i realiteten resten av okkupasjonstiden.

Større tyske krigsskip fotografert i Dolvik.

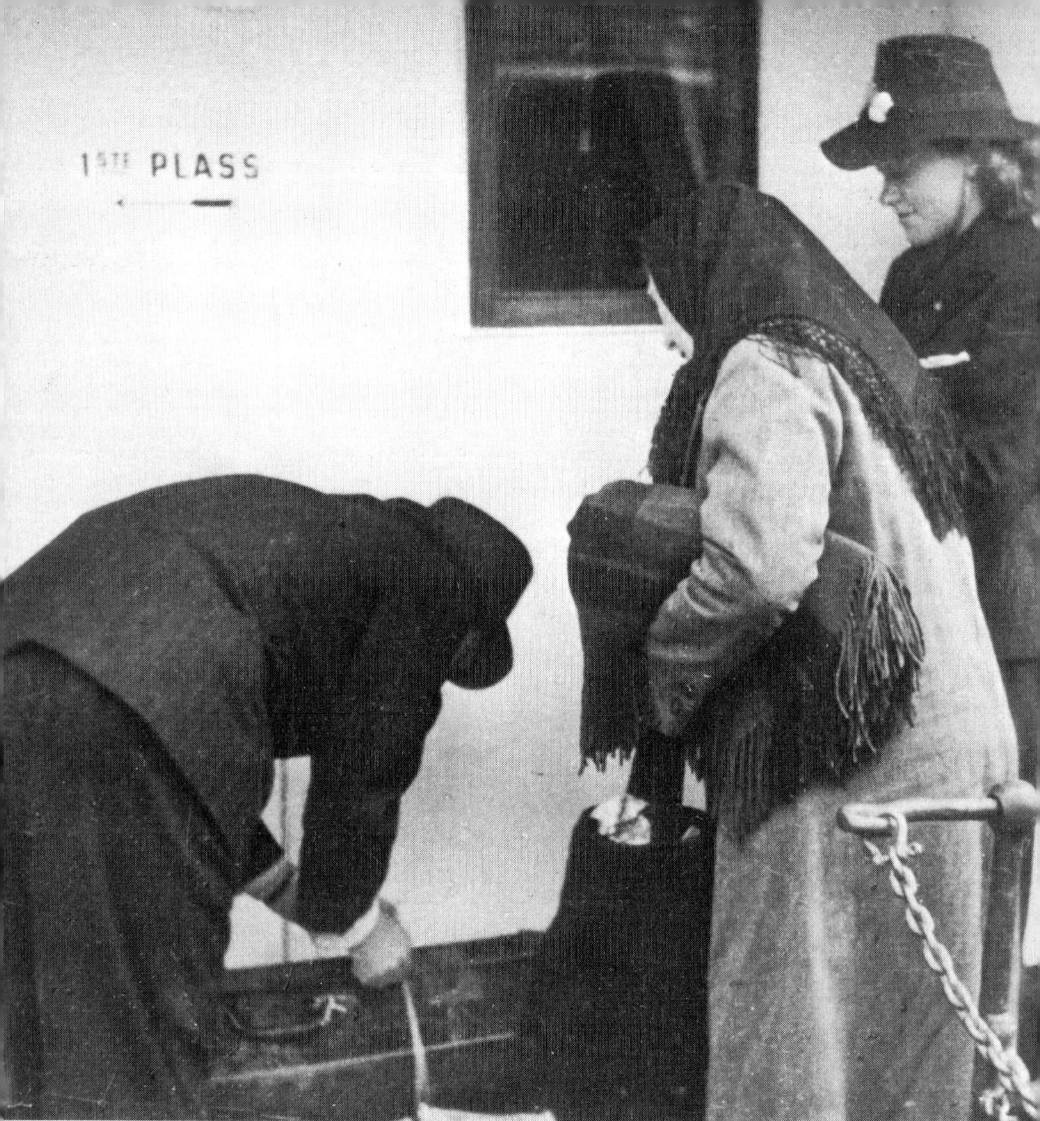

På lokalbåtene var det hyppig kontroll av sivilkledd pris- og rasjoneringspoliti. Svartebørsvarer ble inndradd og det ble ilagt bøter og straff.

med strenghet. Bak instruksen lå general von Falkenhorsts sterke skepsis til de norske nazistenes fremferd og indirekte også til den måte Terboven og hans stab gikk frem på i forholdet til befolkningen. De kraftige demonstrasjoner som overalt fant sted der NS arrangerte foredrag og oppmarsjer vitnet om at det store flertall i befolkningen var rasende på nazistene. Mens gatebildet ellers var fredelig og det bare forekom mindre demonstrasjoner rettet mot tyskerne, hadde NS-folkene klart å piske stemningen opp i alle kanter av landet.

Dagen etter at generalens hemmelige instruks var gått ut, sendte Jonas Lie et brev til alle politimestere. Der tok han bl.a. opp forholdet til hirden.

– – –

Den pågående kamp for folkets samling krever full oppslutning og det er av betydning for politiets framtid at alle polimenn har forståelsen av dette. Passiv loyalitet er ikke nok. Det kreves at politiet med hele sin kraft går inn for den politiske nyordning. Det gamle syn at en politimann skulle være nøytral og ikke stå tilsluttet noe politisk parti, har tapt sin gyldighet i og med at det kun eksisterer et eneste nasjonalt og lovlig parti, og dette er det statsbærende.

Hirdfolk er Nasjonal Samlings politiske soldater, og må med all kraft støttes i sin kamp for gjennomføringen av Nasjonal Samlings idéer. Det må opprettes et godt forhold og finne sted et nøye samarbeid mellom Hirden og politiet. Det må selvsagt ikke forekomme at en hirdmann arresteres av politiet med mindre han begår en forbrytelse. Hvor Hird eller NS-medlemmer forulempes eller utsettes for terror, vil dette til tider bli besvart ved direkte aksjon overfor fornærmerne, en omstendighet som i prinsippet er anerkjent som straffebefriende omstendighet i straffelovens paragraf 228, tredje ledd. Politiet må i så tilfelle støtte aktivt opp om Hirden.

– – –

Under Nasjonal Samlings møter fungerer Hirden – hvor avdeling av denne er opprettet – som ordensvern inne i salen og ved inngangen og ikke politiet.

Politifolkene i Bergen reagerte ikke på dette brevet fra «statsråden». Men mann og mann imellom drøftet man naturlig nok det som ville komme. Bare ca. 10 prosent av polititjenestemennene hadde gitt etter for presset og meldt seg inn i NS ved årets slutt. Hele korpset omfattet da 234 polititjenestemenn.

Klare frontlinjer

Frem til 25. september hadde det vært forhandlet i Oslo med tyskerne om Norges styre under okkupasjonen. Bare meget sparsomme opplysninger var kommet frem om resultatene av disse forhandlinger. Administrasjonsrådets rolle var uklart for de fleste; det er vel riktig å si at man mange steder utover landet så med stigende skepsis på hele ordningen. Det som foregikk under riksrådsforhandlingene i løpet av sommeren var ukjent for opinionen. At norske myndigheter kunne drøfte muligheten av å be kong Haakon abdisere var det neppe mange som kunne forestille seg. Kongens posisjon var meget sterk utover hele landet. I Bergen var folk forferdet over den unnfalne holdning som ble vist i hovedstaden denne sommeren.

Reichskommissar Terbovens tale 25. september renset luften. Teksten var klar og tydelig. Nå skulle nordmennene få oppleve okkupasjonen og «den nye tid». Den uklare mellomfasen var slutt.

De kommissariske statsrådene – noen av dem hadde man allerede hatt slette erfaringer med og andre var helt ukjente – satte i gang sitt nazifiseringsarbeid for fullt. Ett av målene var å få kontroll over viktige organisasjoner og foreninger. De skulle ensrettes og gjøres til ledd i den korporative stat som nasjonalsosialistene ville skape. I det vesentlige foregikk kampen mot organisasjonenes ledelse og sekretariater fra høsten 1940 og utover til 1942. Et typisk eksempel var forordningen om opprettelsen av Norges Idrettsforbund 21. november 1940.

«Statsråd» Axel Stang krevde i denne forordning at alle idrettsforeninger skulle stå tilsluttet det nye forbundet, underordnet hans departement. Det ble endog forbudt å oppløse foreninger og klubber uten departementets samtykke. Følgen av forordningen merket man straks. Det ble idrettsstreik, og den kom til å vare til krigen sluttet. Myndighetene kunne ikke tvinge ungdommen til å drive sport. Forbausende nok hadde de ikke tenkt på det før forordningen ble utstedt.

Om sommeren hadde det – med Administrasjonsrådets støtte – vært organisert frivillig arbeidstjeneste flere steder, bl.a. i Bergen. Mange ungdommer deltok i leirene, og det ble gjort nyttig arbeid – f.eks. vedhogst, grøftegraving, onnearbeid osv. Da de kommissariske statsrådene var kommet på plass, fant de idéen med arbeidstjeneste så god at det ble vedtatt å gjøre den obligatorisk. Alle menn født i 1921 ble anmodet om å melde seg til sin rodeforstander innen 25. november. Innkallelsen ble i stor utstrekning sabotert. Ungdommen forstod hva slik tjeneste kunne utvikle seg til under nazistisk ledelse. I enkelte distrikter var det nok noen ungdommer som meldte seg til tjeneste, men i Bergen var oppslutningen særdeles lav.

Forsøkene på ensretting av organisasjonslivet utviklet seg tidlig til en kraftprøve mellom de nazistiske myndigheter og hundretusener kvinner og menn som var medlemmer i organisasjonene. Denne striden kom til å tjene som en start for den viktige motstandsfront som bygget på solidaritet og felles holdning. Skolens folk – og foreldrene – fikk den første prøve på det som skulle komme gjennom et rundskriv datert 22. november. Det var undertegnet av «statsråd R. Skancke» og gikk ut på at det i skolene skulle orienteres om den nye tid:

> Departementet finner det ønskelig og nødvendig at samtlige av våre skoler allerede nå innretter seg på at det vil bli igangsatt positive tiltak for innenfor vår skoleundervisningsramme å orientere elevene om den nye tids idéer i sin alminnelighet og om Nasjonal Samlings program og retningslinjer i særdeleshet . . .
>
> Alle skoler er pålagt å etterkomme henstillingen fra Nasjonal Samling med leilighetsvis etter nærmere avtale med skolestyrerne å få disponere en halv time til en time av sko-

letiden til slike orienterende forelesninger ved foredragsholdere som er autoriserte til dette bruk av Nasjonal Samlings generalsekretariat.

Lærernes innstilling var klar fra første stund. En slik henstilling ville ikke kunne bli etterkommet. Det var allerede atskillig uro i forbindelse med de NS-elever som befant seg på skolene. De ble stadig utsatt for trakasserier av de andre elevene. I slutten av september var det også kommet til slagsmål ved noen av skolene – særlig på Sydneshaugen hadde det vært livlig i friminuttene. Et forsøk på å slippe nazister inn i skoletimene for å orientere om NS ville være helt utenkelig.

Ganske få av elevene var medlemmer av Nasjonal Samling. På de enkelte skolene holdt de sammen så godt de kunne – mot en isfront fra de øvrige elevene. Det var en ubarmhjertig behandling – men ingen kunne tenke seg noen form for kompromiss. I midten av oktober var det til sammen 586 NS-medlemmer i Bergen og Hordaland, et tall som var lavere enn i de fleste andre fylker i landet. (Sogn og Fjordane hadde på denne tid riktignok bare 5 partimedlemmer!) I hele landet skal det ha vært 6943 NS-medlemmer da. Den 9. desember 1940 var tallet på landsbasis steget til 21 615. I Bergen og Hordaland var man da kommet opp i 945 – et meget lavt tall relativt sett.

«Statsråd» Hagelin i Innenriksdepartementet sendte i midten av desember ut et sirkulære som skulle sikre myndighetene kontroll over den politiske innstilling hos landets kommunefunksjonærer. På dette tidspunkt var det allerede gjort kjent at det kom til å bli vesentlige endringer i kommunestyrenes sammensetning. Det kommunale selvstyre skulle følge førerprinsippet og NS ville sikre seg pålitelige ledere av kommuner og fylker. Hagelins sirkulære av 16. desember tok sikte på kommuneadministrasjonen. Det ble sagt at:

> «enhver som er ansatt i Innenriksdepartementet eller under dette hørende institusjoner av en hvilken som helst art, også kommunale, gis herved pålegg om positivt på alle måter å understøtte N.S. og alle dens organisasjonsmessige avdelinger . . . Den ringeste form for svikt blir betraktet som statsfiendtlig handling. Drastiske straffer vil heretter ramme enhver fiende av staten».

Det var kraftig kost – i sin tyskpregede språkdrakt. «Statsfiendtlig handling» og «drastiske straffer» for den «ringeste form for svikt». Statsråden hadde åpenbart ingen illusjoner om å oppnå resultater ved å bruke silkehansker.

Før dette sirkulære var blitt kjent i stats- og kommuneadministrasjonen, lekket det meste av innholdet ut til enkelte nøkkelpersoner i departementet og kom derfra videre til tillitsmenn i funksjonærenes organisasjoner. Det var nyttig på den måten å få et forvarsel om «statsrådens» planer.

Det var en meget vanskelig tid for dem som nå skulle forsøke å skape en front mot det nazistiske fremstøtet. Tyskland syntes mektigere enn noensinne. Det nazistiske styre i Norge var vel etablert og Quisling og hans folk opptrådte brautende og selvsikkert. Nazifiseringsforsøk møtte man overalt. Kirkens folk var begynt å føle presset allerede i oktober. Domstolene og rettsapparatet var i åpen konflikt med myndighetene på grunn av Justisdepartementets forordning om rett til å avskjedige forliksmenn, lagrettsmenn, domsmenn, rettsvitner m.fl. Høyesterett hadde erklært at en slik adgang for departementet ville være i strid med de prinsippene hele domstolsordningen hvilte på. Da Terboven avviste Høyesteretts protest som en «politisk demonstrasjon» nedla Høyesteretts medlemmer sine embeter 12. desember. Det var motstandskamp på flere frontavsnitt i desember.

Kommunefunksjonærene visste at de måtte reagere mot Hagelins planer. Formann i Kommunale Funksjonærers Landsforbund var ligningsfullmektig Johan Refsdahl i Bergen. I desember var han blitt varslet av forbundets sekretær i Oslo om at Nasjonal Samling antakelig ville komme til å avkreve alle kommunefunksjonærene en lojalitetserklæring. Man visste at politiets embets- og tjenestemenn var under press og at en del av dem hadde gått inn i NS. Johan Refsdahl var enig med sekretariatet i at alle medlemmene av Landsforbundet måtte få varsel om det som kunne ventes. Sekretariatet utarbeidet derfor et forslag til formular som kunne tjene som mønster for de svar medlemmene burde gi på kravet om lojalitetserklæring. Utformingen av svaret skjedde i samråd med medlemmer av Høyesterett, som da nettopp hadde søkt avskjed. Utkastet ble sendt ut som vedlegg til et brev som formannen undertegnet og hvor saken ble nærmere forklart.

Da bystyret møttes 17. desember sa ordføreren at det kanskje ville bli siste møte. Den kommissariske statsråd hadde tidligere på høsten varslet nye regler for sammensetningen av kommunestyrene. Av den grunn ble det ikke holdt valg på ordfører og varaordfører. Men bystyret nyttet anledningen til å takke kommunens fremste tillitsmenn for den innsats de hadde gjort i en vanskelig og farefull tid.

1941

Den første «jøssingkasse»

Utpå sommeren 1940 hadde tillitsmenn blant kommunefunksjonærene drøftet hvordan de kunne ordne med økonomisk hjelp til kolleger som kom i vanskeligheter på grunn av de ekstraordinære forhold. Det kommunale fellesråd var opprettet som organ for alle kommuneansatte i Bergen – opprinnelig en forholdsvis uformell form for kontakt. Uten å trekke de respektive forbund og foreninger inn, ble en gruppe tillitsmenn enige om å få i stand et solidaritetsfond. På et senere møte som ble holdt i hemmelighet i Konsertpaleets prøverom en tid før jul, ble det av de møtende representanter fra «fellesrådet» og andre kommunale tillitsmenn valgt en komite som skulle organisere arbeidet. Den bestod av 7 medlemmer: 4 fra funksjonærforeningene og 3 fra kommunearbeiderforbundet.

Komiteen utarbeidet en trekkordning for alle som var lønnet av kommunen. I første omgang ble de trukket 1 krone ved hver lønnsutbetaling; det ble talt om en «kronerulling». De aller fleste godtok dette, kanskje uten å ha helt klart for seg hva midlene skulle brukes til. Det kunne man nemlig ikke fortelle. Etter noen tid gikk man i gang med mer graderte trekk – de som hadde høyere lønninger ble trukket for større beløp, f.eks. 10 kroner ved hver utbetaling. De midler som kom inn på denne måte ble av kontaktmenn i alle etater og lønningskontorer levert videre til «den økonomiske komite» som ledet arbeidet. Den sørget så for at midlene ble tatt hånd om og at folk som trengte hjelp kunne få regelmessige bidrag av felleskassen.

Dette hjelpearbeidet kom til å danne mønster for andre yrkesgrupper. Etter at «Fritt Folk» hadde begynt å kalle naziregimets motstandere for «jøssinger» ble denne betegnelsen raskt tatt opp av «gode» nordmenn – som en hedersbetegnelse. De kommunalansattes hjelpekasse var en «jøssingkasse», den gang forstod alle uten videre hva det innebar.

Kommunens folk stod ved innledningen til 1941 i en hard og alvorlig strid med Innenriksdepartementet. Derfor var det av stor betydning å vite at de hadde håp om økonomisk hjelp hvis de mistet arbeid eller ble arrestert. I tillegg kom den psykologiske virkning av å vite at man var med i et forpliktende fellesskap. «Jøssingkassen» ble ikke opprettet med sikte på motstandsarbeid. Men den kom til å styrke et interessefellesskap som gav grunnlag for den aktivisering som skjedde like etter nyttår 1941. Senere ble den – av styret – fra tid til annen også brukt til dekning av utgifter ved motstandsarbeid når det var akutt bruk for det.

Nasjonal holdning

Det var god kontakt mellom fylkesmann Lindebrække, finansrådmann Einar Olsen og de ledende tillitsmenn i kommunefunksjonærenes organisasjoner. Som formann i Kommunale Funksjonærers Landsforbund hadde Johan Refsdahl som nevnt vært med på å utarbeide et utkast til svar på Innenriksdepartementets brev om lojalitet. Dette utkast var sendt Landsforbundets medlemmer. Einar Olsen pekte underhånden på at svaret hadde visse svakheter og antydet for Refsdahl at han skulle kalle sammen til et møte i Bergen, slik at kommunale tillitsmenn fritt kunne få uttale seg om saken. På møtet kom til å begynne med ulike oppfatninger frem. Men det lyktes en gruppe ivrige – allerede under møtet – å oppnå flertall for at man skulle gi uttrykk for en direkte avvisning av lojalitetskravet. Under møtet var det opprinnelig stemning for at man skulle sabotere Innenriksdepartementets brev ved å unnlate å svare. Men etter en inngående diskusjon ble det overveldende flertall for at alle burde svare, og positivt gi uttrykk for at man *ikke* anså sirkulæret bindende for seg. Et redaksjonsutvalg på 3 medlemmer ble gitt i oppdrag å lage et nytt utkast til svar. Det utkast som redaksjonsutvalget la frem for møtet fikk et overveldende flertall blant deltakerne. Det lød:

«Jeg har mottatt skrivelse fra Innenriksdepartementet datert 16. desember 1940. Jeg kan ikke erkjende at skrivelsens innhold berører mine kommunale tjenesteplikter.»

Med hjelp av både fylkesmann og finansrådmann klarte man å vinne noe tid; det ble ventet helt til 3. februar med å sende ut «statsråd» Hagelins sirkulærbrev til alle kommuneansatte.

Møtet gav Refsdahl i oppdrag å reise til Oslo med oppfordring fra møtedeltagerne i Bergen til å bruke det bergenske svarutkast over hele landet. Det tidligere utkast måtte da straks tilbakekalles.

Sammen med fire andre tillitsmenn reiste Refsdahl til Oslo 11. februar for å organiserte forbundets motstand, og sørge for at flest mulig medlemmer brukte den formulering svarbrevet hadde fått i Bergen.

På dette tidspunkt var stillingen temmelig uklar på organisasjonsfronten i hovedstaden, der de fleste store sammenslutninger hadde sin ledelse og sekretariat. Nasjonal Samling søkte å vinne kontroll over alle landsomfattende organisasjoner. Idrettsfolkene hadde i løpet av høsten fastlagt sine kurs; motstand mot nazifisering av norsk idrett. Ingen deltagelse i stevner eller konkurranser. Kirkens ulike retninger var i oktober–november blitt forent i «Kristent samråd for Den norske kirke». Man forberedte seg på samlet opptreden overfor nazifiseringsforsøk. Omtrent på samme tid hadde lærernes organisasjoner i brev til regjeringen advart mot politisk press. De fire lærerlagene fryktet at deres medlemmer ville bli avkrevd en lojalitetserklæring av Kirke- og undervisningsdepartementet. De hadde derfor sendt utkast til svar på et slikt krav til medlemmene. Svaret kjente departementet til, og det er sannsynlig at det fikk «statsråd» Skancke til å oppgi idéen om en slik erklæring. Også flere andre foreninger, bl.a. Den norske legeforening, hadde avvist NS-myndighetenes forsøk på politisk ensretting.

De kommunale funksjonærers stilling var viktig, ikke minst fordi Innenriksdepartementet langt på vei hadde klart å gjennomføre sine vidtgående planer om en kommunal nyordning. Bøyde nå funksjonærene unna, var det alvorlig fare for at nyordningen kunne bane vei for en nazifisering av hele samfunnet. Dertil kom de skadevirkninger det naturligvis ville få i andre landsomfattende organisasjoner. Stemningen var preget av usikkerhet, og det var mange som mente at man ikke burde dramatisere situasjonen. Kompromisslinjen hadde sine tilhengere flere steder.

Det var derfor en lettelse for Refsdahl og hans kolleger at de tillitsmenn de møtte i Oslo gikk inn for det svarutkast som var utarbeidet. Så snart dette var avklart reiste Refsdahl og hans medarbeidere til andre byer i Sør-Norge for å forklare situasjonen. Samtalene fikk stor betydning for samholdet.

Mellom 70 og 80 prosent av dem som besvarte Hagelins rundskriv nyttet bergensversjonen som sitt svar. I Bergen var det 98,6 prosent av de 4 048 kommunale tjenestemenn som brukte det. Det er karakteristisk for situasjonen, at da svarene kom inn til finansrådmann Olsen, og han oppdaget at enkelte hadde nyttet den versjon som opprinnelig forelå, varslet finansrådmannen vedkommende om at alle andre brukte den reviderte versjon. Bare 15 svarte at de ikke avviste nazifiseringslinjen og 51 svarte helt nøytralt. Også Norsk Kommuneforbunds medlemmer var med på denne aksjon og en splittelse mellom forbundene var dermed unngått.

For Innenriksdepartementet var nederlaget fullstendig. Viktigere var det likevel at kampanjen ble en veiviser for andre organisasjoner. Det var på en overbevisende måte blitt demonstrert at det lot seg gjøre å reise en masseprotest mot nazistene. En slik samlet opptreden viste en styrke som gjorde inntrykk.

Hundretusener kvinner og menn ble på denne tid tvunget til å ta stilling til Nasjonal Samling. Det standpunkt de inntok var ikke uten personlig risiko. Stort sett visste de fleste hva som ble ansett som nasjonal holdning og hva man måtte betrakte som unnfallenhet. Samvittighetens røst kunne gi god veiledning, men det var under alle omstendigheter en styrke å opptre sammen med likesinnede. Et element av usikkerhet gjorde seg nødvendigvis gjeldende; man måtte stole på at andre virkelig handlet slik man var blitt enige om.

Det var i denne tid at de mange parolene i holdningskampen begynte å komme. De varslet hvordan man skulle forholde seg og de fortalte hva andre hadde gjort i en tilsvarende pressituasjon. Slike eksempler var gode å ha.

Da det f.eks. kom på tale med en lojalitetserklæring for prestene, var det aldri tvil om hvilken holdning de skulle innta. Spørsmålet ble drøftet ved nyttårstider blant kolleger i byen og svaret var derfor grundig gjennomtenkt før det ble sendt. Det lød:

«Jeg vil herefter som hittil utføre mine tjenesteplikter i overensstemmelse med min samvittighet og mitt ordinasjonsløfte og rette meg efter okkupasjonsmaktens bestemmelser innen folkerettens ramme og finner derfor ikke utover dette å kunne gi noen loyalitetserklæring».

Kommunal nyordning

Nasjonal Samling la stor vekt på den administrative nyordning av kommunene. Etter at de politiske partiene var blitt forbudt i slutten av september 1940, var tiden kommet til å innføre «førerprinsippet» i alle kommunestyrer. Ordføreren ble etter dette kommunens «fører». Kommunestyret og formannskapet ble erstattet av et antall rådgivende «formenn». De enkelte kommuner ble underrettet på et tidlig tidspunkt om at det ikke ville bli kommunevalg i oktober. I påvente av en nyordning fikk alle kommunestyremedlemmer sin funksjonstid forlenget inntil videre. I desember kom forordninger og rundskriv som orienterte om nyordningen.

Også fylkesmannen fikk nye funksjoner. Han ble den overordnede «fører» for samtlige kommuner i sitt fylke. En av hans oppgaver var å gi departementet råd om hvem som skulle lede den enkelte kommune. Dette råd skulle han gi sammen med

Nasjonal Samlings fylkesfører. Også ved valg av formenn i kommunene skulle de to ha en viktig, rådgivende rolle overfor Innenriksdepartementet. «Stat og parti i praktisk samarbeid». De oppnevninger som ble foretatt skulle gjelde for inntil to år.

Kommunale styrer, utvalg og råd ble etterhvert også nyordnet ved at «førerprinsippet» ble innført.

Alle visste at fylkesmannen i Bergen og Hordaland, Gjert Lindebrække, ikke var tilhenger av «den nye tid». Sammen med ordførerne i fylket hadde han søkt å forhindre at det oppstod alvorligere motsetningsforhold til de tyske myndigheter. Den samme linjen mente han at det var mulig å følge overfor Nasjonal Samling. Det var en vanskelig linje å følge helt konsekvent. NS-folk i distriktet kritiserte både fylkesmannen og de kommunale myndigheter for å sabotere de nye påbud. Andre mente at det ble vist for stor ettergivenhet. Folk som var skuffet over at det ikke hadde lyktes å yte mer effektiv motstand mot de tyske angriperne, var forbitret over at det ble vist vilje til samarbeid med tyskerne og de norske nazistene.

Da fylkesmannen ble instruert av Innenriksdepartementet om å foreslå ordfører i Bergen, svarte han at det eneste riktige var å be ordfører Stensaker fortsette.

«Han har tillit blant alle tidligere partier i bystyret, og var det gjenstand for valg ville han etter all sannsynlighet blitt gjenvalgt enstemmig. Jeg har også et bestemt inntrykk av at han har full tillit hos vernemakten».

Fylkesmann Lindebrække antok også at varaordføreren burde fortsette og han skrev videre at finansrådmannen var uunnværlig for byens administrasjon.

Tidligere hadde fylkesmannen erklært overfor departementet at den nye kommuneordningen etter hans mening ikke var ønskelig. Den ville bli tolket som en opphevelse av det kommunale selvstyre og dermed komme i strid med et helt fundamentalt prinsipp i norsk forvaltning. Men Innenriksdepartementet hadde ikke til hensikt å bry seg om slike innvendinger.

Nyordningen ble gjennomført i to etapper. Først ble ordførerne i landkommunene oppnevnt. Noen stor utskiftning ble det ikke i Hordaland; bare 8 kommuner fikk straks nye ordførere. Fylkesmannen og fylkesutvalget hadde ikke foreslått noen NS-medlemmer som ordførere. Innenriksdepartementet oppnevnte 5 NS-medlemmer som det hadde funnet frem til, antakelig i samarbeid med fylkesføreren. I to andre kommuner ble heller ikke fylkesmannens forslag fulgt. Der ble det oppnevnt folk som ble betraktet som NS-vennlige. Endelig var det en kommune hvor fylkesmannen hadde foreslått oppnevnt den tidligere ordfører og da oppnevningen ble foretatt, viste det seg at han var blitt medlem av NS.

Oppnevningene i landkommunene skjedde 2. januar. Det var vanskeligere å få oppnevnt ordfører og varaordfører i Bergen. Det skyldtes at kommunepolitikerne var uenige om hvordan de skulle forholde seg og av den grunn måtte oppnevningen utsettes.

Inntil midten av desember 1940 hadde bystyre og formannskap, ordfører og rådmann stått sammen om den linje som var blitt fulgt overfor okkupasjonsmyndighetene og NS. Men det oppstod en annen situasjon når man skulle la seg oppnevne av den kommissariske statsråd. Både folkestyre og kommunalt selvstyre var satt ut av kraft. Derfor var det mange som mente at det var meningsløst å legalisere nyordningen ved å stille seg til disposisjon for NS.

Ordfører Stensaker hadde av fylkesmannen fått vite at han ville bli foreslått. Omtrent på den tid fylkesmannen skrev til departementet og sa at han mente Stensaker var den eneste rette, drøftet ordføreren den nye kommuneordning med medlemmer av finansutvalget. Under denne samtalen falt det naturlig å lufte spørsmålet om han skulle la seg oppnevne. Kommunalpolitikerne mente at han ikke burde gjøre det. De eneste på dette møtet som anbefalte at han fortsatte, var de kommunale rådmenn. De la vekt på administrasjonens muligheter til å ivareta byens interesser på en noenlunde tilfredsstillende måte – så lenge det var en sjanse til å gjøre det.

Det kom ingen paroler fra myndighetene i London og heller ikke veiledende vurderinger fra nordmenn i viktige posisjoner i samfunnet. Det var selvsagt ingen som hadde noen velbegrunnet oppfatning om hvor lenge okkupasjonen kom til å vare. Det var uttrykk for den alminnelige optimisme hos mange, når man sa at NS-styret ikke ville få lang varighet. I et slikt perspektiv kunne man si at det var en fordel at ordføreren fortsatte, slik at Nasjonal Samling ikke fikk gjort for stor skade før landet atter var fritt. Bergenserne var ikke i tvil om Asbjørn Stensakers nasjonale holdning. Alle visste også at det var hensynet til byens vel som fikk ham til å motta oppnevningen.

Det ble brukt gode argumenter fra begge parter. Fra Stensakers side var det ikke meningen å forelegge problemet formelt for finansutvalget, og medlemmene av utvalget sa også til Stensaker at de ikke uttalte seg på vegne av sine partigrupper.

Etter at Stensaker var oppnevnt 3. januar 1941, men før han hadde svart at han ville ta imot vervet, var det et nytt møte med fremtredende kommunepolitikere. Alle partier i bystyret, unntatt kommunistene, var med. Formålet var å drøfte sammensetningen av den liste over kandidater som ordføreren skulle legge frem for fylkesmannen som sitt forslag til nytt «byting». Noen av de fremmøtte avslo å være med på en slik diskusjon. De nektet å godta nyordningen, og ville derfor ikke medvirke til oppnevningen. På samme møte ble Stensaker av flere fremtredende politikere frarådet å påta seg ordførervervet.

Men kort etter meddelte Asbjørn Stensaker fylkesmannen at han var kommet til at han burde påta seg stillingen som ordfører. Han mente at det var hans plikt å bli stående – av hensyn til byens interesser. Riktignok var han klar over at nazistenes innflytelse var blitt stadig større, og at det ikke ville være mulig å lede byen *mot* de nazistiske myndigheter. Men med sterk støtte av rådmennene mente han at det var bedre for byens befolkning at han, som ikke-nazist, holdt stillingen så lenge det var mulig.

Den 11. januar underrettet Stensaker formelt fylkesmannen om sin beslutning. Han skrev i sitt brev bl.a.:

> «For mitt eget vedkommende vil jeg også ha uttalt at jeg ikke kan gi noen aktiv tilslutning til NS' samfundssyn og derfor ser min oppgave begrenset til å utføre de saklige oppgaver som lovgivningen pålegger meg.»

Varaordføreren var bestemt imot å fortsette. Stensaker hadde antakelig håpet at det skulle bli oppnevnt en annen ikke-nazist, men det ville ikke NS godta. Derfor ble en NS-kretsfører i byen, oppnevnt som varaordfører. Det skjedde 16. januar og skapte ikke oppstuss noen steder. Folk visste knapt hvem den nye varaordfører var.

Det gamle bystyret hadde hatt 76 medlemmer. Den 25. januar hadde ordfører Stensaker gitt fylkesmannen en liste med 26 navn på «formenn» til «bytinget». Ingen NS-medlemmer var med på denne listen. Fylkesfører Andersen gav fylkesmannen en liste som inneholdt navn på 25 NS-medlemmer. Slik mente han at bytinget burde settes sammen. På et møte som fylkesmannen innkalte 4. mars møtte ordføreren og fylkesføreren, den siste i NS-uniform. Fylkesmannen fastsatte da tallet på medlemmer til 29. Fylkesfører Andersen erklærte at han ville forelegge departementet NS-listen supplert med fire nye navn. Ordføreren sa at han ville legge frem en ny liste, der det ble tatt hensyn til NS' ønske om representasjon. Begge forslag skulle sendes departementet.

Ordfører Stensaker sa på møtet at hvis ikke hans forslag ble godtatt, måtte han søke om avskjed. Da fylkesmannen forklarte saken for departementet i brev, støttet han ordfører Stensaker, og sa at kravet fra fylkesfører Andersen ville bli ansett som urimelig av den altoverveiende del av befolkningen.

Innenriksdepartementet fant det best å innkalle til en konferanse i Oslo. Både Stensaker og Andersen møtte. Saken hastet nå sterkt. Møtet endte med et kompromiss som ble noe dårligere enn det Stensaker hadde håpet på. Av de nye formenn var 16 NS-medlemmer, mens bare 13 kom fra Stensakers liste. I mindretallet var det 5 fra Arbeiderpartiet, 3 fra Venstre, 2 fra Frisinnede Venstre, 2 fra Kristelig Folkeparti og 1 fra Høyre. Samtlige navn ble offentliggjort 19. mars. Noen av dem som stod på Stensakers liste var ikke blitt spurt på forhånd, og reagerte mot oppnevnelsen. Men sjansene til å få slippe unna var meget små. De 13 som ble oppnevnt som ikke-NS-medlemmer avgav senere en erklæring, som Asbjørn Stensaker hadde utformet. Der het det:

> «Forordningen av 21. desember 1940 om endringer i kommunalforvaltningen inneholder ingen bestemmelse angående formennenes politiske syn, og når jeg herved mottar oppnevningen, er det betinget av at det ikke kreves innmeldelse eller tilslutning til Nasjonal Samling.»

Organisasjonene sier nei

NS-myndighetenes forsøk på å vinne full politisk kontroll over embetsmenn og tjenestemenn av alle kategorier i stat og kommune var et alvorlig slag. Kanskje nettopp folk i offentlig tjeneste følte lojalitet overfor de tradisjonelle retningslinjer som preget forvaltningen i en rettsstat. Kravet fra Innenriksdepartementet endret hele grunnlagt for deres virke. Mange som inntil da hadde unngått å ta noe definitivt standpunkt i den strid som pågikk, følte at de nå ble presset mot veggen. Det vrimlet dessuten av rykter om nye fremstøt, om trusler og om vanskeligheter. Noen var riktige, andre overdrev nok en del. En forordning som ble gitt 15. februar var et tydelig varsel om hvilken vei det bar. Forordningen fastsatte nytt reglement for fremgangsmåten ved ansettelse i offentlig tjeneste. Den som skulle ansettes måtte først være godkjent av «Nasjonal Samlings personalkontor for offentlig tjeneste» (N.S.P.O.T.). Ordningen omfattet alle kategorier ansatte i stat og kommune, og kontoret innførte altså ren partikontroll ved ansettelsene.

På dette tidspunkt var det kontakt mellom en rekke av de store organisasjonene med sikte på å få i stand felles holdning overfor myndighetene. Blant dem som var særlig aktiv i arbeidet med å knytte slike kontakter ved Johan Refsdahl. Han ledet møtet i Oslo da 22 organisasjoner ble enige om utformingen av protestbrev til Reichskommissar Terboven. Dette brevet ble sendt 3. april. Men hverken fra Terboven eller NS kom det noen reaksjon. Det var heller ikke klare tegn til at nazifiseringsforsøkene ble avdempet.

Den nære kontakt mellom tillitsmenn for organisasjonene ble i dagene etter at brevet var sendt utvidet til å omfatte flere store organisasjoner. Det ble enighet om å sende et nytt brev – men det hadde vært enkelte organisasjoner som erklærte at de ikke ville være med på en slik aksjon. Noen var ikke en gang spurt, fordi de hadde ledere som var medlemmer av NS. Andre hadde av mer tilfeldige grunner stått utenfor forberedelsene. Men det ble unektelig lagt merke til at Norges Industriforbund, Norges Håndverkerforbund og Norsk Arbeidsgiverforening ikke var med.

I alt 43 organisasjoner undertegnet brevet som ble sendt til Reichskommissar Terboven 15. mai. I dette ble det slått fast at de kommissariske statsrådene i en rekke tilfeller hadde utstedt forordninger og fattet vedtak som var i «åpenbar strid med folkeretten, norsk lov og alminnelig norsk rettsoppfatning».

Det var sterke ord. Organisasjonene hadde vel ventet en øyeblikkelig reaksjon. Den kom først etter at Reichskommissar og Innenriksdepartementet hadde drøftet saken. Brevet fra de 43 skulle nyttes til å rette et avgjørende slag mot den frie foreningsrett i Norge. Den 12. juni ble tre av underskriverne arrestert. Dagen etter ble de andre telegrafisk innkalt til et møte i stortingsbygningen hvor Terboven hadde sine kontorer. Møtet fant sted 18. juni og var vel forberedt fra Terbovens side.

Forestillingen – for det var samtidig et skuespill – åpnet med at seks av underskriverne ble arrestert. Deretter holdt Terboven en tordentale til de tilstedeværende. Til slutt kom «statsråd» Hagelin med en redegjørelse om en ny forordning, som nedla forbud mot noen av organisasjonene og innsatte kommissariske ledere i andre. De nye lederne var til stede i salen, og underskriverne måtte håndhilse på de nye makthaverne.

Så snart det ble kjent hva som hadde foregått, begynte medlemmene å melde seg ut av de organisasjoner som hadde fått «kommissariske» ledere. En av de mest aktive for å få satt fart i utmeldingene var Johan Refsdahl. Han var i Oslo sammen med tre andre tillitsmenn fra Kommunale Funksjonærers Landsforbund. De fikk i oppdrag av andre representanter å reise rundt i landet for å organisere utmeldinger. Opprinnelig hadde det vært meningen at også LO-medlemmene skulle sende sine utmeldinger, men dette standpunkt ble senere omgjort.

Aksjonen fikk meget stor tilslutning; det ble opplyst at det var organisasjoner der samtlige medlemmer meldte seg ut. Flere hundre tusener kvinner og menn ble engasjert i protesten.

Det var den største mobilisering man hadde hatt i holdningskampen. En følge av protestutmeldingene var at det måtte utvikles et raskt og effektivt kommunikasjonssystem ikke bare innenfor hver yrkesgruppe og organisasjon, men også mellom dem. Hele det system som førte frem paroler og hemmelige opprop, nyheter og økonomisk hjelp fikk på denne måten en sterk utvikling. Det illegale organisasjonsliv ble også satt i gang over det meste av landet, noe som fikk stor betydning for den sivile motstand som nå var i ferd med å finne sin form.

De kommissariske lederne kunne ikke hindre utmeldingene, selv om de gjorde forsøk på å stanse dem. Orvar Sæther som var blitt innsatt som kommissarisk leder av Norges Lærerlag, varslet medlemmene om at en «utmeldelse på dette tidspunkt» (i juli) måtte oppfattes som «en demonstrasjon mot det nye styre og dermed betraktes som en statsfiendtlig handling». Slike trusler satte som regel bare ny fart i utmeldingene. Lektorene i Bergen hadde sine utmeldinger ferdig allerede fem dager etter det beryktede møte i stortingsbygningen. Medlemmene av de andre lærerorganisasjonene i byen og distriktene handlet også raskt. Denne aksjonen skjedde midt i en uhyggelig og vanskelig tid. Den 20. juni var telefonen i Bergen blitt avstengt uten varsel. Neste dag ble det innført strengt portforbud. Tyskland angrep Sovjetunionen.

Organisasjonenes medlemmer var ikke vanskelig å mobilisere i Bergen og omegn. Folk kjente hverandre så godt at de visste hvem som var NS-medlemmer og hvem man burde unngå å sende hemmelige paroler og beskjeder til.

Selvsagt var det enkelte som fant det vanskelig å ta et endelig standpunkt. De «svake» i fronten ble sterkt presset av andre til å tone flagg. Nasjonal Samling hadde rett på dette punkt: man måtte enten være for eller imot det statsbærende partis program og politikk.

Samarbeidet mellom lederne i de store organisasjonene våren og tidlig på sommeren 1941 førte til at man noe senere opprettet Koordinasjonskomitéen (KK) som kom til å lede den sivile motstandskamp under okkupasjonen. Johan Refsdahl var med på opprettelsen av KK i oktober 1941 – under et opphold i Oslo. Tanken med det nye organet var å få samordnet, i størst mulig utstrekning, den holdning organisasjonene skulle innta mot de nazistiske myndigheter. Ved å vise felles front oppnådde man styrke. Mot slutten av året var det etablert lokale grupper på ca. 20 steder i landet. I disse gruppene var de aller fleste yrker representert – først og fremst innen åndsliv og blant kommune- og statsansatte. Der var lærere, leger, prester, tannleger, veterinærer, lektorer, jurister, ingeniører og flere andre. Det ble organisert innsamlinger for å yte hjelp til de familier som var rammet av myndighetene av politiske grunner.

I slutten av desember ble den første trykte parole sendt ut. Den varslet at nazimyndighetene hadde planer om å organisere yrkene i ulike «samband». Medlemmene ble forberedt på at det ville komme paroler om motstand mot enhver form for slik tvangsorganisering. I Bergen var det stor aktivitet på dette felt. Ved flere anledninger gikk det ut paroler på det lokale plan for å sikre at ingen bøyde unna for nazistenes påbud og krav.

Koordinasjonskomiteen stod klar til å møte fremstøt fra de kommissariske statsrådene. Det var nyttig at man hadde fått noe tid på seg til å bygge ut et landsomfattende apparat, for det skulle ikke vare lenge før nazistene gjorde forsøk på å få norsk ungdom til å bekjenne seg til den nazistiske ideologi.

Kirken i kamp

Helt frem til september 1940 hadde kirken stort sett unngått innblanding fra tysk eller NS-ledelsens side. Det var imidlertid mange som la merke til at en NS-prest fikk lov til å holde radiogudstjeneste søndag 29. september, bare noen dager etter at Terboven hadde holdt sin tale der han erklærte partiene for oppløst. Denne presten takket Gud for at det norske folk hadde fått Vidkun Quisling og hans menn som ledere. Hans preken ble et alvorlig varsel om at nazifiseringen nå var i ferd med å nå kirken. Biskopene drøftet ved flere anledninger hvordan de skulle forholde seg for å stanse nazistenes fremstøt. I et brev som ble sendt «statsråd» Skancke 15. januar tok biskopene opp tre punkter. Hirdens voldshandlinger i en rekke byer, høyesterettsdommernes nedleggelse av sine verv og kravet fra myndighetene om at prestenes taushetsplikt ikke lenger skulle gjelde uavkortet. Da det ikke kom noe svar fra Skancke på dette brevet, oppsøkte biskopene Berggrav, Maroni og Støren den kommissariske statsråd i departementet. De overrakte ham da et promemoria som bl.a. slo fast at kirken aldri kan tie der hvor Guds bud blir satt til side. Kirken kan ikke bindes av noen statsmakt. Etter dette bøyde NS-myndighetene tilsynelatende unna. Skancke lovet at kirken ikke skulle røres og kristendommens grunnverdier vernes, slik det stod i NS' program.

Biskopene sørget for at dialogen mellom dem og Skancke ble sendt til menighetene som hyrdebrev. I Oslo ble det i begynnelsen av februar gitt beskjed fra politiet at det var forbudt å lese hyrdebrevet opp i kirkene. Over hele landet søkte politiet å beslaglegge flest mulig eksemplarer av hyrdebrevet, men klarte likevel ikke å stanse aksjonen. Også i bergenskirkene ble brevet opplest.

Menighetsbladene hadde i stor utstrekning kunnet gi opplysninger om kirkens holdningskamp og sørget bl.a. for at menighetene ble underrettet om paroler etc. fra kirkens ledelse. Men i februar 1941 begynte NS å klage over at menighetsbladene utkom uten å være sensurert. Domprosten i Bergen erklærte på vegne av samtlige menighetsblader at innblanding og sensur ikke kunne godtas. I et brev til Kirkedepartementet skrev han: «Kontroll ved NS's pressekontor motsetter menighetsbladene seg på det bestemteste, både av prinsipielle og økonomiske grunner. Hvis kravet opprettholdes, vil menighetsbladene gå inn». Pressedirektoratets sensurkrav ble opprettholdt og menighetsbladene sluttet å komme ut. Det var en holdning uten vakling.

I løpet av 1941 ble kirken og alle kristelige organisasjoner mobilisert til innsats for den nasjonale motstandsfront. I Bergen skapte denne mobilisering ingen alvorlige problemer. Det var bred oppslutning om de retningslinjer som var trukket opp av den ledelse kirkefronten hadde. Byens prester og menighetsledere arbeidet sammen med lærerne og lektorene i holdningskampen. Samholdet mellom prestene var nært og godt. Det kom bl.a. til uttrykk da Nasjonal Samling arrangerte et Vestlandsstevne 5.–8. desember. Vidkun Quisling holdt foredrag 6. desember og samtlige høyere tjenestemenn i stat og kommune var innkalt for å høre ham. De aller fleste møtte, både fra Bergen og Hordaland. Men det ble lagt spesielt merke til at samtlige innkalte prester erklærte seg uvillige til å etterkomme innkallingen.

Skoleungdommens protest

Ved de høyere skoler hadde det vært stadig uro mot slutten av 1940. Aktuelle begivenheter ble naturligvis livlig kommentert blant elevene. Det vrimlet av nasjonale motstandssymboler, og da de få NS-elevene begynte å gå med partiuniformer ble det oppfattet som en sterk provokasjon. Det var bare noen få lektorer som tilhørte NS eller hadde nazistiske sympatier.

I juleferien var det kunngjort at alle skoler i landet skulle være stengt til 20. januar. Det var begrunnet med faren for munn- og klovsyke og nødvendigheten av å spare brensel. Begge deler skapte unektelig problemer. Den farlige epidemien var kommet til distriktene rundt Bergen og flere gårdbrukere måtte slakte sine besetninger. At det var mangel på brensel visste alle. Det hadde vært sprengkulde i flere uker og lagrene minket raskt. De innvidde visste imidlertid at den viktigste grunn til forlenget skoleferie var at NS-myndighetene var i konflikt med lærerorganisasjonene. Striden gjaldt om lærerne skulle ha plikt til å sørge for at elevene fikk innføring i nasjonalsosialistisk ideologi.

Da skolen åpnet lå det spenning i luften. Man hadde nettopp fått Vidkun Quislings opprop til all ungdom om å melde seg som frivillige til Regiment Nordland. Og pressen forklarte hvor langt man nå var kommet med å forberede innkallingen av 20-åringene til obligatorisk arbeidstjeneste.

De fleste ungdommer demonstrerte daglig mot NS ved å bære binders i knapphullet. Hvor dette påfunn kom fra visste ingen. Symbolet på «Hold sammen» ble nyttet over hele landet i løpet av kort tid. En tid ble en slik stille demonstrasjon oversett av NS-folkene. Senere, da NS-medlemmene ble mer allergiske, ble også «jøssingenes» oppfinnsomhet større. En knappenål i jakkeslaget hadde den mening at man holdt hodet klart og våpnet skjult. Et norsk flagg i jakkeslaget var en så åpenlys demonstrasjon at det kunne bli slagsmål om man traff på en hirdmann av den rette sorten.

De mange provokasjoner mot NS-elevene, og den spesielle form for sjikane de ble utsatt for, utløste en kraftig reaksjon. Den 12. februar kom hirdfolk inn på Sydneshaugen skole og begynte å undersøke elevenes vesker og klær på jakt etter antinazistiske materiale. I løpet av kort tid ble det slagsmål. Skolens lærere varslet politi, som etter visse vanskeligheter klarte å få hirden bort fra skolen. Neste dag hadde man tilsvarende episoder ved andre skoler. Hirden opptrådte meget aggressivt, og deres truende tone og køllebruk gjorde skremmende inntrykk. Da politiet ikke kunne gripe effektivt inn, begynte mange elever å ta igjen med steinkast og knyttneveslag. På begge sider kom sinnene slik i kok at det egentlig er merkelig at ikke noen kom alvorlig til skade. Da uroen ikke la seg, ble det lørdag spontant besluttet å gå til skolestreik mandag 17. februar. Parolen om dette gikk raskt til alle skoler, tilsynelatende uten at noen ledet aksjonen.

Oppslutningen om streiken var meget god. Bare noen ganske få elever møtte opp ved skoletidens begynnelse mandag. Blant dem var selvsagt NS-elevene. Lærerne var på plass, men noen undervisning kunne det ikke bli tale om. Det var oppstått en situasjon man aldri hadde hatt før ved skolene. Ingen visste riktig hva som skulle skje. I løpet av denne første streikedagen fikk elevene ved gymnasene tilslutning fra elevene ved Handelsgymnasiet, Den tekniske skole, Fagskolen, Sjømannsskolen, Maskinistskolen og flere private skoler.

De streikende ungdommene samlet seg i sentrumsgatene utover formiddagen. Stemningen var ganske opphisset. Det ble ropt slagord mot NS, nasjonalsangen kunne høres fra flere klynger og da grupper av hirdfolk begynte å dukke opp med køller og andre slagvåpen, ble de møtte med taktfaste fy-rop. Det kom til slagsmål og det tilkalte politi kunne ikke utrette stort. Opptøyene var særlig livlige omkring «strøket» ved musikkpaviljongen. Hirdmennene tok med seg enkelte motstandere til sitt hovedkvarter i Olav Kyrresgate og mengden prøvde å hindre «arrestasjonene». Først etter at det var blitt mørkt stilnet spetaklet i sentrum. Neste formiddag blusset urolighetene opp igjen, men da kom tysk politi i sentrumsgatene. De viste både hirden og norsk politi hvordan en folkemengde kan drives tilbake hvis man bare opptrer med tilstrekkelig brutalitet og besluttsomhet. Hirdens oppførsel, selv om den var brutal nok, virket amatørmessig ved siden av tyskernes. Det norske politi opptrådte korrekt og rolig. Tyskernes innblanding gav unektelig striden en ny dimensjon og det var enkelte som fryktet at det endog kunne bli skutt mot demonstrantene. De tyske militære hadde fått ordre om ikke å vise seg på gaten enkeltvis. Det ble forklart dem at det først og fremst var de norske politimenn som hadde ansvar for å opprettholde ro og orden. Klarte ikke de oppgaven, var det tysk politis oppgave å gripe inn. Bare i ytterste tilfelle skulle den tyske forsvarsmakt settes inn.

Politimesteren hadde mandag et opprop i avisene, der han inntrengende henstilte til; «foreldre å sørge for at skolebarn ikke får anledning til å demonstrere på nogen måte, da dette kan få alvorlige følger.»

Slik situasjonen hadde utviklet seg var appellen virkningsløs. Men neste dag kom et alvorlig opprop fra ordføreren som dessuten var rektor på Sydneshaugen skole. Stensaker siterte et telegram fra statsråd Skancke, der det ble krevd at skolen skulle begynne igjen 19. februar. «I motsatt fall vil departementet straks treffe nødvendige forføyninger overfor de elever og lærere som ikke etterkommer påbudet.» Og Stensaker la til for egen regning:

«Idet jeg meddeler ovenstående, vil jeg så inntrengende jeg kan, anmode om at alle medvirker til at skolene igjen kommer igang. Det kan ikke annet enn volde dyp bekymring og sorg det som foregår nu om dagene. I den kjærlighet til vårt land og vår by, som jeg vet besjeler oss alle, må vi – hver på vår kant – bare gjøre vår plikt til det ytterste. Og derfor ber jeg om at alle elever møter til vanlig skoletid onsdag morgen. Lærerne har den hele tid vært på plass.

Spørsmålet om skyld eller ikke skyld i det som er forefalt får utstå til en senere tid.»

Appellen – med den tvetydige avslutning – virket. Streiken ble avblåst ved at skoleungdommene varslet hverandre utover ettermiddagen.

Lærerne ved Sydneshaugen skole og Fana høyere kommunale almenskole hadde under streiken sendt et brev til statsråd Skancke. Gjenpart av brevet hadde gått til ordfører, fylkesmann og sjefen for Reichskommissars Dientstelle Bergen, Christen. Det var tatt sterk avstand fra hirdens oppførsel.

Ti elever sendte også et brev der de på de streikende elevers vegne krevde at hirden måtte pålegges å avstå fra provokasjoner i skolene. Brevet ble overlevert Gebietskommissar.

Christens svar var interessant fordi han erklærte at «selvsagt kan ikke hirdens inngrep på skolens område godtas, og det er derfor sørget for at den slags overgrep ikke lenger vil finne sted». Det var en viktig seier over de forhatte hirdfolkene – med tyskernes bistand.

I de nærmeste dager etter streiken var stemningen på skolene preget av det som hadde hendt. Det varte ikke lenge før NS-myndighetene reagerte. Rektor ved Bergen Katedralskole og en lektor ved Sydneshaugen skole ble arrestert og sendt til Oslo. Ti elever ved de to skolene ble utvist og fikk vite at de for alltid var nektet adgang til å ta artium.

Dette skjedde akkurat i de dagene da krigsrettssaken mot den store gruppen fra Haugesund og Stavanger ble avsluttet med at det ble avsagt 10 dødsdommer i Bergen tinghus. Denne nyheten kom som et grusomt slag. Skolestreiken og dens represalier ble uten særlig betydning i en slik sammenheng.

Hirden søkte å gjenopprette sin tapte prestisje. Det ble etter kort forberedelse annonsert at den første mønstring av hirdavdelinger fra hele landet skulle finne sted i Bergen i week-enden

1.–2. mars. Rikshirden skulle da foreta en «propagandamarsj» gjennom byens gater. Det ble ingen vellykket forestilling. For det første kom et par hundre hirdfolk fra Buskerud og Drammen flere timer for sent til byen. For det annet var det et elendig vær – vind med sludd og regn – slik at en marsj gjennom byen ikke hadde noen hensikt. For det tredje hadde publikum gjennom paroler fått varsel om å holde seg borte fra hirdarrangementet. Søndagens oppmarsj var lagt stort an, med taler på Festplassen om formiddagen og tale av «statsråd» Lunde i Konsertpaleet. Publikums disiplin var utmerket. Det var ganske få som befant seg i gatene der hirden marsjerte. Etter alt som hadde hendt i byen var hirden forhatt.

Katedralskolens rektor kom tilbake 17. mars og fikk en begeistrert og rørende mottakelse av sine elever. Men han kunne samtidig fortelle at han hadde fått avskjed fra sin stilling. Hans appell om moderasjon og beherskelse på det tidspunkt avverget kanskje at det igjen ble startet en ny streik ved skolene. Lektoren fra Sydneshaugen ble sittende fengslet i Oslo til han i oktober ble sendt til Sachsenhausen. Der døde han våren 1942.

Ved alle skoler var det skarpt skille mellom NS-elever og de øvrige. NS-elevene holdt sammen under denne psykiske terror og forsøkte å opptre mest mulig uanfektet. I virkeligheten var det daglige presset en sterk påkjenning. De kunne heller ikke unngå å merke at praktisk talt alle lærere var imot dem. «Solkorset» var et tungt kors å bære, særlig for barn og ungdom.

NS-myndighetene hadde måttet tåle et nederlag da hirden fikk forbud mot å gripe inn på skolene. Men «statsråd» Skancke søkte å kompensere dette ved et rundskriv som skulle hjelpe NS-elevene. Først slo han fast at hirden ikke skulle gripe forstyrrende inn. Det var han nødt til å gå med på. Men så krevde statsråden at Førerens bilde skulle henges opp i alle lærerværelser og at lærernes ansvar for gjennomføringen av den nasjonale nyordning ble innskjerpet.

> «Uhøflighet eller annen sjikane elever eller lærere imellom blir ikke tålt hverken i eller utenfor skoletjenesten. Elever eller lærere som heretter måtte bli utsatt for ukameratslig opptreden av noen innen skolen, plikter straks å melde tilfellet til rektor/styrer/skolestyreformann, lærer... Forhånelse

mot Det tyske rike eller dets Fører, Adolf Hitler, eller mot Nasjonal Samling eller Statspartiets Fører, Vidkun Quisling, er strengt forbudt. Det samme gjelder propaganda av enhver art til fordel for England eller for de nordmenn som har alliert seg på Englands side mot Fedrelandet».

Da dette budskap kom stod lærerne midt oppe i striden om lojalitetserklæringen. Deres front ble sveiset sammen av slike rundskriv.

Vårens forsyningsproblemer

Vinteren 1940–41 merket bergenserne for alvor mangelen på alle slags forbruksvarer. Den hardhendte tekstilrasjoneringen rammet sterkt dem som på forhånd hadde lite og brukte meget. For barnerike familier var kvotene utilstrekkelig til å dekke behovet. En annen virkning var at tekstilbransjen måtte regne med betydelige skadevirkninger – redusert omsetning og øket arbeidsbyrde for butikkpersonalet.

Såperasjoneringen var også blitt skjerpet fra nyttår. Det ble slutt med alle slags toalettsåper, hvis man da ikke hadde et spesielt tilleggskort som ble tildelt etter anvisning av lege – på medisinske indikasjoner. Den nye såpetypen nordmenn nå fikk stifte bekjentskap med var den beryktede B-såpen. Den luktet dårlig, skummet praktisk talt ikke og var på grunn av sitt lave fettinnhold ubehagelig i bruk. Også B-såpen var rasjonert; tildelingene besto av små stykker som folk snart kom til å ergre seg over.

Skotøyrasjoneringen var i løpet av kort tid blitt vesentlig strengere og det var f.eks. blitt påbudt å søke forsyningsnevndene om å få reparere sko. Antall slike tillatelser var strengt begrenset.

Fra nyttår ble det også innført kjøpekort for vin og brennevin. Bare personer som hadde fyllt 21 år fikk slike kort, og det ble kunngjort fra måned til måned hva man skulle få kjøpe på de nye kortene.

I midten av januar kom en forordning fra Forsyningsdepartementet med forbud mot å fremstille eller omsette fløte med høyere fettinnhold enn 16 prosent og ost med mer enn 25 prosent fett. På restaurantene ble det fra slutten av januar krevd fettkort ved all servering av mat som inneholdt fett, som f.eks. smørbrød eller middag med smør. Heldigvis var sildefisket relativt godt. Men det var mangel på stekefett, og gjennom pressen ble det oppmuntret til å bruke tran til steking. Den ubehagelige lukten av stekt tran skulle i tiden som fulgte legge en demper på matlysten for mange. I slutten av januar ble kafferasjonene kuttet ned fra 60 til 40 gram pr. uke. Lagrene var på dette tidspunkt så små at grossistene visste at de snart ville bli helt tomme. Ingen hadde tro på at det skulle bli mulig å importere kaffe før krigen var over.

Vinteren var hard. Kulden hadde satt inn i desember og i lengere perioder var temperaturen omkring 10 minusgrader, og atskillig lavere i noen av distriktene rundt Bergen. Rørledninger frøs og vanntilførslene måtte stenges av til enkelte bydeler. Det ble problemer med kommunikasjonene, verst var det som vanlig for de eldre som ikke fikk nok brensel. I denne situasjon rammet det hardt at Bergen Lysverker gjorde kjent at gassforbruket måtte reduseres vesentlig av hensyn til de små kullbeholdningene.

Den 1. mars ble det en ny reduksjon i bensinkvoten. Drosjebilene fikk nå 25 liter pr. måned, og det ble slutt med bensin til privatbiler. En transportsentral ble opprettet for å sørge for en mest mulig effektiv utnyttelse av lastebilene. Det ble stor etterspørsel etter karbid- og vedgassgeneratorer, og ventetiden var lang for installasjon.

På grunn av restriksjoner i togtrafikken, var det vanskelig å få plass på påsketogene i april. Folk stod i kø i timevis for å sikre seg billetter – noen hele natten. Det var vel denne vinteren at folk for alvor lærte kunsten å stå i kø; det måtte man så mange steder. Folkeviddet og fortellerkunsten blomstret i køene, og når fremtidsutsiktene ble kommentert er det ingen tvil om at optimistene var de mest høylydte. Da kafferasjonene i slutten av april ble satt ned fra 40 til 10 gram pr. uke var det nok enkelte som trodde at nå var bunnen nådd. Riktignok ble det gitt tillatelse til å øke rasjonene av kaffeerstatning fra 30 til 40 gram, men det var vanskelig å venne seg til denne surrogatdrikken. Optimistene fant i en slik situasjon ut at grunnen til at kaffen forsvant var at tyskerne var i ferd med å tape krigen. Hadde det gått bra, ville også den materielle situasjon i Norge vært bedre. Dessverre tydet ikke den tyske militære fremgang i Hellas og Jugoslavia på at krigen nærmet seg en rask avslutning. De mange ryktene om at vestmaktene kom til å gjøre invasjon på Vestlandet om våren, slo heller ikke til.

Matforsyningene var et stående samtaleemne denne våren. I en dagbok som ble ført av en bergenser under krigen finner man følgende betraktning 3. mai:

«Idag kan det vel sies at levevilkårene i landet er så vidt forskjellige fra hvad de var bare for et år siden, at den rummelige tilværelse dengang forekommer en å høre en betydelig fjernere fortid til. Når man nu møtes, dreier ikke samtalen sig om vær eller vind, men om matsituasjonen sådan som den er og som den kan tenkes å ville utvikle sig. Særlig husmødrene har det ikke lett for tiden. Det er helt naturlig at de med en følelse av vemod tenker tilbake på førkrigstidens sorgløse dager, da både kjøtthandlernes, kolonialhandlernes og alle andre butikker var tilgjengelig for kjøp sålangt ens økonomi tillot det.

En oversikt over forholdene i dag viser et ganske annet billede. *Kjøtt og flesk* er stort sett gått ut av spiseseddelen i de fleste husholdninger. I kjøtthandlernes butikk henger der ikke lenger skrott på skrott. Kjøttkrokene er tomme. Påleggsmaskinene for pølse og skinke og andre kjøttdelikatesser er stort sett ute av funksjon. Bare i de tidligste morgentimer kan en være heldig å få litt pålegg. Hvad fordelingen av kjøtt og flesk angår, fører de handlende såvidt gjørlig bok over det som den enkelte forbruker får levert, av hensyn til en rettferdig fordeling. Der kan gå 4, 5 a 6 uker mellom hver levering av en knapp middagsrasjon. Der er naturligvis mange som føler sig tilsidesatt, så kjøtthandlerne har det ikke lett.

I kjøttbutikkene selges nu fiskepølser og annen fiskemat. Hvalkjøtt er meget efterspurt, og betales med over 4,– kr. pr. kg., mot vanlig ca. kr. 1,50. Det ferske kjøtt lar sig ikke erstatte av kjøtthermetikk da den disponible beholdning av denne vare forlengst er gått ut i konsum. Forsyningsdepartementet og endel kommuner har lagt op endel som reservebeholdning. De fleste husholdninger har vel nogen bokser i behold, men disse er ment å skulle være en stille reserve.

Fisk. Av fersk fisk er der hyppig utilstrekkelig tilgang. Det hender at bergenserne ikke får sin tradisjonelle lørdagsmeny, fisk og fiskesuppe. Ellers laves der svært meget på ferdiglaget fiskemat. Klippfisk er der lite av, da de små beholdninger som er igjen, er beslaglagt for reservelagring.

Egg har i lengere tid vært stort sett uerholdelig. Der regnes ikke med en nevneverdig sesongmessig bedring.

Melk. Det er utvilsomt at behovet for melk er øket. Men samtidig sies tilgangen å være minket. Resultatet er lange melkekøer – dirigert av politi – hver morgen utenfor hvert eneste melkeutsalg. Det hender hyppig at halvdelen av køen må gå hjem med tomme spann. For folk med småbarn er denne melkemangel særlig følelig.

Melkebehovet har sikkert en viss forbindelse med den kjennsgjerning at det nu stort sett er slutt både med *kaffe* og *te*beholdningene. Den tyske vernemakt beslagla for sitt behov 500 tonn kaffe i april, av en beholdning i landet på ca. 1 100 tonn. Forøvrig er den nuværende rasjon på 10 gr. pr. uke, jevngod med ingen. Den strekker til for 1 1/2 kopp om søndagen.

Man blir nu henvist til kaffe- og tesurrogater. Erfaringen får vise i hvilken utstrekning disse vil bli drukket. Men det er klart at mangelen på kaffe og te øker melkedrikkingen.

Smørrasjonen 40 gr. pr. uke er snau og volder vanskeligheter i mange husholdninger.

Brødrasjonen kommer vel de fleste ut med, men i barnerike familier er den knapp. Selve brødet er ikke like fordøielig for alle. Da kst. statsråd Lunde nylig i et foredrag nevnte at det blåste en ny vind over Norge, kom der en røst fra salen som sa: «Den kommer fra det nye brødet».

Brødet består vesentlig av rug med en prosentsats tilsetning av 10 % bygg og 10 % hvete, og utmalet til 95 %. Det er bare småbarn og meget syke mennesker som kan få anvisning på hvetemel eller hvitt brød.

Leveomkostningene. Foruten vanskelighetene med å skaffe matvarer er det blitt betydelig *dyrere å leve.* Stort sett alle varer er steget i pris, og ikke minst landmannsprodukter. Men også de importerte varer. Sukker, ris, erter og sirup f.eks. er fra 3 til 4 ganger dyrere enn før krigen. Når folk allikevel kjøper mot kontant, er vel årsaken den at pengene reserveres til det som er absolutt nødvendig for livets opphold. Der blir lite til klær og andre livsfornødenheter. Rasjoneringen og andre restriksjoner tvinger forøvrig forbruket ned.»

Køene utenfor matvarebutikkene tidlig om morgenen ble en del av gatebildet. I slike køer ble det rikelig tid til å utveksle ideer og meninger om krigen, om NS, okkupasjonsmyndighetene og andre emner som opptok folk. Menneskene kom hverandre nær også mentalt, og på en underlig måte utviklet man instinkter som varslet hvis det var andre i køen som gjorde at man burde senke stemmen eller skifte samtaleemne. Et NS-merke på et kåpe- eller frakkeslag var naturligvis tydelig nok. Men det kunne være andre som ble «tatt» på rene indisier. Noen som ikke smilte riktig hjertelig av siste vits om nazistenes dumheter, en som «visstnok» hadde en datter som kjente en tysk soldat – hvis ikke de første sonderingene gav betryggende resultat var det best å være litt forsiktig. Desto sterkere kjentes samhørigheten med dem man mente å kunne stole på – og som man møtte i køen hver eneste dag.

Det ble innført en ny ordning for melkesalg i mai. Inntil da hadde man kunnet handle i forskjellige utsalg, og det var mulig å kjøpe en rasjon på hvert sted. På den måten kunne en kunde som var tidlig ute klare å skaffe seg nok melk. Til gjengjeld var det andre som ikke fikk melk i det hele tatt, fordi forretningene var utsolgt tidlig på dagen. Det ble derfor bestemt at meierienes utsalgssteder skulle opprette kundelister. Hver husholdning meldte fra til det utsalg som lå i nærheten om hvor stor familien var, om det var barn eller syke i familien. På grunnlag av disse opplysningene ble familiens kvote fastsatt.

Den som ikke var å finne på en slik kundeliste fikk heller ikke kjøpe melk. Den direkte-levering man hadde hatt til en del kunder i byen ble forbudt for melkeprodusentene; alt måtte omsettes gjennom meieri.

I mange butikker ble det gitt hjelp til dem som var i vanskeligheter. Det foregikk med stor diskresjon; kanskje ble det klippet noen rasjoneringsmerker mindre enn man skulle, eller det ble gitt ekstra god vekt eller det dukket opp noen særlig etterlengtede varer frem fra et skjult lager. Et lite nikk og et smil kunne vitne om at samholdet ble følt av begge parter.

Milorg

Den hemmelige organisasjon som ble ledet av Mons Haukeland (Niko) fikk i løpet av vinteren og våren et stort omfang. Nøyaktig hvor mange som var med vil aldri bli klarlagt. Sannsynligvis var tallet minst 1 500 mann – fordelt på et område som strekker seg fra Nordfjord til Sunnhordland og østover til Voss. I byen var rekrutteringen basert på det arbeid som var i gang i dyp hemmelighet innen idrettslag, ungdomsforeninger, speidertropper, på arbeidsplasser og blant kolleger og venner.

De fleste som var med måtte regne med å være i en beredskapsstyrke, uten spesielle mål for den nærmeste tid. Noen få utvalgte hadde mer krevende oppdrag. Blant dem var det folk som skulle sørge for penger, militær etterretning, oppbygging av forsyningslagre og sambandslinjer osv. Kontakten over Nordsjøen var mangelfull, men foreløbig var det nok å gjøre uten hjelp vestfra. I London hadde man ikke greie på omfanget av Milorg på Vestlandet våren 1941, og fikk det egentlig heller ikke før mot slutten av 1942.

Slik forholdene på det illegale «arbeidsmarked» var, kunne det lett hende at ulike undergrunnsgrupper kom i kontakt med hverandre. Etter hvert som man fikk mer erfaring i motstandsarbeid, lærte man seg til å unngå slike kontakter. Risikoen for å bli tatt øket nemlig i slike tilfeller, fordi en gruppe som ble rullet opp kanskje førte til at også andre ble trukket med. Jo mindre man visste utenom eget aksjonsfelt, desto bedre.

Tidlig på våren ble Mons Haukeland spurt av en kjenning om han kunne tenke seg å bli med i illegalt arbeid rettet mot de tyske styrker. Han fikk snart vite at major Kjeld Bugge var utpekt til leder for dette arbeid på Vestlandet. Haukeland røpet i første omgang intet om sin egen rolle, men samtykket i å bli med. Han satte snart Bugge inn i situasjonen. Haukeland var da formelt blitt Bugges nestkommanderende, men i virkeligheten fikk ikke dette sjefskifte noen betydning for Milorgs videre utbygging og planer.

I april ble Bugge og Haukeland ført sammen med en representant fra den hemmelige motstandsledelsen i Oslo. Han var kommet for å finne ut hvordan man kunne starte en motstandsbevegelse på Vestlandet. Det var meningen å danne militære organisasjoner i de fem divisjonsdistriktene i Sør-Norge. Den besøkende fra Oslo ønsket å drøfte hvem som kunne egne seg som sjef vestpå. Haukeland var reservert på møtet, men lot det skinne gjennom at det «visstnok» allerede var et utbygget apparat på Vestlandet. Han sa at det var hans inntrykk at deltakerne i organisasjonen ikke visste om hverandre. Det var bare en liten krets av ledere som hadde oversikt. Den orientering som Haukeland gav om forsiktighetsregler, skal ha fått representanten fra motstandsledelsen i Oslo til å erklære at dette sikkerhetssystem burde brukes i hele Milorg.

Mons Haukeland var lite interessert i å få den organisasjon han ledet integrert i det som begynte å ta form østpå. Fordelene ved en slik sammensmelting var ikke særlig store, mente han. Derimot var faren for opprulling desto større ved en sentralisering av ledelsen. Han var tilhenger av kontakt og samarbeid, og selvsagt var han ikke uvillig til å innordne seg under en leder.

Milorgs ledelse mente høsten 1941 at tiden ikke var inne til å bygge ut en stor og tallrik organisasjon. For så vidt hadde de det samme syn som Haukeland; at det i første omgang var viktigst å få laget kadrer som det senere kunne bygges på. Den mann som hadde truffet Haukeland og Bugge i Bergen, var den daglige leder av det militære organisasjonsarbeid i Oslo. Det ble senere vedtatt formelt å opprette et råd for Milorg, som organisasjonen fra nå av ble kalt. Rådet regnet major Kjeld Bugge som sjef på Vestlandet. Dette rådet omfattet bare folk som var bosatt i Oslo-området, og kunne derfor ikke være representativt for den illegale motstandsbevegelse på landsbasis. Utpå høsten ble rådet godkjent av Regjeringen. Alle som arbeidet «med militære forberedelser for frigjøringskampen i Norge» ble oppfordret av den norske regjering til lojalt å underordne seg Milorgs ledelse.

På dette tidspunkt var det vanskelig å få i stand en slik lojal underordning, fordi mange grupper ikke hadde kontakt med ledelsen i Oslo. Strenge sikkerhetsregler gjorde at enkelte heller ikke ønsket direkte kontakt på dette tidspunkt.

Arrestasjoner og opprullinger

Den 20. januar dømte krigsretten ved 69. Infanteridivisjon fem bergensere til langvarige tukhusstraffer for «folkeforræderi gjennom løgnpropaganda og fornærmelse mot Det Tyske Rike». Det het i pressemeldingen at de dømte planmessig hadde mangfoldiggjort og fordelt «propagandaskrivelser» i stort antall. Det var av anklageren lagt ned påstand om fem års tukthus for de to hovedanklagede, men dommen kom til å lyde på åtte år. For den enes vedkommende skal det visstnok skyldes at han viste ringeakt for dommerne i forbindelse med selve domsavsigelsen. Førsteanklagede var forøvrig innblandet i en annen sak, der han fikk ytterligere ett års tukthus, slik at han til sammen fikk ni år. En annen fikk fire år og to mann fikk to år hver.

Denne dommen var den første som ble avsagt i Norge for utgivelse av illegal avis. Det var dem som sto bak «Nordmannen» som ble dømt. Avisen hadde visstnok utkommet med 7 nummere da den ble stanset. De ble dømt etter en paragraf i den tyske straffelov som rettet seg mot den som i utlandet skader Tysklands anseelse ved usanne og grove beskyldninger.

Tolv dager senere falt nye dommer i krigsretten. Da ble Kristen Branum, Knut Hansen og Kurt Adler Sæthre dømt til døden. Andre som ble dømt samtidig fikk fengelsstraffer. De tre ble funnet skyldig i spionasje. Retten sa at de hadde vært «delaktige i driften av en hemmelig sender, som sendte meldinger om den tyske forsvarsmakt. Følgen var at Bergens sivilbefolkning led stor skade på liv og eiendom». (Med dette mente tyskerne å legge skylden på de dømte for de skader som var oppstått i byen under allierte flyangrep).

Dommene vakte forferdelse i byen. En benådningsaksjon ble straks satt i gang. I London tok Norsk Tidende, som ikke alltid var like korrekt underrettet om det som hendte i det okkuperte Norge, sterk avstand fra dødsdommene. Avisen gikk ut fra at dommene allerede var eksekvert. I en lederartikkel 11. februar gis de dømte et vakkert ettermæle, men det blir samtidig ropt på hevn. De tre dødsdømte ble benådet, men ble sendt til tukthus i Tyskland. Sæthre døde der 8. november 1942, mens de andre kom hjem etter krigen.

I midten av februar arresterte «Einsatzkommando Bergen, Sicherheitspolizei und SD» en rekke menn som hadde tilknytning til Bergen Sjømannsskole. Arrestasjonsbølgen rullet i flere uker, og som alltid i slike situasjoner var det mange rykter om hvem som var tatt. Olav Haugsøen måtte forlate byen 10. mars, uten at det hadde direkte tilknytning til det som skjedde rundt Sjømannsskolen. I april var 39 menn arrestert i den store saken og senere ble ytterligere noen tatt. Det var den såkalte Alværgruppen som ble fullstendig rullet opp. Den hadde flere forgreninger utenfor byen, også til folk som hadde gjemt unna våpen i april–mai 1940 da de norske styrkene måtte overgi seg. Tyskerne hemmeligholdt saken strengt.

I midten av mars fortalte rykter at det 8. mars var tatt en skøyte – Norge I – som var gått fra Kleppestø med folk som ville til Shetland. En angiver hadde avslørt dem.

Krigsrettssaken tok til i de siste dagene av mai. En av de siktede var blitt mishandlet så brutalt at han lå bevisstløs på et tysk sykehus. I hans sted sendte det tyske politi en av de mennene som satt arrestert i Alværsaken, skjønt han neppe hadde direkte kontakt med den gruppen som skulle til Storbritannia med «Norge I». I de dagene krigsretten satt sammen, stod folk utenfor Tinghuset og ventet for å få et glimt av de fjorten tiltalte når de ble ført til og fra politibilene. Den 30. mai falt dommen. I den ene saken fikk Erling Marthinsson dødsstraff for å ha hatt sender. De øvrige fikk tukthusstraffer. I den andre saken ble det også avsagt tukthusstraffer for alle som hadde forsøkt å komme seg over Nordsjøen. Straffen var fra 8 til 2 1/2 år. I midten av juni ble de dømte sendt til Akershus og 28. juli videre til Fuhlsbüttel i Hamburg. Den dødsdømte havnet på Ulven og det ble arbeidet intenst for å sikre ham benådning. Det lyktes også. Dommen ble omgjort til 15 års tukthus. Den 14. juli klarte han å flykte fra Ulven sammen med en medfange. I begynnelsen av oktober kom de to seg over Nordsjøen – takket være dem som drev eksportrutene fra Vestlandet. To av dem som ble sendt til Tyskland døde der. Han som var sterkest mishandlet, unngikk døden ved et mirakel og ble i et par år behandlet som pasient på Neevengården sykehus, der han fant et godt dekningssted.

I juli var det på nytt to store rettssaker i byen, da sto 24 mann anklaget for spionasje og hjelp til «fienden». Det var denne gang folk som hadde vært med i organisasjonen som Aarstad, Brun og Haugsøen hadde ledet. Blant de arresterte var flere som hadde gjort stor innsats for Nordsjøtrafikken. Det ble gitt langvarige tukthusstraffer for dette. Tre mann ble dømt til døden, nemlig Melankton Rasmussen fra Bergen og sørlendingene Alf Konrad Lindeberg og Frithjof Pedersen. Også for dem ble det søkt om benådning. Hittil var ingen dødsdommer blitt stadfestet i byen. Derfor trodde de dømtes forsvarere at det var håp om å kunne redde de tre. Slik gikk det ikke. De ble sendt til Oslo og henrettet på Akershus 11. august.

Etter at en stor del av eksportgruppen var arrestert, fikk de som var igjen en tung belastning. Folk som var i en særlig utsatt situasjon måtte få hjelp til å komme seg ut av landet. Nye ruter måtte derfor organiseres, det hastet med å skaffe båter og mobilisere brukbare kontaktfolk. Tyskerne var klar over at mange reiste vestover. I sin krigsdagbok skrev admiral von Schrader 1. august:

«Etter opplysninger fra Ia i 69. Division er 20 nordmenn i de siste dagene reist til England med en fiskebåt. For å hindre den slags blir det holdt for særlig virkningsfullt – foruten forsterkede kontrolltiltak – også å gjennomføre represalier i form av bøter fra familie eller kommune. Et slikt forslag ble fremmet av admiralen.»

Samme dag kom marinebåten «Zick» til byen med «en motstandsleder» – noterte admiralen i sin dagbok.

Det var flere småbåter som dro vestover den sommeren. Den minste som klarte turen var en spissgatter på bare 15 fot. Den seilte fra Fanafjorden 23. juli med fire ungdommer om bord. Etter fire døgns seilas nådde de Orknøyane. En oselver på 18 fot – med tre mann – drog fra Marsteinen 19. august. Den var utstyrt med seil og årer og kom til Skottland etter fire døgn. Enda en liten båt fortjener å nevnes – en sørlandssnekke på 22 fot. Den drog fra Nordåsvannet 9. august med seks ungdommer fra Fana og Bergen. To døgn senere var de i Lerwick på Shetland.

I oktober klarte tysk politi å sprenge den store Steinorganisasjonen. De første arrestasjonene fant sted i Ålesund i juli og i Bergen slo SIPO til 2. oktober. I løpet av noen uker var flere hundre mennesker i Bergen og distriktene arrestert. Gestapo hadde skaffet seg utførlige opplysninger om organisasjonen. Da det tidlig ble funnet forholdsvis fullstendige lister med navn på medlemmer var det ikke mulig å hindre at arrestasjonene fikk et stort omfang. Opprullingen var total – den største man hadde hatt til da. Ingen utenforstående hadde oversikt over hvor mange som ble tatt. Ryktene gikk, og det var mange som kjente en eller flere som nå forsvant. Særlig mange var ansatt i postverket. Det ble kjent at flere av fangene var blitt mishandlet i Gestapo-huset i Veiten.

Etter at Tyskland hadde gått til angrep på Sovjetunionen i juni, var det blitt en hovedoppgave for tysk sikkerhetspoliti å slå hardt ned på alle kommunistiske motstandsbevegelser i de okkuperte områder. Hvor brutalt man nå ville gå frem, blir tydelig i et hemmelig kommandobrev som ble sendt fra den tyske generalstab 20. september, undertegnet av stabssjefen, friherre von Buttlar. Dette brevet pålegger også de vanlige militære styrkene å gripe inn med total hensynsløshet overfor såkalte «kommunistiske» motstandsbevegelser.

> For hver tysk soldat som ble drept ble det anbefalt å drepe 50–100 kommunister som gisler. «Die Art der Vollstreckung der Todesurteile muss die abschreckende Wirkung erhöhen»... Og for at det ikke skulle være plass for tvil, het det: I hvert tilfelle av motstand mot den tyske okkupasjonsmakt, likegyldig hvordan omstendighetene i det enkelte kan være, må man gå ut fra at det har et kommunistisk utspring.

Det syntes å rakne på alle kanter denne høsten. Omtrent samtidig med at Steinfolkene ble tatt, kom kunngjøringen om at de to viktige eksportkontaktene Ivar Duesund og Karsten Wang var dømt til døden. De ble skutt på Ulven 29. oktober – de første som ble henrettet der. Begge hadde siden tidlig på sommeren 1940 vært meget aktive i kampen mot tyskerne. Wang hadde vært en av de aller første som kom fra Storbritannia til motstandskampen hjemme.

Gestapo arresterte Mons Haukeland, som de mente måtte ha kontakt med Steinorganisasjonen. Men Haukeland hadde ikke noen slik forbindelse og han klarte å bløffe seg ut av vanskelighetene. Noen måneder satt han mistenkt, men slapp fri.

Det som skjedde, bekreftet hans frykt for at motstandsfolkene undervurderte tyskerne og deres muligheter til å spore opp hemmelige organisasjoner. Da Kjeld Bugge ble tatt, skyldtes det hans forbindelse med folk i ledelsen av Milorg i Oslo. Der hadde vært noen arrestasjoner, tortur og en tråd førte til Bugge i Bergen. Etter hans arrestasjon overtok atter Haukeland stillingen som sjef for Milorg på Vestlandet. I østlandsområdet skjedde det også en rekke arrestasjoner denne høsten og forbindelsen mellom den sentrale motstandsledelse og distriktene ble brutt. Milorg på Vestlandet unngikk opprulling. Flere medlemmer ble nok arrestert, men det var på grunn av annen illegal virksomhet.

Både i august og september forlot et stort antall båter Vestlandet, tallet kommer nesten opp i 100. Minst 1 000 mennesker kom til Storbritannia på denne måten i løpet av 8–10 uker. 43 nordmenn mistet livet under forsøk og 12 ble tatt av tysk politi og 1 mann ble drept under flyangrep mot båten han var om bord i. Blant dem som reiste, var mange som var ettersøkt av tysk politi. Andre reiste fordi de fryktet at den obligatoriske arbeidstjenesten som var innført om våren skulle føre til at ungdommer ble sendt til østfronten i tyske uniformer. Det største innslaget var likevel av dem som ville melde seg til tjeneste i de norske styrker eller i handelsflåten. Flere hadde gjort gjentatte forsøk på å komme over.

At ferden var farlig visste alle. Risikoen for å bli angitt eller oppdaget var stor. Dertil kom at Nordsjøen kunne være hard når høststormene gav seg til å leke med de små fartøyene. En av de båtene som hadde det største antall flyktninger om bord, var motorkutteren «Blia». Det var 42 mennesker med da båten gikk fra det viktige eksportstedet Bremnes. Flere ville blitt med, men det var ikke plass. «Blia» kom aldri frem. Med den forsvant flere fremragende motstandsfolk som var ettersøkt av tysk politi.

Blant dem som ble arrestert denne høsten, var lektor Ingvald Garbo. Han tilhørte ingen organisasjon, men hadde på egen hånd gått i gang med å lage opprop og skrifter på tysk. Ved å sørge for at disse trykksakene kom i hendene på tyske soldater mente han å kunne tjene frihetens og rettferdighetens sak. Han ble arrestert ved en av de mange tilfeldigheter som avgjorde liv eller død for dem som arbeidet illegalt. Den 22. november ble han henrettet i Gravdal.

I en intern tysk orientering om begivenheter i Bergen i november het det: Krigsrett mot nordmenn: 19 dømt til høye tukthus- og fengselsstraffer for begunstigelse av fienden, 1 dømt til døden for å ha forsøkt å bryte ned motstandsviljen.

Dommen fullbyrdet. 1 dømt til 4 års tukthus for ulovlig våpenbesittelse.

Den 12. november hadde to fremtredende medlemmer av Rikskrigsretten i Berlin møte med general von Falkenhorst om den norske befolknings innstilling til okkupasjonsmyndighetene. De to tyskerne var kommet til Norge i anledning sitt arbeid med å forberede anklager mot nordmenn som var siktet for sabotasjevirksomhet og for å ha hatt sender. Tyske myndigheter aktet å slå hardt til mot motstandsbevegelsen. To dager etter samtalen med von Falkenhorst, dømte en krigsrett i Statsarkivet i Bergen folk fra Steinorganisasjonen til langvarige tukthusstraffer. Andre av organisasjonens medlemmer ble senere dømt i Tyskland.

Flyangrep og alarmer

Det britiske flyvåpen rettet våren 1941 særlig angrep mot franske, belgiske og nederlandske havnebyer. Mål i Norge kom noe i bakgrunnen. En gang i blant var oppklaringsfly eller bombefly så nær byen at det ble gitt flyalarm. I mai var det forsøk på å ødelegge et tankanlegg, og en bombe slo ned like ved Eidsvåg skole, uten å gjøre skade på bygninger. Natten til 8. juni kom et forholdsvis kraftig angrep – uten at det var gitt vanlig flyalarm. Det var bombenedslag i området rundt Klosteret, der 7 hus ble totalskadet og andre fikk mindre skader. Et menneske mistet livet og nærmere 30 ble såret. Resten av året var det relativt stille. Til sammen ble det gitt flyalarm i byen bare 14 ganger, til stor skuffelse for alle som håpet at tyskerne skulle bli rammet hardere.

Nå gir ikke antall flyalarmer riktig bilde av flyaktiviteten mot «Raum Bergen», som tyskerne kalte det. Særlig sent på sommeren og tidlig på høsten var det nemlig meget hyppige flyangrep fra vest, mot skipstrafikk, tyske festningsanlegg, fyr, tankanlegg osv. Det ble også droppet miner i skipsleden. Bare i oktober registrerte tyskerne 31 innflyvninger i området – uten at det ble gitt flyalarm i byen.

Det sivile luftvern nyttet denne relative ro til å styrke sitt beredskap og bygget ut organisasjonen. Det var politimesteren som ledet luftvernet. Redningstjenesten ble ledet av brannsjefen, stadsfysikus var leder for sanitetstjenesten og dessuten var det sambandssjef, gassvernsjef og andre avdelingsledere. Sentralkommandoen holdt til på Politikammeret, Sambandssentralen i Fjellveien 48 mens Sanitetskommandoen var i Kalmarhuset. Det var et stort og omfattende apparat som var bygget opp, og i høy grad var det satset på frivillig innsats. På alarmplassen i Kalmarhuset var våren 1940 stasjonert 10 biler og 31 mann – hvorav 16 førstehjelpere og 14 sjåfører. Ved Fridalen skole var det 2 lastebiler og 13 mann. Halvparten av mannskapene var alltid på plass. I tillegg kom sanitetsmannskap på 186 frivillige som hadde plikt til å møte på førstehjelpsstasjonene når det gikk flyalarm. Videre var 14 leger og 19 sykepleiere pliktig å møte.

Det sivile luftvern organiserte informasjonsvirksomhet om hvordan folk skulle forholde seg under flyangrep, ved større branner, gassangrep, evakuering osv. Det ble stadig arbeidet for å sikre både de offentlige interesser og den enkeltes liv og eiendom. Det ble gjort atskillig for å få flere tilfluktsrom, både i kommunal og i privat regi. Husbrannvakter fikk opplæring og det ble gjennomført øvelser i evakuering av sykehus, skoler og gamlehjem.

Hele denne virksomhet skjedde mot en realistisk bakgrunn. Ødeleggelsene i byen året før hadde vist hva som kunne skje. Meldinger om katastrofale bombeangrep mot byer i Storbritannia og Tyskland fortalte hva sivilbefolkningen måtte være forberedt på.

Tysk militærberedskap

Landstyrkene i bergensområdet ble i løpet av våren 1941 delvis omorganisert. Flere avdelinger ble utskilt fra 69. Infanteridivisjon og slått sammen med andre til en ny divisjon. En ny militærkommando ble opprettet 10. mai – *«Höhere Kommando LXX»*. Denne gruppen omfattet fra nå av 163. Divisjon med stab på Lillehammer, 214. Divisjon med stab i Arendal og 69. Divisjon med stab i Bergen. General Tittel hadde flere ganger bedt om at hans styrker i høyere grad måtte bli motorisert og fikk i løpet av året oppfylt ønsket. Men invasjonen i Sovjetunionen om sommeren krevde i første omgang alle ressurser, og det ble derfor innført strenge restriksjoner på de militære transporter i Norge. Et system med kjøretillatelser og bensinrasjonering førte til at stadig flere uniformerte måtte bruke vanlige norske transportmidler. Tidlig på høsten ble forøvrig befal fra general Tittels styrke som ikke hadde krigserfaring oppfordret, senere beordret til østfronten. Mot slutten av året ble det sendt flere kompanier fra Bergen til Finland, gjennom en av de mange omgrupperinger som stadig foregikk av divisjoner og regimenter. Til gjengjeld kom det nye mannskaper til byen, blant dem mange som var inne til førstegangstjeneste med kort rekruttutdannelse i Tyskland.

Luftwaffe ble vesentlig forsterket i løpet av året, særlig fordi Herdla kom til å bli et så viktig støttepunkt. I januar hadde det tyske luftvern på Herdla tre 3,7 cm kanoner, fire 2 cm kanoner og seks mitraljøser – foruten flere 60 cm lyskastere. Nitti mann var knyttet til luftvernet. Men tallet vokste og mot slutten av året var det doblet – både når det gjaldt kanoner og menn. Flyvåpenet hadde i 1941 ca. 1 000 mann på Herdla og det var stasjonert både Messerschmidt 109 og Heinkel bombefly på plassen. Etter tyskernes egen oppfatning var Herdla blitt det sterkeste militæranlegg langs kysten.

Ubåtkrigen gjorde det ønskelig for den tyske marineledelse å nytte norske havner til baser, hvor ubåtene kunne repareres, forsynes med nødvendig materiell og hvor mannskapene kunne få hvile ut. Da de to ubåtene U 141 og 553 anløp Bergen i april, advarte admiral von Schrader marineledelsen i Kiel mot å tro at det var mulig å få utført reparasjoner. For at det skulle skje, måtte skipsverftet utvides vesentlig og man måtte få tyske verkstedsfolk. Admiral Hermann Boehm var interessert i å få kapasiteten ved skipsverftene i Bergen og Laksevåg øket. Allerede 12. mai kom det en telegrafisk ordre fra Admiral Norwegen om at det skulle bygges et «Kriegsmarinewerft» i byen. Bergens Mekaniske Verksteder hadde flere oppdrag for tysk regning og tyskerne beslagla i 1941 det areal som lå mellom BMV og Det Bergenske Dampskipsselskaps verksted på Laksevåg. Det var for å kunne utvide verkstedskapasiteten og bygge en stor ubåtbase. Selveste Reichsorganisationsleiter Dr. Robert Ley kom til byen 31. august for å studere mulighetene for en ubåtbase. Dette besøket ble ikke gitt publisitet.

Admiral von Schrader hadde en rekke mindre skip til disposisjon i bergensområdet, bl.a. vaktbåter ved Fedje, Korsfjorden og i Bømmelfjorden. De tilhørte den såkalte *Hafenschutzflotille Bergen* og drev kontroll med skipstrafikken. I mars kom to tidligere norske destroyere til Bergen. De hadde nummerne Z 23 og Z 24 og ble kalt «Zick» og «Zack». Den 21. mai kom slagskipet «Bismarck» og krysseren «Prinz Eugen» på gjennomreise og omfattende beredskapstiltak ble truffet for å sikre skipene. De ble liggende vel et døgn i Grimstadfjorden som ikke ble regnet som noe trygt sted. Admiral von Schrader anbefalte at skipene burde gå ut i skjærgården så snart som mulig – for å unngå at de skulle bli sett av sivilbefolkningen. Da kunne man nemlig risikere at det ble gitt melding til London. Da det neste dag kom fem britiske fly inn over Fedje og Kalvanes fyr hvor «Prinz Eugen» nettopp hadde vært, senere også mot Bergen, ble dette tolket som bevis for at norske agenter hadde varslet britene om skipenes bevegelser. Det var da også riktig.

Utbyggingen av de tyske festningsanlegg skjedde med tysk og norsk arbeidskraft. På grunn av omfanget ble det etterhvert også satt inn arbeidere som kom fra andre land. Der var franskmenn, polakker, nederlendere, dansker og andre; noen av dem var tvangssendt og ble holdt under oppsikt av folkene i Organisation Todt, selv om deres bevegelsesfrihet var relativt stor. I april 1941 gav en tysk byggeekspert vurdering av norske arbeidere og firmaer som var i virksomhet på Herdla. Her heter det bl.a.:

«Når det gjelder arbeidernes innstilling, kan man stadig slå fast at de beredvillig og gjerne kommer til den tyske vernemakts byggesteder.»

Det ble imidlertid i samme vurdering klaget over at entreprenørene åpenbart manglet erfaring for slike store oppgaver og at innsatsen hos arbeiderne nok var dårligere enn hos de tyske.

«En grunn til dette er naturligvis at man her ikke er vant til å arbeide som en tysker. Hovedgrunnen er likevel helt sikkert at den enkelte arbeider ikke klart nok får vite hva han skal gjøre og at det dessuten ikke med tilstrekkelig ettertrykk blir fastholdt for ham.»

Arbeidsstyrken på Herdla var allerede i januar kommet opp i 430 mann, etter tyske oppgaver, og øket utover året. Utpå sommeren måtte alle fastboende på Herdla flytte derfra. På Korsneset og Skjellanger pågikk også store byggearbeider for tysk regning. Hitler ville at de viktigste støttepunkter i Norge skulle trygges fullstendig mot invasjon fra vest. Da britiske og norske avdelinger gjorde landgang i Lofoten og i Måløy i desember, reagerte Hitler og den øverste tyske forsvarsledelse derfor meget sterkt. Hitler gav ordre til at det straks skulle sendes 12 000 soldater til Norge og at marinestyrkene måtte utvides.

Admiral von Schrader kunne aldri skape et så sterkt forsvar at ikke allierte fly og skip klarte å foreta aksjoner mot steder langs kysten. Den norske MTB 56 angrep 3. oktober «Borgny» på vel 3 000 tonn ved Langenuen. Skipet var eskortert av to armerte trålere, men ble likevel senket av torpedoer. Det var den første MTB-aksjonen på norskekysten og førte til at det ble opprettet en egen norsk motortorpedobåtflotilje med base i Lerwick. MTB 56 hadde ligget fortøyet, godt kamuflert, ved Korshavn i Korsfjorden. Senere skulle andre norske MTB'er operere på samme måte.

Kulturlivet i fare

Stort sett hadde kulturlivet klart seg bra i Bergen det første krigsåret. Den Nationale Scenes bygning var under reparasjon om høsten etter bombeskadene i juni. I Ole Bull kino ble det imidlertid spilt for bra hus. Harmonien som hadde feiret sitt 175-årsjubileum i oktober 1940, unngikk at nazistene utnyttet feiringen. Man merket seg enkelte uniformerte tyskere blant publikum på konsertene, men det hadde ikke vært noen innblanding i repertoarvalg e.l.

Kunstforeningen hadde hatt en bra høstsesong, også uten inngrep fra nazistisk side. Besøket på utstillingene var meget godt. Byens kulturinstitusjoner ellers hadde ikke merket alvorlige problemer ved utgangen av 1940, men det var en slags spent følelse av at ett eller annet kunne komme til å skje.

Den 16. januar 1941 var det Harmonikonsert. Solist var Filharmonisk Selskabs konsertmester, fiolinisten Ernst Glaser. Det var som vanlig fullt hus i Konsertpaleet. Etter at første musikknummer var ferdig, opplyste kapellmester Harald Heide at det ville bli en endring i programmet, idet man istedenfor fiolinstykke ville få et orkesterverk. Dette var så pass uvanlig at noen begynte å få bange anelser. Da også dette stykke var spilt, men før Ernst Glaser kom på podiet, brøt det løs kraftige antijødiske demonstrasjoner. Det ble kastet flyveblad og ropt slagord. Da lyset ble tent, kjente man igjen en del av byens hird som urostiftere. Under de tumulter som oppstod, grep Heide taktstokken og orkesteret satte i med «Ja, vi elsker». Publikum sang med og uroen stilnet. Politifolk som var blitt tilkalt, klarte å beskytte noen av publikum som var spesielt utsatt for sjikane fra hirdens side. Glaser, med den verdifulle Ole Bull-fiolin han skulle spilt på, ble hjulpet ut av konsertlokalet gjennom en bakdør.

Harmoniens styre meldte saken til politiet, men det ble ikke grepet inn mot urostifterne, selv om man godt visste hvem som hadde vært med. Nasjonal Samling i Bergen skrev til Kulturdepartementet og anmodet om at det ble truffet tiltak mot Harmoniens styre som hadde invitert en jødisk kunstner til å opptre. Men departementet, som på dette tidspunkt hadde vanskeligheter nok med ensrettingen av kulturlivet, valgte å forholde seg passivt og Harmoniens styre fortsatte som før.

Bergenspressen fikk beskjed av sensuren om ikke å skrive om episoden i Konsertpaleet, men Bergen Arbeiderblad trosset dette påbudet. Avisen hadde en notis under overskriften «En beklagelig demonstrasjon», der det ble fortalt hva som hadde hendt. Ansvaret ble lagt på «en del NS-ungdommer» og avisen tok sterkt avstand fra demonstrasjonen. «Det var fra de ansvarlige myndigheters side ikke nedlagt noe forbud mot konserten, og den burde ha vært gjennomført uten forstyrrelser». Bergens Arbeiderblad skrev videre at «de uansvarlige unge mennesker» hadde utført en handling som var «et overgrep mot det musikkinteresserte publikum i vår by». Det var en modig artikkel som utvilsomt gjorde sin nytte.

Episoden satte en støkk i byens konsertpublikum. Det var blitt tindrende klart at kunst og kultur ikke var hevet over den politiske strid; noe ikke alle hadde vært villige til å innse tidligere. Etter denne hendingen var det slutt med at «gode» bergensere gikk på konserter der tyske kunstnere opptrådte. Linjene hadde faktisk ikke vært helt klare på dette punkt.

Den Nationale Scene kunne 26. november 1941 på ny ta i bruk teaterbygningen på Engen. Det var stor publikumsoppslutning, større enn noensinne. Alle visste at skuespillernes og teaterledelsens holdning var nasjonal. Under skuespillerstreiken i mai samme år da arbeidet ble nedlagt fordi skuespillerne nektet å medvirke i NRK's programmer, hadde tre av skuespillerne ved Den Nationale Scene blitt arrestert. De slapp ut igjen etter kort tid og selv om det stundom var uro i forbindelse med skuespillernes faste nasjonale holdning, grep ikke de nazistiske myndigheter senere inn mot noen av dem.

Tyskerne krevde at det skulle vises tysk eller italiensk film på minst to av kinoene, og det ble da Eldorado og Ole Bull teatret som fikk «gleden» av det. Hver dag var det dessuten ekstraforestillinger for tyske soldater. Publikum boikottet meget effektivt alle de tyske og italienske filmene. Lakonisk slo en tysk rapport fast: De tyske filmene som går på norske kinoer, blir utelukkende sett av tyskvennlige kretser. Til gjengjeld var det godt besøk på de andre forestillingene.

Bergens offentlige bibliotek hadde en sterk stigning i utlån og besøk på lesesalen i 1941. Særlig merkbart var dette da det ble innført reiserestriksjoner om sommeren og mange bergensere ble hindret i å komme på sommerferie. Høsten 1940 hadde tyskerne vært i biblioteket og beslaglagt en del «uønsket» litteratur. Sjefsbibliotekaren var blitt forelagt en liste over bøker som måtte tas ut av boksamlingene. Det ble krevd at disse skulle bort og bibliotekaren var personlig ansvarlig. Dette ble kategorisk avslått, i det det ble sagt at det ikke var mulig å ta ut alt som kunne sies å være tyskfiendtlig. Sjefsbibliotekaren kunne ikke svare nøyaktig for hva som fantes i en bokmasse på 250 000 bind. Det ble snart kjent blant publikum at der fantes bøker som de nazistiske myndigheter ville ha forbudt, noe som øket etterspørselen etter slik litteratur.

Bergens Kunstforening fikk tidlig på våren 1941 vite at foreningens eiendom skulle huse et tysk postkontor og derfor måtte rømmes. En maleriutstilling som nettopp var åpnet måtte i all hast demonteres. Den 9. april kom tyske soldater til bygningen. I løpet av kort tid var det gjort en del bygningsmessige endringer, bl.a. satt inn flere vinduer i første etasje mot Rasmus Meyers Allé. Men de tyske myndigheter kom snart til at lokalene ikke egnet seg til det planlagte formål. Derfor fikk Kunstforeningen tilbake bygningen 26. mai.

Ett av de store lyspunkt på den kulturelle front denne høsten var boken «Snorre Sel». Den var skrevet av Frithjof Sælen og inneholdt i tekst og tegninger en mengde underfundig ironi mot tyskerne og NS. Boken ble en stor suksess, men utgivelsen ble stanset av nazistene etter en måned.

Politiet under politisk press

Våren 1941 var det 28 av 234 politimenn som hadde sluttet seg til det «statsbærende» parti. Noen av dem var fryktet både av kolleger og utenforstående. Fem politikonstabler hadde dessuten meldt seg til det statspoliti som «statsråd» Jonas Lie opprettet i 1940. I juni året etter deltok de på kurs i Oslo og etter hjemkomsten fikk de eget kontor i Chr. Michelsens gate 4. Statspolitiet arbeidet først og fremst med politiske saker, men i denne første tid visste knapt noen hvilken rolle det skulle spille.

Det var forsåvidt naturlig at tyskerne og de norske nazistiske myndigheter la vekt på at ordensmakten stilte seg lojal til den nye tids makthavere. Derfor måtte alle regne med at presset mot politifolkene ville øke. Under skolestreiken hadde politiet åpenlyst motarbeidet hirden. Samtlige tjenestemenn var blitt innkalt til et møte i Det gamle teater for å høre forelesning om hvorfor de burde bli medlemmer av partiet. Nasjonal Samling i Bergen var fullstendig klar over at flertallet av politimenn ikke var nazister, og av overbevisning heller ikke kunne bli det.

Flere episoder førte snart til at politimesteren ble fjernet. NS-folkene i byen klaget på ham til Politidepartementet. Men særlig alvorlig for ham ble det da tre politikonstabler var blant de arresterte i Alværsaken. En av dem hadde endog hatt den viktige oppgave å være forbindelsesledd mellom bergenspolitiet og de tyske myndigheter. Politimesteren ble utnevnt til sorenskriver på Østlandet. Den 20. mai tok han avskjed med sitt korps. Det var nok dem som beklaget hans personlige situasjon, men det var neppe mange som ville savne ham.

Etterfølgeren var en ung politiinspektør fra Oslo. Han var bare konstituert i stillingen og ble sittende til januar 1942. Det ble senere sagt at han uvilsomt hadde god innsikt i alle saker som vedrørte det sivile luftvern, og at han fikk gjort meget positivt når det gjaldt å styrke denne organisasjonen i Bergen.

Stillingen som politimester i byen var vanskelig. Politikorpset hadde en sterk indre solidaritet, med kloke og uredde ledere – som nazistene ikke riktig visste hvem var. De merket ofte at det var nærmest umulig å få gjennomført tiltak som korpset satt seg imot. Et eksempel på det, var innføringen av den nazistiske hilseplikt. Politifolkene saboterte alle pålegg. «Statsråd» Lie som fikk høre om dette truet endog med å sende 150 mann fra Oslo for å arrestere bergenskollegene hvis det ikke ble slutt på sabotasje mot hilseplikten. Også fra tysk hold ble det klaget, ordrene ble innskjerpet og det ble gitt omhyggelig instruksjon i hvordan hilsingen skulle foregå på korrekt måte. Flere politimenn sluttet i tjenesten på grunn av dette spørsmålet.

Den illegale motstandsgruppen i politikorpset utførte mange oppgaver. Dels arbeidet den med å opprettholde kontakter til motstandsgrupper i byen og distriktene, dels drev den aktivt etterretningsarbeid og endelig var det en viktig oppgave å bidra til å opprettholde motstandsviljen blant korpsets øvrige medlemmer. Den holdningsfronten som ble skapt i 1941 skulle bli utsatt for harde prøver senere.

Den sentrale person når det gjaldt å bygge opp den illegale gruppen i politiet var politikonstabel Paul Karlsen. Han hadde allerede høsten 1940 kommet med i Mons Haukelands organisasjon og var særlig engasjert i etterretningsvirksomhet. I august 1941 fikk han avskjed fra politiet, sammen med en kollega, etter at han på et møte i Norsk Politiforbund hadde gått imot et forslag om at minst halvparten av forbundets styre skulle være NS–medlemmer.

Mange politimenn som var med i forskjellige former for illegal virksomhet i 1941 måtte gå i dekning eller reise over Nordsjøen denne høsten. Det ble nødvendig for politimesteren å innskjerpe at det måtte innføres bedre kontroll med alle søknader om permisjon og tjenestefrihet i politikorpset.

I august meldte noen av politimennene seg ut av Nasjonal Samling; det var en erkjennelse av at de var blitt medlemmer på falske premisser året i forveien. Å melde seg ut av NS var ensbetydende med å utfordre de ledende myndigheter.

Hirden marsjerer i Bergen. Det kunne bli den rene spissrotgang mellom fiendtlig innstilte tilskuere.

Tre av fangene i Bergen kretsfengsel i julehelgen. Fra venstre Ansgar Hatland, Harald Skjold og Mons Rasmussen.

Melankton Rasmussen, som sammen med sørlendingene Alf Konrad Lindeberg og Frithjof Pedersen ble skutt 11. august 1941. De var de første som ble henrettet p.g.a. motstandsarbeid i Norge under okkupasjonen.

Illegale aviser bragte de nyheter som den tyske pressesensur underslo og de presenterte hjemmefrontens paroler. De hadde veldig betydning når det gjaldt å holde motet oppe.

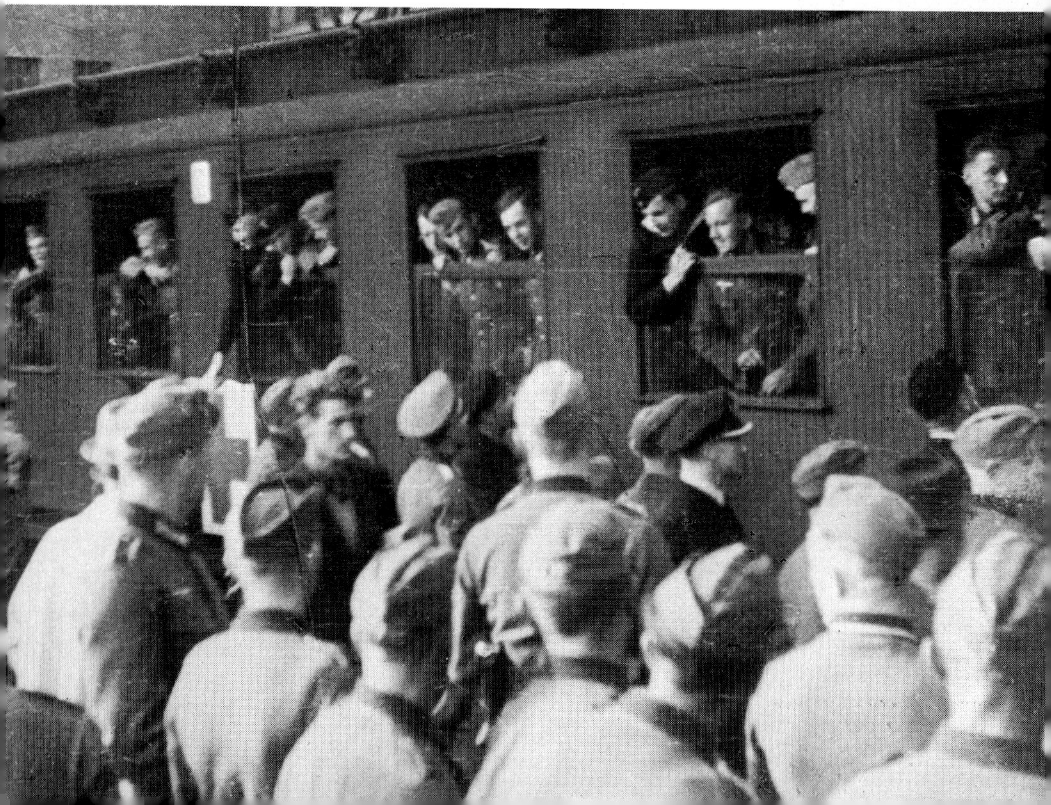

Det var særlig i 1942 at det begynte å komme mange sovjetiske og jugoslaviske krigsfanger til byen og distriktene i nærheten. Her er en gruppe som nettopp er kommet og som foreløpig er internert på en skole. Forholdene skulle snart bli vesentlig verre for dem.

Togene østover var alltid overfylte og det var bare 1 vogn for sivile. Tyske soldater på permisjon i en vogn merket med røde-kors-tegn, for transitt gjennom Sverige.

Reichskommisar Josef Terboven i Bergen, sammen med fremtredende medlemmer av sin stab og de militære sjefer i Bergen.

Tyske marinegaster i ferd med å male over et av de mange slagord som kom opp overalt til støtte for Kongen — og i dette tilfelle også Royal Air Force (RAF).

En tysk marinekrigsrett behandler en sak mot en gruppe nordmenn. De tiltalte sitter på de to første benkene. Dette bilde viser retten i Tromsø.

I en samtale med generalmajor Tittel sa Reichskommissar Terboven 28. juli at: «det norske politi i Bergen er for en overveiende del upålitelig og motstrebende.» Sjefen for SS og politiet i Norge ville med det første sende en politiavdeling til byen, mannskaper som skulle bli tatt ut av en styrke som var under spesialutdannelse. De upålitelige elementer i Bergen skulle deretter nyttes «på annen måte».

Portforbudet og sperreområdet

Den 20. juni var ganske uventet telefonforbindelsene i Bergen blitt stengt. Ingen forklaringer ble gitt i presse eller radio. Da det gikk opp for folk at avstengningen gjaldt over hele byen og nabokommunene, varte det ikke lenge før ryktene begynte å svirre. Noen mente at det var gjort landgang av britiske invasjonsstyrker på Vestlandet, andre at tyskerne hadde begynt sin invasjon mot Storbritannia. Et rykte som også fant grobunn gikk ut på at det var brutt ut mytteri i de tyske forsvarsstyrker og at krigen derfor kanskje snart ville være slutt. Det mest fantastiske rykte var likevel at tyskerne skulle ha gått til angrep mot Sovjetunionen.

Uvissheten holdt seg den dagen og hele den neste. Utpå kvelden begynte tyske soldater å sette opp plakater på vegger, stolper og plankegjerder. Det var melding om at portforbud var innført samme dag, fra kl. 2100 til kl. 0500.

Teksten lød:

Påbud 1. Det blir med en gang opprettet et sperreområde i Bergen og omegn. Dette sperreområde er merket med advarselsskilter. Det er forbudt å betre og forlate dette merkede område.

2. I tiden fra kl. 21 til 5 (Sperretid) er det forbudt å forlate husene. I sperretiden hviler enhver trafikk og det er forbudt å lene seg ut av vinduer som vender mot gatesiden.

3. Skriftlige undtagelsestillatelser for læger, saniteter, jordmødre og arbeidere i livsviktige bedrifter blir tildelt gjennem der Kommandeur der Sicherheitspolizei. Kontor for tildeling av undtagelsestillatelser befinner seg i Lungegården skole.

4. Trafikksperringer og sperretiden gjelder ikke for politi, luftvern og brandvesen.

5. Overtredelser av disse bestemmelser forfølges på det strengeste.

Plakaten var undertegnet av Terboven.

Oppslaget stimulerte rykterfloraen, men man var nå særlig kommet til at det var brutt ut krig mellom tyskere og russere. Den endelige bekreftelse på det fikk man først 22. juni om morgenen.

Før dette portforbudet kom, nemlig allerede i begynnelsen av juni, var det kunngjort fra Politidepartementet at det inntil videre var forbudt å reise østfra til Bergen og Vestlandsfylkene. Forbudet var ikke nærmere grunngitt og mange hadde spurt seg hva som kunne være i vente. Flere netter hadde det vært omfattende troppebevegelser i området rundt byen og tyskernes egentlige hensikt med dette var å gi inntrykk av at det ble forberedt en invasjon fra Vestlandet mot Storbritannia. For folk som bodde langs kysten var det lite troverdig, all den stund men ikke så noen økning i antall tyske skip.

Portforbudet og den nye sperretiden voldte store praktiske problemer. Det ble innført en fredag kveld etter at mange var reist ut av byen i det strålende sommervær denne dagen. De som ikke visste noe om sperretiden og vendte sent hjem, ble tatt av tyske patruljer. Etter en tur til politistasjonen for å forklare seg, fikk mange mulkt, mens andre slapp med en advarsel. Store militærlastebiler kjørte rundt og plukket opp alle sivilister som befant seg i gatene. Også folk som forsøkte å se ut vinduene ble arrestert. Mange måtte bli natten over i arrest og i løpet av noen få dager var det mulktert over hundre mennesker. Boten var på 50 kroner.

Sperretiden ble opphevet 7. juli. Begivenheten ble feiret over hele byen ved at folk var utendørs til langt på kveld. Restriksjonene hadde vært vanskelige, men man så også det humoristiske i situasjonen. Det vrimlet av historier om folk som i siste liten hadde klart å komme seg inn hos fremmede i det øyeblikk sperretiden begynte.

Først 1. august ble sperreområdet rundt Bergen opphevet. Sommervarmen holdt seg, og dermed ble det sjanser for mange som ikke hadde kunnet reise på ferie til å dra av gårde. Det ble kunngjort at skolene først skulle begynne 1. september, slik at flest mulig barn og ungdom kunne få reise på landet.

Radiolytting blir ulovlig

Den 2. august, ennå før man hadde rukket å avslutte feiringen etter at sperreområdet rundt byen var opphevet, kom meldingen om at alle radioapparater måtte være levert til politiet innen 7. august. Det var et hardt slag. Både tyskerne og de norske nazistene visste utmerket godt at det knapt var noen utenom deres egne rekker som hørte på de nazistisk kontrollerte radiosendingene. Alle som hadde radio – «vanlige» nordmenn – hørte på de norske sendinger fra London. De som ikke selv hadde mottager, og det var tross alt mange, hadde gjerne ordnet seg slik at de kunne gå til venner og kjente om kvelden når sendingene fra BBC tok til. For de fleste var det blitt av helt avgjørende betydning å ha et slikt «åndehull». Nå skulle det altså bli slutt. Riktignok gikk det rykter om at det var en midlertidig ordning, på samme måte som sperreområdet. Men det var ikke helt lett å feste lit til slikt.

Det gikk en strøm av triste mennesker til de lokalene hvor man tok imot radioapparatene – særlig mange var det naturligvis den siste dagen. Enkelte tok nok sjansen på ikke å levere inn apparatet sitt. Det ble utvist oppfinnsomhet i alle slike situasjoner. Noen leverte inn selve radiokassen, men beholdt «innmaten». Andre satset på at det skulle bli mulig å skaffe seg adgang til lagerlokalet på et senere tidspunkt, etter å ha fått kvittering for å ha levert apparatet. De som hadde to apparater, sørget bare for å levere inn det ene.

Hvor mange radiomottagere som ble holdt unna vil man aldri få vite. Men det må ha vært ganske mange, for det er vel kjent at den som virkelig ønsket å høre radio som regel klarte det etter noen tid. Det var alltid en som kjente en som visste om en . . . som hadde radio.

Men det var farlig å lytte ulovlig på radio. Både tyskerne og de norske nazistene advarte stadig mot en slik forbrytelse. Sjefen for SS i Norge, Generalleutnant der Polizei, Rediess, sa forøvrig i en tale like etter at det var kunngjort at radioene skulle inndras i Oslo-området: « . . . inndragningen er ikke bare en militær nødvendighet, men tjener også beskyttelsen av befolkningens interesser». Det han kalte den «engelske sender» hadde nemlig forledet enkelte nordmenn til tyskfiendtlig opptreden. Det ville det nå bli slutt på – til beste for befolkningen som ønsket et godt forhold til tyskerne.

For samtidig å vise at det var farlig å lytte ulovlig påla tyskerne pressen å offentliggjøre en melding om en mann i Skien som var blitt dømt til to års fengsel for ulovlig radiolytting. Han skulle sone denne straffen i en leir i Tyskland ble det fortalt – kanskje var dette første gang at tyskerne offentlig innrømmet i Norge at det fantes fangeleirer der.

Medlemmene i NS var egentlig fritatt for å levere radioapparatet. Men noen gjorde det likevel. Både de, og nye medlemmer ble derfor glade da de fikk se en kunngjøring i september om at NS-medlemmer etter skriftlig søknad kunne få tilbake sine apparater. Det ble antatt at enkelte nyttet anledningen til å skaffe seg et bedre apparat enn det de hadde levert inn.

Den illegale presse

Det var flere illegale aviser med forholdsvis stor lesekrets som ble utgitt i Bergen i 1941. Noen var startet allerede høsten 1940, blant dem var «Fri Fagbevegelse». Nøyaktig oversikt over de mange illegale aviser, maskinskrevne nyhetsoversikter og appeller vil aldri kunne bli gitt. Det skyldes blant annet at mange av dem var ganske små, kanskje bare ett gjennomslag, uten tittel og uten dato. Andre var mangfoldiggjort på amatørmessige måte og dukket bare opp noen få ganger. Et fåtall var mer profesjonelt laget, noen endog trykt.

Tysk og norsk nazistisk politi reagerte helt fra første stund særlig voldsomt mot den illegale presse. Åpenbart var dette ett av de farligste våpen motstandsbevegelsen kunne bruke. Kommentarer til den sikkerhetspolitiske situasjon, nyheter om tyske nederlag og alliert fremgang, ironiske bemerkninger til dumheter tyskerne og NS-folkene gjorde, patriotiske dikt – slike ting fikk «herrefolket» til å bli rasende. NS-ledere kommenterte til og med slike aviser i noen av sine foredrag.

En avis som «Norgesposten» holdt det gående i Bergen hele våren og sommeren 1941. Den hadde et opplag på flere tusen og ble sendt i posten til abonnenter i hele distriktet, foruten at en del av opplaget gikk til andre deler av landet. Da avisen innstilte i juni–juli trykte den i siste nummer en fortegnelse over samtlige NS-medlemmer i Bergen, til sammen ca. 900 navn. Listen var visstnok ikke helt korrekt, men skapte ubehag i nazistenes rekker. Den fortsatte å sirkulere i andre trykksaker utover året.

Det samme «aviskonsern» som hadde utgitt «Norgesposten» gikk i gang med en avis på tysk, rettet til tyske militære. Også den ble spredt i stort opplag. Utgiver var angivelig «Die deutsche Freiheitsparti in Norwegen» – et parti som man ikke hadde hørt om tidligere og heller ikke fikk høre mer til senere.

Da radioene ble innlevert startet «aviskonsernet» straks «Radioavisen». Den fikk et opplag på et par tusen eksemplarer, og inneholdt først og fremst gjengivelser av nyhetsmeldinger, utenriksoversikter o.l. fra London-sendingene. Distribusjonen foregikk dels gjennom vanlig post, dels ble bunker av avisen hentet av avtagere som sendte den videre til underkommissærer. Den hadde lesere i mange deler av landet, men de fleste var naturlig nok i Bergen. Siste nummer ble utgitt i slutten av september – bl.a. med et bilde av kongen og kronprinsen i Tromsø. Redaksjonen begynte deretter å utgi en avis som het «Ulriken». Det kom bare ett nummer av den – så ble utgiverne arrestert. Det lyktes deres venner å få ut ytterligere et par nummer av «Ulriken», så måtte også de gi opp.

Arrestasjonene skjedde i midten av oktober og hadde sammenheng med opprullingen av Steinorganisasjonen. Det tyske politi gikk hardt til verks mot avisfolkene. De fleste av organisasjonens folk – deriblant avis-pionerer som Heming R. Skre og Karl S. Osland – ble sendt til Tyskland for å bli stilt for retten der.

Nazistene og kommunestyret

Første gang «Bytinget» kom sammen til møte var 28. april 1941. Av 29 «formenn» var 16 NS-medlemmer, og de hadde noen dager i forveien vært innkalt til et orienteringsmøte av partiledelsen. De fleste av de nye representanter var uten kommunalpolitisk erfaring. De måtte regne med å bli stilt overfor en lang rekke problemer som partiprogrammet ikke gav løsninger på. Hvordan skulle de forholde seg i slike situasjoner? Skulle de opptre samlet, eller skulle de for eksempel stemme etter eget skjønn i spørsmål som ikke gjaldt prinsipielle linjer?

Slik den nye kommunalordningen var, hadde ordføreren fått øket myndighet. Det var han som skulle treffe beslutningene, etter å ha drøftet saken med «formennene» i Bytinget. Men nyordningen åpnet også for nazistisk påvirkning under saksforberedelsen, forutsatt at NS-folk klarte å sikre seg kontroll i de mange kommunale utvalg og komiteer som er en del av forvaltningen. I første omgang – dvs. i 1941 – var ikke dette blitt noe stort problem. Folk flest brydde seg ikke så meget om det som gikk for seg i «Bytinget». At ordfører og rådmenn fortsatte i sine stillinger var det nok ulike meninger om. Men det er neppe tvil om at det ihvertfall virket beroligende for mange motstandere av NS.

Gjennom en spesiell forordning fra Innenriksdepartementet i oktober var rådmennene blitt direkte underlagt departementet. På NS-hold i byen var man fullt klar over at finansrådmannen var en sentral kraft i hele kommuneadministrasjonen, både på grunn av selve stillingens betydning og på grunn av Einar Olsens sterke og uredde personlighet. I løpet av sommeren ble det arbeidet for å få ham avskjediget, og Innenriksdepartementet fulgte signalene fra NS-ledelsen i Bergen. Einar Olsen fikk avskjed 1. august – sammen med rådmannen for 3. avdeling, som bl.a. hadde med skolestell og sykehus å gjøre. Av referat datert 28. juli fra en samtale mellom generalmajor Tittel og Reichskommissar Terboven fremgår det at samtlige tyske sivile og militære ledere i Bergen fant at finansrådmann Einar Olsen var «uønsket». Ordfører Stensaker ville de beholde.

Avskjeden kom ikke uventet for noen. Det var et så åpenlyst motsetningsforhold at det måtte ende med et brudd. For de gjenværende rådmenn – men frem for alt for ordfører Stensaker – var imidlertid avsettelsen et hardt slag. I virkeligheten var den et varsel om at den samarbeidslinje – eller rettere: utsettelsespolitikk – de hadde valgt ved årsskiftet nå var kommet til veis ende.

Ordføreren sende 2. august en søknad til Innenriksdepartementet om å få gå av, bl.a. under henvisning til at når Einar Olsen var blitt avsatt måtte det oppfattes som en mistillit også til ham selv. Olsens avskjed hadde tatt så sterkt på hans nerver, skrev Stensaker, at han følte seg helt nedfor og ulykkelig.

En lege bekreftet at Stensaker av helbredshensyn burde fritas fra det krevende verv som ordfører. Søknaden ble avslått 16 dager senere.

Utover høsten utfordret ordføreren ved flere anledninger de nazistiske myndigheter ved offentlig å komme med uttalelser de ikke likte. Han befant seg da i en situasjon som var underlig. Høyst uvillig måtte han fortsette som byens ordfører; i beste fall ville han få avløsning ved at myndighetene fant en annen som de kunne bruke. Men han kunne også risikere å bli arrestert under et eller annet påskudd. Det som gjorde at han ikke ble avløst, var kanskje at Innenriksdepartementet ikke klarte å finne noen annen som kunne erstatte ham.

Egentlig er det vel overraskende at Nasjonal Samling tross alt ikke klarte å nazifisere byens styre og stell i særlig grad i løpet av 1941. Det viktigste de hadde oppnådd, ved siden av å ha plassert en forholdsvis anonym NS-mann som varaordfører, var å få en del medlemmer inn i kommunale utvalg og komiteer.

En årsak til det magre resultat er nok partiets svake stilling både kvantitativt og kvalitativt. En annen årsak er antagelig de kommunale funksjonærers bestemte holdning og fasthet. Nazistenes pålegg og ordrer ble overalt og alltid sabotert. At varaordføreren om høsten – i ordfører Stensaker fravær – fikk «bytinget» til å bevilge 25 000 kroner til Den norske legion kunne ikke forhindres.

Også i kommunepolitikken ble 1941 et læreår. Ved årets slutt måtte det antinazistiske mindretall i bytinget med sorg konstatere at det i lengden ville bli vanskelig å hindre at Nasjonal Samling skaffet seg større makt og innflytelse i kommunen. Kanskje kunne det være en viss trøst at man i det minste hadde vært med på å forsinke maktovertagelsen.

Høstmørke

Høsten 1941 ble hard. De mange arrestasjonene, krigsrettsdommene, ryktene om det som foregikk med fangene i Gestapokjelleren i Veiten, tysklandstransportene med fanger; motstandskampens tap var tunge å bære. De dystre meldingene fra utefronten – med «tysk fremgang på alle fronter» tydet på at krigen kom til å bli mer langvarig enn mange hadde tenkt. At Tyskland skulle seire i oppgjøret var noe man hverken gav tanker eller ord.

Nasjonal Samling ble også mer maktberust og målbevisst. Riktignok var det åpenbare uenigheter med Terbovens administrasjon og atskillig uklarhet med hensyn til statsrådenes kompetanse i visse spørsmål. Men det ble skapt klarere linjer for motstandsfronten. Samarbeid måtte begrenses til det absolutte minimum. At fylkesmann Gjert Lindebrække fikk avskjed i juli var et av flere vitnesbyrd om at frontlinjene ble tydeligere.

Bergenspressen var helt preget av den nazistiske sensur. Avisene ble nødt til å gi alle NS-arrangementer velvillig omtale, etter et helt stereotypt mønster. For nordmenn som hadde vært vant til å lese vanlige aviser var det lærerikt å studere sensurens virkninger. Alt NS foretok seg var riktig og vakkert. Norges «Fører» og hans medarbeidere – til dels velkjente mindreverdigheter – ble gitt et nærmest sakralt preg. Referatene fra deres taler meldte alltid om den hjertelige hyldest de fikk, om de «manende» ord, om «mandighet» og «mot» – og selvsagt om de taktfaste «Heil og Sæl»-rop som avsluttet møtet. At nazistene stadig brukte «Ja, vi elsker» førte forøvrig gradvis til at jøssingene gjerne nyttet en annen fedrelandssang, nemlig «Gud signe vårt dyre fedreland». Det er neppe uriktig å si at NS-propagandaen på mange måter kom til å bli bevegelsens fiende.

Mange journalister klarte å få sagt atskillig mellom linjene.

Det ble en yndet sport å finne slike jøssingbevis på tvers av sensuren. Ord og uttrykk fikk en dobbel mening. Det vrimlet av slikt stoff – kronikker om vikingetiden kunne bli lansert under overskriften: Vår store konge. I vitser, kryssordoppgaver, annonser o.s.v. fant den oppmerksomme leser slike «skjulte byer».

I februar sluttet Bergens Arbeiderblad å komme ut. Det var den tredje bergensavis som innstilte og det var vel kjent at det også brente blått lys for Bergens Aftenblad. De to konkurrentene hadde slitt tungt. Under de dårlige forholdene som avisene opplevde, var det ikke mulig å fortsette. I begge aviser var det journalister som på en mesterlig måte hadde klart å uttrykke meninger uten at sensuren kunne stanse dem. De uskyldigste petitartikler – eller ledere – hadde ofte dobbeltbunn. Og de ble oppfattet riktig av de riktige. I begge avisers redaksjoner var det forøvrig atskillig illegal virksomhet, noe som hadde stor betydning for holdningskampen.

NS-folk i Bergen var misfornøyde med avisene og ville ha andre redaktører. Den geskjeftige kvinnen som var pressesensor klarte ikke sine oppgaver så lenge redaktørene og journalistene ikke var nazister. NS-avisen «Fritt Folk» var en utpreget Oslo-avis. På grunn av de dårlige kommunikasjonene brukte den lang tid til Bergen. Den inneholdt ellers lite bergensstoff og ble derfor aldri partimedlemmenes organ på samme måte som den kunne bli i Oslo og på Østlandet forøvrig.

I 1941 fikk man en underlig kappestrid mellom den gøbbelske propagandamaskin med sine ubegrensede ressurser og det okkuperte folks oppfinnsomhet. Forholdsvis tidlig var det blitt vanlig å se kongens H-7 merke tegnet over alt. Også V-tegnet ble brukt – V for Victory. Det var direkte inspirert fra London og man fant det i alle okkuperte land som et slags fellessymbol for motstand mot nazismen. Signalet forekom i BBC-programmene i radio – i form av åpningstaktene fra Beethovens 5. (V) Symfoni. Disse paukeslagene ble verdens mest kjente radiosignal, prikk, prikk, prikk – strek – V-tegnet i musikk.

Tyskerne kunne ikke godt forby bruken av bokstaven V. Men det er klart at de ergret seg over det lettfattelige symbol. Kløktige herrer i Berlin fant da ut at de skulle stjele symbolet.

V ble stående for Victoria – den romerske seiersgudinne. Kampanjen ble lansert for fullt 20. juli – grundig og med gravalvor. Tyske soldater gikk i gang med å sette opp V-tegn på husvegger, utenfor sine forlegninger, på restauranter, kinoer osv. Ja, det ble laget store V-tegn som ble plassert på noen av fjellene rundt byen – malt med gråhvit farge. Ordføreren klarte i siste liten å hindre at et større blomsterarrangement i Byparken ble gitt V-form etter krav fra tyskerne.

De tyske militære mannskaper fikk informasjon om denne propagandakampen. De fikk vite hva H-7 tegnet stod for og hvorfor det måtte fjernes. Overalt hvor det var mulig skulle også tyske soldater være med i arbeidet med å fjerne H-7 tegnene. Der hvor det passet skulle de sette et hakekors istedenfor H-7. På denne måten ble det litt av en sport for begge sider å få plassert de «riktige» V-tegn. Nazistene og tyskerne truet med straff de nordmenn som deltok i denne form for propaganda for kongefamilien, men måtte likevel innse at det var håpløst for dem å seire i V-krigen på husvegger, stolper og plankegjerder.

Det var godt å få drive med slike provokasjoner, fordi det åpenbart irritert makthaverne sterkt. Tross alt var det en slags oppmuntring; tidene ellers var triste. Gjennom det meste av året var det en følelig mangel på matvarer, og levestandarden sank mens prisene steg.

Den arbeidsledighet man hadde hatt i byen gjennom hele 1940 og utover vinteren viste nedgang i april. Det skyldtes dels ekstraordinære tiltak som ble satt i gang av kommunale myndigheter, som veibygging, vedhogst og lignende. Dels skyldtes det store byggearbeider i tysk regi. Fra mai–juni kan man merke et temmelig stramt arbeidsmarked, med omkring 5–600 ledige, av dem var et flertall kvinner. Utover hele sommeren og høsten varte dette forhold; i november var det for eksempel meldt 414 helt arbeidsledige og av dem var 328 kvinner. De som var på «tyskeranlegg» tjente forholdsvis godt, og tusket gjerne til seg litt sigaretter og brennevin attåt. Men det var ikke en sysselsetting noen var stolte av. Da det om høsten ble viktig å få folk til jordbruk og fiske, sendte tyskerne i forståelse med fylkesmannen og arbeidskontorene hjem fra tyske anlegg folk som var knyttet til disse næringene. Det var nødvendig bl.a. for å kunne skaffe byen forsyninger av mat.

I lengere perioder var matsituasjonen kritisk. Det manglet melk, kjøtt, fisk, grønnsaker (deriblant poteter) – og naturligvis egg, ost og smør. I august og september forekom det stadig at utsalgene ikke hadde melk i det hele tatt. Dagsrasjonene var en kvart liter for voksne og 0,7 liter for barn. En del melk ble omsatt på svartebørsen, en handelsform som dette året fikk sitt store gjennombrudd. Prispolitiet drev utover høsten jakt på alle former for ulovlig omsetning av matvarer. I oktober måtte den vanskelige melkesituasjonen drøftes mellom produsentgruppene og byens myndigheter. Fylkesmannen sa i sin månedlige melding til Innenriksdepartementet at de fastsatte melkerasjonene – som visstnok var de laveste i landet – «ikke har kunnet opprettholdes». Det alvorlige underskudd varte ved, selv om man klarte å få noe mer regelmessige forsyninger. Noe av forklaringen på krisen var vanskelighetene med fôr til kuene. Tyskerne krevde betydelige mengder høy gjennom tvangsrekvisisjoner, og bøndene så seg tvunget til å slakte en del av buskapen.

Kjøttrasjonene ble ikke øket av den grunn. Tvertimot var kjøttmangelen ytterst alvorlig denne høsten. Rasjonene lød på 200–400 gram pr. person for uken. Det kunne imidlertid gå uker mellom hver gang man fikk kjøpt kjøtt og flesk. Tilførslene i august–september–oktober var mellom 5 og 8 prosent av det de hadde vært i 1940 og enda lavere i forhold til normalåret 1939. Av disse små tilførslene tok tyskerne sin del, noen ganger bortimot halvparten. I kjøttbutikkene måtte kundene derfor passe nøye på hvis de skulle sikre seg en del av sin rasjon. Den som nylig hadde fått, måtte regne med at det kunne ta lang tid før det ble en ny tildeling.

I september var det også svikt i fisketilførslene. Det viste seg at en stor del av fisken ble sendt videre til Østlandet. Kritikken ble da så alvorlig at et eget fiskefordelingsråd ble opprettet for å ta hånd om transitten av fisk. Den 8. oktober bestemte admiral von Schrader at all skipstrafikk – endog bruk av robåter – skulle være forbudt fra solnedgang og frem til en time før soloppgang på hele strekningen fra Stad til Stavanger. Bare mindre strekninger var unntatt for forbudet som varte til 11. november. Men også etter den tid var enkelte kyststrekninger sperret for trafikk, bl.a. Korsfjorden og Selbjørnfjorden og området mellom dem. Det fikk særlig alvorlige virkninger for ruteskipene, som bare fikk passere en gang ukentlig i hver retning.

Det var denne høsten at kaninholdet gikk over fra å være hobby til å bli en slags viktig attåtnæring. Hansa bryggeri gikk i spissen og opprettet en regulær kaninfarm med 3–4 tusen dyr. På den måten skulle de ansatte sikres kjøtt. At kaninavlen ble så populær, kunne kanskje være en trøst for dem som hadde drevet med duer. Det ble nemlig forbudt. Alle duer, med unntak av enkelte praktduearter, måtte avlives etter tysk ordre. Muligens dukket noen av de slaktede duer opp på Torget, der man siden januar hadde solgt kråker til middagsmat – for 1 krone stykket. Også måker, alker og andre sjøfuglarter ble omsatt – underkastet bestemmelser om maksimalpris. I avisene fant man veiledning om hvordan man skulle gå frem for å få bukt med transmaken som kunne være lei.

Gatebildet var preget av tyske kjøretøyer av alle slag. Den sivile biltrafikk var sterkt begrenset. De tyske soldatene holdt hyppige øvelser og lange transportkolonner sneglet seg gjennom gatene til alle døgnets tider. Store tunge tyske hester slet med kanoner og firhjulte vogner, motorsykler og personbiler dundret forbi. Tyske avdelinger marsjerte fra sine forlegninger til idrettsanleggene for å drive fysisk trening. De sang sine taktfaste soldatsanger – med «Hali-halo»-refrenger som etterhvert alle bergensere kjente.

Den tyske krigsinnsats i Øst-Europa ble nyttet som påskudd til å mobilisere ytterligere ressurser i det okkuperte Norge. Det som ble tatt fra industrien og direkte ut fra de norske råvarelagrene merket ikke befolkningen meget til – i første omgang. Men høsten 1941 fikk befolkningen en serie pålegg om å avlevere eiendeler til tyskerne, og det merket man tydelig nok. Det ble tvangsinnlevering av ulltepper, telt, ryggsekker, vindbukser, anorakker osv. Butikker og grossister ble fullstendig ribbet, men også mange private måtte vandre avgårde med slike gjenstander.

Etter at speiderbevegelsen var blitt forbudt, passet myndighetene på å kreve alle speidereffekter innlevert; både merker, sløyfer, tørklær og luer. Heldigvis kunne folk le av mange av de tyske forordningene. Det var tider da denne humoristiske evnen ble en slags redning. Det var bedre å le enn å gråte –.

Relativt tidlig på høsten varslet elektrisitetsverket om at det kunne bli krise hvis folk ikke sparte på elektrisk kraft. Det var et ekstraordinært høyt forbruk, ikke minst fordi gassleveransene var skåret ned. Virkelig kritisk ble det da et driftsuhell oppstod i kraftverket i Dale, slik at produksjonen sank til en tredjedel av normalen.

I tillegg til mange andre plager hadde man om høsten politiets mas om stadig bedre blending av hus og kjøretøyer. Det var hyppig kontroll og mange måtte betale mulkt for overtredelse av forskriftene. Det var nesten uunngåelig å gjøre feil på et eller annet tidspunkt. De som hadde sykkel måtte påse at lyktene var blendet slik at det bare var en lysåpning som var 4 cm lang og 1 cm bred på nedre halvdel av lykten.

Hver eneste uke kunne man i avisene lese om påbud, forskrifter, innskjerpninger av gjeldende regler osv. Som om det ikke allerede var nok å gjøre på andre områder, satte politiet inn med skjerpet kontroll av grenseboerbevis om høsten. Den som ikke hadde passet på seg, slapp i beste fall med en mulkt og atskillige ubehageligheter under avhør på politistasjonen.

Lørdag 26. juli hadde det kommet til noen mindre episoder, som fra tysk side ble gitt helt meningsløse dimensjoner. På Håkonshella hadde det vært fest i ungdomshuset, med deltagere både fra stedet og byen. En del ungdommer hadde slått opp telt i nærheten av lokalet, som lå like ved en tysk forlegning. Utpå kvelden oppstod det klammeri mellom tre tyske soldater og noen av ungdommene og etter hvert kom det til slagsmål. Tyskerne forsøkte å rydde lokalet og da nordmennene satte seg mot dette, tilkalte tyskerne forsterkninger og det ble løsnet skremmeskudd. Det endte med at tyske soldater arresterte samtlige unge menn i og utenfor festlokalet. Over 350 av de unge ble samlet og etter et foreløpig forhør ble vel 50 ungdommer foreløpig anholdt og sendt til Ulven. De første rapportene fra feltvakten på Håkonshella nevnte at det forelå et «opprørsforsøk» fra den lokale befolkning. Til alt uhell befant Reichskommissar Terboven seg i byen den helgen. Han forlangte straks strengeste straff for lederne av aksjonen, som både tok sikte på å fornærme de tyske militære og som brøt ro og orden. Etter en temmelig vilkårlig rettergang ble tre av ungdommene dømt til 4 års tukthus hver av den tyske feltrett. Dommene skulle sones i Tyskland. Fem andre, som var nokså tilfeldig plukket ut, fikk fra 1 1/2 til 3 års fengsel, som skulle sones på Ulven. Terboven drøftet episoden på et møte med general Tittel og sjefen for SD i Bergen. Det ble av de høye herrer bestemt at det for fremtiden skulle være danseforbud i Alvøen, Håkonshella, Godvik og Skålevik. Inntil videre skulle det også være forbudt å slå opp telt, eller være samlet flere enn fire mennesker. I notatet fra møtet er det nevnt at Terboven sa seg tilfreds med at soldatene hadde reagert mot fornærmelsene på en energisk og håndgripelig måte.

Reichskommissar Terboven fikk også høre at det samme lørdag hadde kommet til politiske demonstrasjoner på Espeland. Der hadde ungdommer sunget Internasjonalen. De tyske militære arresterte 180 mennesker. Av tyske dokumenter fremgår at Terboven ved denne anledning for første gang nevner at alle radioapparater i byen og omegn burde inndras – som represalie mot demonstrasjonene.

Dette ble – som tidligere nevnt – gjort i begynnelsen av august. Etter hans oppfatning var det klart at den britiske og «bolsjevikiske» propaganda var skyld i reaksjonene blant nordmennene. Også på Espeland ble det nedlagt danseforbud.

Kongens fødselsdag 3. august var en velegnet dag for demonstrasjoner. En blomst i knapphullet ble oppfattet som en sterk politisk utfordring av nazistene. Den totalitære stat tåler aldri den slags individuelle påhitt. Tyskerne hadde nedlagt uttrykkelig forbud mot alle demonstrasjoner til fordel for kongehuset og Terboven hadde minnet om dette under sitt opphold i byen. Ifølge tyske kilder ble 40 personer arrestert i Bergen etter å ha demonstrert med blomster og lignende 3. august. Det ble overveiet å stille dem for feltkrigsrett, men de fleste slapp ut etter få dager og etter å ha betalt en bot.

Den 4. oktober – bare noen få uker etter at unntakstilstanden i Oslo var opphevet – holdt tyskerne sin «høsttakkefest». I hovedstaden var det et stort arrangement i pompøs nazistisk stil. Den som orket kunne lese i avisene hva Terboven hadde sagt i sin manende tale:

«Enten kan Tyskland ta Norge under sin suverenitet, så det mister sin selvstendighet for alltid. Eller også kan det norske folk tilkjempe seg en holdning og en livsanskuelse, som gjør det selvfølgelig at det marsjerer skulder ved skulder med det tyske broderfolk og derfor til enhver tid ser og behandler Tysklands fiender som sine egne fiender. En holdning og livsanskuelse som i det norske folk ene og alene representeres av Nasjonal Samling.»

Det var ingen som betvilte at det siste var riktig. Denne høsten hadde Nasjonal Samling 31 070 medlemmer i landet. En stor del av dem var temmelig passive. I Bergen og Hordaland var det 1 374 medlemmer i partiet. De behandlet Tysklands fiender som sine egne fiender, selv om de var deres landsmenn.

I en hemmelig tysk rapport ble det i november sagt at NS' verveaksjon i Bergen hadde gjort gode fremskritt. «Særlig aktive i partiarbeidet er kvinnene, som også har meldt seg inn i NS i større antall enn mennene». Hvilke kilder rapportøren hadde i dette tilfelle er ukjent. Det ble videre konstatert at Nasjonal Samling fremdeles ble bestemt avvist av den største del av befolkningen. «NS i Bergen opptrer generelt meget bestemt og griper også til drastiske tiltak mot sine motstandere. Således fikk en tobakkshandler sin forretning stengt fordi han ikke ville selge til et NS-medlem». Også tyske militære kunne formodentlig lese mellom linjene og more seg over dette eksempel på partiets beslutsomhet.

Det er lett å forstå at folk nyttet enhver anledning til å forsøke å glemme alt som var trist og leit. Ungdommen hadde sine dansefester, skjønt det var blitt vanskelig å få tak i grammofonplater. I de mørke kveldene var det naturlig å følge pikene hjem. Trikker og busser var overfylte og mange spaserte selv om veien kunne bli lang. Oppfinnsomme personer startet et firma som påtok seg å lose folk hjem i sikkerhet; etter sigende en populær ordning for alle parter. Men «statsråd» Riisnæs fant det helt uverdig med dans i det okkuperte Norge:

«I de dager vi nå lever i ville det være uverdig tankeløshet offentlig å gi til skue overdreven lystighet og skjemt. Slik offentlig opptreden passer seg ikke. Når som helst kan vi få nye sørgebudskap. Da vil det være i samsvar med vår nasjonale vyrdnad at den offentlige dans stanser.»

Den direkte foranledning til uttalelsen var at det i september og oktober var senket et hurtigruteskip ved ubåtangrep. Mange mennesker omkom. Fra tysk side ble det gjort store anstrengelser for å piske opp stemningen mot britene og de norske myndigheter i London. Riisnæs deltok i dette hykleriet, noe som de fleste fant usmakelig.

Ved årets slutt inneholdt Morgenavisen en oversikt over årets viktigste internasjonale begivenheter. På forhånd var den naturligvis blitt sensurert. Men sjefen for Abteilung Ic i Bergen noterte likevel at oversikten etter hans mening var «svært Englandsvennlig». Og det hadde han vel rett i –.

1942

Fimbulvinter

Nyåret begynte med bitende kulde og lite eller ingen nedbør. I slutten av januar varslet gassverket og elektrisitetsverket at forbruket måtte ned. Magasinbeholdningene var minimale på grunn av manglende nedbør, og kull-leveransene var så små at gassverket samtidig måtte innskrenke produksjonen. Oljekvotene for Bergen, Hordaland og Sogn og Fjordane ble forøvrig skåret sterkt ned i januar. De tre fylkene fikk tilsammen 160 000 liter mot 210 000 liter i desember – en reduksjon på 25 prosent. Dampskipsselskapene fikk samme lave kullkvote som før og måtte spare kraftig for å klare driften av de mest nødvendige rutene på Vestlandet.

Fra 30. januar innførte elektrisitetsverket utkobling av strøm fra midnatt til klokken 6 om morgenen. Det skapte store problemer både for industri og private forbrukere. Det ble også forbudt å bruke strøm til oppvarming overalt hvor det fantes ovner eller sentralvarmeanlegg som kunne bruke olje. Overforbruket ble gjort vesentlig dyrere og det ble innført et straffegebyr for særlig høyt forbruk. Nye restriksjoner fulgte. I slutten av februar ble strømmen stengt av fra kl. 1730 til 1900 og fra 2300 til 0600. Det kom et generelt forbud mot å bruke elektrisk strøm til oppvarming av hus og til varmtvannsbeholdere osv.

Det var mange som brøt disse forbudene. En mengde mennesker som aldri hadde drømt om å gjøre noe ulovlig, følte seg nå tvunget til å sette seg utover myndighetenes påbud.

Hver dag trøstet man seg med: Nå blir det snart bedre, for slik kan det ikke fortsette. Det kom praktisk talt ingen nedbør i februar heller, og kulden holdt seg i hele mars. Det ble nødvendig å innføre restriksjoner også på vannforbruket. Mange bergensere kunne med galgenhumør konstatere at dermed var alt som kunne rasjoneres blitt rasjonert – bortsett fra luft. Men den var til gjengjeld kald.

I februar var oljekvoten til de tre fylkene formelt fastsatt til det samme som i januar, men faktisk ble det bare levert vel halvparten (94 000 liter). Bare ytterst livsviktige behov kunne dekkes med en så liten kvote. I fylkesmannens fortrolige rapport til Innenriksdepartementet het det i februar:

«Kullsituasjonen er nå meget alvorlig. Det har i måneden ikke vært noen import og de lagre en har vil snart være oppbrukt. En regner med at en muligens vil kunne holde det gående ut mars måned, men da vil det være stopp. Hvis det ikke blir tilført mer kull for byens og distriktenes behov vil trafikken om kort tid stå overfor et sammenbrudd. En har i disse dager tatt opp spørsmålet om ytterligere innskrenkninger av dampskipsrutene og overgang til mer vedfyring. Dette er imidlertid vanskelig idet vedsituasjonen også er prekær.»

Togforbindelsene ble innskrenket, uten at det ble gitt noen nærmere begrunnelse. For å reise en strekning over 30 km måtte det søkes minst seks dager i forveien. Formålet med reisen måtte oppgis og helst dokumenteres. Alle dagtog ble innstilt inntil videre. Det ble kjørt et «nattog» på strekningen Bergen–Oslo. Til dette tog var koblet én tredjeklasses sittevogn, beregnet for nordmenn. Resten av vognene ble nyttet av tyske militære. Turen til Oslo tok 36 timer. For sikkerhets skyld gjorde myndighetene oppmerksom på at det ikke ble anledning til å nytte tog til påskereiser i 1942.

Kulde og mørke er forsåvidt velkjente fenomener i en norsk vinter. Men kulden var så streng og varte så lenge at det oppstod en mengde praktiske problemer. Forsyningene til byen ble delvis lammet. Fjordarmer frøs til og båttrafikken stanset. De få togene som kom, var forsinket og gods ble ødelagt. Særlig ille var det at poteter og grønnsaker gikk tapt på denne måten. Frossen kålrabi og frosne poteter fantes på mange bord – selv den mest raffinerte tillaging kunne ikke døyve smaken eller bedre konsistensen.

I begynnelsen av 1942 var det virkelig krisestemning, både hos dem som satt med ansvaret for forsyningene og hos folk flest. Alle leveranser sviktet. I mange familier visste man ikke om det ville bli middagsmat neste dag; kanskje måtte man atter engang klare seg med en av de potetrettene som avisenes oppfinnsomme matspalter anbefalte.

Kjøtt og flesk ble det nærmest slutt på. Noen tall illustrerer knappheten:

Tallene i de to kolonnene til venstre viser de samlede leveranser til Bergen, Fana og Laksevåg. Tallene i kolonnene til høyre viser hvor meget av dette som ble rekvirert av tyskerne.

	Antall:			
Periode	storfe	svin	storfe	svin
15.12.41–10.4.42	374	111	112	6
19.1.–14.2.42	614	36	372	7
16.2.–14.3.42	529	61	311,5	5
16.3.–18.4.42	409	72	185	4
20.4.–16.5.42	185	55	118	28

Tilførselen av fisk varierte og i perioder var det fullstendig stans. Etterspørselen kunne aldri tilfredsstilles denne våren. Fra tidlig om morgenen var det køer utenfor fiskeforretningene og på Torget. Byen hadde imidlertid gode lagre av klippfisk og tørrfisk. Fra Sverige kom det et par ganger en del hestekjøtt, som fikk en god mottagelse.

Potetene, som har vært en trøst når det er mangel på annen mat, ble tidlig så etterspurt at det måtte innføres en rasjoneringsordning. I slutten av januar fikk hver person kjøpe inntil 2 kg pr. uke. Det viste seg at forretningene ikke var i stand til å levere slik kvoter. I mars og april var det ikke margarin nok til å dekke selv de små rasjonene. Det ble også mangel på mel i mars/april. I sin fortrolige rapport til Innenriksdepartementet skrev NS-fylkesmannen at Vaksdal Mølle og de andre møllene i fylket hadde tømt sine lagre i mars.

«Fra alle kanter av fylket kommer klagemål over at bygdene bare har tilbake mel for en ganske begrenset tid og at de ikke kan få hos grossister eller møller.»

Ingen annen by i Norge opplevde en slik forsyningskrise. Det er ikke tvil om at det var mange som ikke kunne spise seg helt mett hver dag, ja, at det var dem som direkte sultet denne våren.

Varemangelen omfattet alle forbruksvarer. Folk klarte å skaffe seg det nødvendigste ved å hjelpe hverandre og ved å byttehandle. De merkeligste ting ble nyttet som bytteobjekter, men særlig ettertraktet var rasjonerte varer, dvs. mat, brennevin, kaffe, tobakk o.l. Endog ubrukte rasjoneringsmerker og anvisninger på skosåling ble byttet bort. Men det kom snart forbud mot å bytte bort rasjoneringsmerker; tross alt visste alle at «løse» merker ikke var gyldige i forretningene.

Prisene på svartebørsen gikk raskt i været. De fleste tok avstand fra slike former for varehandel, men det var umulig å hindre at den grep om seg. De som hadde forbindelser med bønder og fiskere kunne nok skaffe seg tilskudd til spiseseddelen. Men slik ulovlig omsetning var ikke uten risiko. Politiet begynte i 1942 å skjerpe kontrollen; ofte ble det gjort omfattende rassiaer på lokalbåtene og det kunne ende med forelegg og inndragninger av mat.

Noen få kom etterhvert til å drive organisert svartebørstrafikk i større stil. Det var ingen ærefull profesjon. Lavest stod likevel de som innlot seg på handel med tyske soldater. Det var en del tyske sigaretter og brennevin på svartebørsen.

I begynnelsen av april kom endelig mildvær med det velsignede regnet. Værgudene lot byens innbyggere få sol og regn i passe april-blanding. Utkoblingen av elektrisk strøm ble opphevet i slutten av april.

Til lyspunktene denne våren måtte man vel også regne den irritasjon som gjorde seg gjeldende blant de mest iherdige NS-folk over jøssingdemonstrasjoner av et hvert slag. Et høydepunkt ble nådd da polititjenestemennene i byen fikk ordre 30. mars om å frata folk klesplagg i nasjonale farger. Ordren lød som en parodi:

«Det har i senere tid i stadig større utstrekning forekommet at folk, særlig om søndagene, opptrer i klær, hvis fargesammensetning er i øynefallende i strid med flaggordningen, jfr. ordre nr. 108/41. Av antrekk som er i strid med forordningen kan nevnes rød lue – blå genser – hvitt halstørkle, eller rød genser – blå bukser – hvite strømper. Alle polititjenestemenn pålegges å være spesielt oppmerksom på ovennevnte forhold, og påse at forordningen blir overholdt. Ved påtreff skal vedkommendes navn og adresse noteres, og personalia kontrolleres av grenseboerbeviset. Deretter skal vedkommende fratas de omhandlede klesplagg i den utstrekning det er nødvendig for at antrekket ikke lenger skal virke demonstrativt. Dette gjelder også plagg som luer, skjerf, votter, sokker m.v. med bord i nasjonalfarger. For et hvert tilfelle skrives vanlig anmeldelse og de beslaglagte ting vedlegges. . . »

Søndag morgen stod hird og politi og ventet på turgåere. Store mengder sportsplagg ble beslaglagt. Ungdommen fant snart ut at den røde strikkeluen, «nisseluen», var et godt symbol. De gamle skiluene liknet for meget på hirdluen; nisseluen var omtrent så langt borte fra uniformspreget som man kunne komme. Og så var den riktig norsk og god.

«Tyskerjentene»

En av de klassiske årsakene til friksjon mellom okkuperte og okkupanter er de kvinner som pleier omgang med de fremmede. Slik var det også i Bergen. De jenter som man visste hadde følge med tyskere, ble utsatt for alle former for sjikane og trusler. Noen få led fysisk overlast; det fremgår f.eks. av tyske dokumenter at noen ungdommer fra Fana satt på Ulven fordi de hadde klippet håret av en «tyskerjente» i juni 1940.

Fra tysk side reagerte man meget strengt mot alle som kom med trusler mot «tyskerjentene». En del kvinner hørte nok til den kategori som leilighetsvis drev gatetrafikk. De tyske soldater i byen ble på et meget tidlig tidspunkt orientert om at det ikke fantes legalisert prostitusjon i Norge. Andre kvinner kom i selskap med tyske militære og sivile etter å ha tatt arbeid i forlegninger og tjenestesteder. Noen ble kjent med tyskere gjennom aktiviteter i Nasjonal Samling. Endelig var det kvinner som havnet sammen med tyskere av ren eventyrlyst – uten at de tenkte nasjonalt eller politisk.

Fra tysk side var det opprinnelig nedlagt forbud mot ekteskap med kvinner fra de okkuperte land. Dette hadde Hitler bestemt ved forordning datert 7. mai 1940. Da man i Berlin imidlertid ble klar over at innbyggerne i Norge, Danmark, Belgia og Nederland «i overveiende grad tilhørte den nordiske rase» ble ekteskapsforbudet opphevet for «rasemessig beslektede personer tilhørende de germanske folk». Det ble imidlertid understreket fra tysk side at det måtte føres nøye kontroll med at det ikke kom «rasemessig uønskede elementer» inn i det tyske folk gjennom slike ekteskap.

På tysk hold var man klar over at norske kvinner som var sammen med tyske soldater straks kom i et meget dårlig forhold til sine landsmenn. Særlig ille var det hvis de også ventet barn med en tysker. I september 1940 fikk general Tittel vite at det var en soldat som skulle gifte seg med en norsk kvinne i Bergen. Straks ble det på tysk hold drøftet hvorledes dette kunne utnyttes i propagandamessig øyemed. Man var inne på tanken om et fotografi av brudeparet til pressen, men klokere hoder frarådde dette – av hensyn til bruden og hennes familie.

I desember 1940 tok sjefen for SS i Norge opp spørsmålet med Reichsführer-SS Himmler, Reichskommissar Terboven og Wehrmachtsbefehlshaber Norwegen, general von Falkenhorst. I februar 1941 hadde de høye herrer funnet en løsning. Organisasjonen *Lebensborn* skulle få sin egen avdeling i Norge. Der skulle barn av tyske okkupanter kunne tas hånd om – under forutsetning av at de ble funnet «rasemessig» i orden. De norske mødrehygienekontorene, som etter tysk mening hovedsakelig drev med abortinngrep, skulle samtidig omdannes til sosialkontorer etter mønster av de tyske «Mutter und Kind»-institusjonene. Man skulle i første omgang unngå å fremheve kravene om rasemessige kvalifikasjoner, da det «kunne utløse sterk uro», ble det sagt i et fortrolig dokument som inneholdt de nye retningslinjene.

Reichskommissariatet skulle finansiere kontorene og barnehjemmene over en spesiell konto, mens de administrative oppgaver skulle utføres av SS-ledelsen i Norge.

Lebensborn kom i gang i Norge i slutten av mars 1941. Hovedkontoret var i Oslo, men en avdeling i Bergen fikk ansvaret for Vestlandet. Det var dessuten et kontor i Trondheim. Tyskerne våget ikke å sende alle norske kvinner informasjon om den nye organisasjonen, fordi dette kunne skape «politiske vanskeligheter». Men tyske militære mannskaper ble underrettet gjennom sine avdelinger om den nye ordningen og de rettigheter den gav alle tyskere. Det skjedde i juni 1941. Mannskapene fikk da vite at hvis de hadde besvangret norske kvinner, skulle de sende melding om dette direkte til Lebensborn i Oslo, Bergen eller Trondheim. En slik melding måtte ikke gå gjennom de militære kontorene hvis barnefaren ønsket anonymitet. Norske helsemyndigheter ble underrettet om at de hadde plikt til å varsle Lebensborn i tilfelle de fikk kjennskap til norske kvinner som skulle ha barn med tyskere.

I juni 1942 opprettet Lebensborn et hjem for svangre norske kvinner på Hop. Der var det plass til 20 kvinner og 6 barn. I Oslo hadde det allerede i flere måneder vært et tilsvarende hjem og senere kom det også ett i Trondheim. Organisasjonen vokste med behovet. På Østlandet ble det opprettet både fødselshjem og hvilehjem, foruten barnehjem. Mange av de barna som bodde i barnehjemmet, ble adoptert av tyske foreldre og sendt til Tyskland. Stalheim hotell, som tyske soldater holdt til i, ble en tid også brukt til barnehjem, med plass til 100 barn født av tyske fedre og norske mødre. I slutten av 1942 ble Johan Ludvig Mowinckels eiendom i Os innredet til tysk barnehjem. Dit kom mødre fra hele Vestlandet for å plassere sine barn. Helsepersonalet på barnehjemmet var tysk. Sommeren 1943 kunne man ta imot 80 barn av tyske fedre der.

Lebensborn var en sosial institusjon som tok seg av et vanskelig problem. Den mest alvorlige innvending mot organisasjonen slik den virket i Norge, var de rasepolitiske prinsipper. Kvinner som etter tysk oppfatning ikke holdt rasemessig mål, kunne ikke regne med hjelp under svangerskap og fødsel. Og selv blant dem som ble godtatt, skjelnet tyskerne mellom to kategorier. De som fra et rasemessig synspunkt ble betraktet som særlig gode mødre for tyske barn fikk fortrinnsbehandling. De ble gitt adgang til å oppholde seg på det beste av de to barnehjem på Østlandet. I de tyske dokumenter er det nevnt at denne forskjellsbehandlingen ikke burde bli kjent for mødrene selv. Det var en tydelig ulikhet i standarden ved de to barnehjemmene.

Noen planmessig «barneavl» forekom ikke fra tysk side under okkupasjonen i Norge. Men tyske soldater ble forklart ønskeligheten av å velge sine partnere med tanke på eventuelle rasemessige konsekvenser. Det var uønsket å få barn med såkalt rasemessig mindreverdige kvinner.

I begynnelsen av november 1942 utstedte Hitler en forordning om omsorg for barn av personer tilhørende den tyske vernemakt i Norge. Den første paragraf lød:

«Til vedlikehold og fremme av rasemessig sett verdifullt germansk arvegods skal i de besatte norske områder etter søknad av mødrene og gjennom foranstaltning av Reichskommissar tilståes barn av tyske militærpersoner med norske kvinner en spesiell omsorg og beskyttelse.»

Denne forordning «legaliserte» den ordning som var praktisert i hele Norge. Den ble imidlertid offentliggjort i dagspressen og bidrog dermed til å gjøre befolkningen kjent med forholdene.

Ungdomstjenesten og lærerstriden

Bare noen dager etter «statsakten» på Akershus 1. februar kom en serie politiske fremstøt, rettet mot hele det sivile samfunn. Det ble gitt lov om Nasjonal Ungdomstjeneste og om obligatorisk medlemskap i Norges Lærersamband for alle som underviste i skolene. I løpet av få uker var den sivile motstandsfront ikke bare mobilisert, men i strid. Det er neppe uriktig å karakterisere forsøkene på å nazifisere ungdommen og skolene som et av de alvorligste feilgrep NS gjorde under hele krigen.

Fremstøtene har direkte sammenheng med «statsakten» og NS-ledelsens bitterhet over at Reichskommissar Terboven ikke gav fra seg mer av sin makt. Quisling og hans medarbeidere var dypt skuffet. De mente at bare ved å vise pågåenhet og fremgang for partiet, kunne de ha håp om større innflytelse. Deres mål var en mer selvstendig NS-regjering med Quisling som nasjonens fører. Et middel var å vinne ungdommen for partiets sak. I Tyskland medvirket *Hitlerjugend* og *Bund deutscher Mädel* til å gi de unge en politisk oppdragelse i nazistisk ånd. Noe tilsvarende måtte skje i Norge.

Tanken var at all ungdom mellom 10 og 18 år skulle få ideologisk skolering et par timer hver uke. I tillegg skulle de innkalte ungdommene delta i utmarsjer og møter, med særlig vekt på å styrke disiplinen. Deltakelsen var obligatorisk og NS-folk forklarte at lærerne skulle hjelpe til med gjennomføringen av loven.

Kravet om obligatorisk medlemskap i Norges Lærersamband hadde derfor en direkte sammenheng med loven om ungdomstjeneste. Skolefolk over hele landet reagerte sterkt. Gjennom likelydende brev, utarbeidet av den sentrale illegale ledelse av deres organisasjoner, ble det tatt avstand fra nazistenes påbud. I brevet ble det også gjort klart at avsenderen ikke ønsket å være medlem av Norges Lærersamband. Skolens folk fikk sterk støtte av landets 7 biskoper som i brev til statsråd Skancke tok avstand fra aksjonen mot ungdommen og skolene.

Det hadde muligens vært tid for NS til å slå retrett i februar–mars. Men Quisling og hans medarbeidere gikk trassig videre. Konflikten mellom NS og Terboven spilte en viktig rolle i denne sammenheng. Et tilbaketog ville ha vært et personlig nederlag for Quisling.

Motstanderne mot nazifiseringen stod godt samlet og hadde for så vidt hatt tid på seg til å foreta den mentale opprustning som var nødvendig. Men de som ledet kampen ble selv overrasket over den sterke oppslutning om alle paroler og hemmelige opprop. Foreldre og elever reagerte på samme måte som lærerne, menighetene fylket seg rundt sine prester og medlemmer av alle kirkesamfunn fant hverandre i en grad som aldri før i vår historie.

De som bøyde unna i Bergen og de nærmeste distriktene, kjente man. Det var meget få – i Bergens Lærerinnelag var det f.eks. fire medlemmer, og det var et tilsvarende antall lektorer og adjunkter ved de høyere skoler i byen. Fra hver enkelt skole strømmet protestbrevene inn til departementet. I første omgang søkte statsråd Skancke å bagatellisere saken og deretter gikk han over til å true. Den 24. februar sendte han ut varsel om at alle som nektet å være med i lærersambandet måtte vite at de dermed var avskjediget. Den øyeblikkelige avskjed gav ingen rett til pensjon. De som valgte denne vei måtte dessuten regne med at de ville bli satt til å utføre «samfunnsnyttig» arbeid i Nord-Norge eller et annet sted.

Ingen misforstod truselen. Den hadde likevel ingen virkning; i Bergen og distriktene hadde forøvrig de fleste forlengst sendt inn sine protester. Professorene ved Bergen Museum sendte brev på linje med sine kolleger ved Universitetet i Oslo – med skarp protest mot nazifiseringsforsøket.

Myndighetene trengte en pause for å overveie neste steg. Derfor ble det 26. februar gitt beskjed om at samtlige skoler skulle stenge fra og med neste dag. Som grunn til stengningene ble oppgitt brenselmangel og «ferien» ble fastsatt til en måned. Alle visste selvsagt at mangel på brensel ikke var den virkelige årsak.

Lærerne nyttet tiden til rådslagninger. Det hersket usikkerhet med hensyn til neste skritt. Gjennom paroler og rundskriv ble foreldrene holdt underrettet om situasjonen.

De tyske militære sjefer i byen var mangelfullt orientert om det som skjedde. I en situasjonsrapport het det 8. mars:

«Det er tilsynelatende meget vanskelig på Vestlandet å skaffe de nødvendige ungdomsledere fra NS, slik at ungdomstjenesten virkelig kan gjennomføres.»

Det kan man jo si er en velvillig fortolkning av krisen, skjønt lite smigrende for Nasjonal Samling.

Det gikk rykter om at det blant lærerne var aktivister som ønsket å få istand en streik. Det ville etter andres mening virke provoserende og gi myndighetene påskudd til å gå til hardere straffereaksjoner. Det ble derfor gjort klart gjennom brev til foreldrene at det ikke var lærerne som ønsket noen konflikt.

Ingen av dem ville ha en streik, men håpet å kunne gjenoppta normal undervisning snarest mulig.

Den 20. mars begynte politiet å arrestere lærere over hele landet. Det var stor usikkerhet med hensyn til hvem som kunne vente å bli tatt; man lette forgjeves etter spesielle mønstre i arrestasjonene. Først etter krigen er det blitt klart at det var enkelte NS-medlemmer som laget lister med navn på lærere som burde bli arrestert. Den 4. mars sendte således den nyutnevnte og aggressive NS-rektoren på Bergen Katedralskole et telegram til departementet: «Sender liste over ca. 50 lærere som vi tror kan være modne for jordarbeid.» Noen dager senere het det i et nytt brev fra denne NS-rektor og fylkesleder: «Jeg sender i dag nok en liste over lærere som står mot nyordningen: Det er vel og merke bare *de verste* som ble ført opp, de som vi tror er uhelbredelige og vi derfor mener må fjernes om vi skal kunne komme noen vei i overskuelig fremtid. . .» Denne rektor satt sammen med folk fra statspolitiet opp arrestasjonslister som inneholdt navn på ett hundre og tjue lærere fra Bergen, Hordaland og Sogn.

De som var blitt arrestert ble sendt til Grini søndag 29. mars og deretter til Jørstadmoen, for så å bli transportert via Trondheim til Nord-Norge. Arrestasjonene vakte stor oppmerksomhet internasjonalt, men folk ellers tok det forbausende rolig. Det var som om man var forberedt på at konflikten måtte få et slikt utløp. Nazistene og deres tyske venner kunne bare oppnå noe ved vold og makt – det fikk man atter en gang demonstrert for all verden. De arresterte lærerne var de virkelige seierherrer. Deres holdning ble i høy grad respektert.

Skolene kunne ikke begynne igjen 28. mars slik det opprinnelig var bestemt, dertil var forholdene for usikre. Men det kom i gang atskillig privatundervisning gjennom et utmerket samarbeid mellom lærere og foreldre. Denne improviserte skoleform bidrog ytterligere til å sveise lærere og elever sammen og i dette fellesskap var også hjemmene med.

Mange skoleungdommer samlet seg gjerne utpå formiddagen på «strøket» ved Byparken. Tidens mote krevde «jøssinghår» hos guttene, og klær som også hadde et «antigermansk» preg. Nazistene hånte denne type ungdommer, som nok var en krass kontrast til de militante medlemmer av hird og unghird. I midten av april kom det til slagsmål mellom skoleungdom og hird. Foranledningen var at NS-medlemmer søkte å dele ut propagandamateriell til ungdommene på «strøket». Det ble avvist, og gjensidige provokasjoner førte til kraftige sammenstøt der flere hundre mennesker var innblandet. I flere dager varte denne uroen og politiet hadde store problemer med å dempe gemyttene. I et forsøk på å få slutt på konflikten bestemte skolemyndighetene at de elever som ønsket det, skulle få undervisning ved skolene igjen. Ordningen gjaldt bare de høyere skoler. Guttene skulle møte på Bergen Katedralskole, pikene på Pihls skole. Mandag 20. april om morgenen var det samlet flere hundre skoleungdommer utenfor Katedralskolen. Til sammen 15 elever, beskyttet av hird og politi, meldte seg til undervisning. De måtte finne seg i fy-rop fra mengden utenfor; politiet klarte ikke å splitte demonstrantene og gjorde kanskje heller ikke særlig alvorlige forsøk på det i første omgang. Tilsvarende demonstrasjoner fant sted utenfor Pihls skole da 18–20 jenter kom for å få undervisning der. Det kunne ikke bli tale om å gjenoppta undervisningen på denne måten. Det samlede elevtall ved de høyere skoler i byen var på ca. 35. Kunne Nasjonal Samling ha lidd et bitrere nederlag?

Selv når partiet skrapte sammen det som fantes av lærere, hvorav flere manglet faglig kompetanse, kom tallet ikke opp i over 10. Man regnet på denne tid med at det var til sammen 6–7 NS-folk ansatt i de høyere skoler i Bergen og Fana. Det skal ha vært 11 medlemmer fra Bergen i lærersambandet, mens 424 stod utenfor. Forgjeves averterte byens skolemyndigheter etter lærere og vikarer som ville påta seg et tremåneders engasjement.

I en tale 21. april varslet Terboven at de tyske myndigheter nå ville gripe inn i lærerstriden. Det var samtidig en beskjed til Quisling om at NS ikke hadde maktet å finne noen brukbar løsning. Terboven sa at lærernes holdning tydet på at de ønsket å skape en streikesituasjon. Dermed forstyrret de «den offentlige ro og orden» og truet på den måten tyskernes og spesielt den tyske forsvarsmakts interesser. Saken var derfor ikke lenger et indre norsk anliggende:

«for jeg er nå som før forpliktet til å ivareta og sikre den tyske forsvarsmakts interesser i Norge. At jeg er beredt til å utføre denne plikt med all nødvendig hårdhet og beslutsomhet – det skulle man vel kunne gå ut fra er alminnelig kjent.»

Dette uttalte Terboven bare en uke før han gav ordre om å utslette Telavåg og deportere dem som bodde der. Nei, ingen var i tvil om at saken nå hadde tatt en ytterst alvorlig vending.

«Statsråd» Skancke måtte slå hastig retrett 25. april. I et rundskriv som da ble sendt til alle lærere het det at Norges Lærersamband ikke var noen politisk organisasjon. Det måtte oppfattes som et serviceorgan for lærerne. Alle ble oppfordret til straks å melde seg tilbake til tjeneste ved skolene. Ingen ville bli pålagt noen form for ideologisk forpliktelse som følge av medlemskapet i Lærersambandet. Tidligere rundskriv ble uttrykkelig tilbakekalt. Det var et kompromiss. Lærersambandet eksisterte fortsatt og medlemskapet var obligatorisk. Etter atskillig tvil og interne drøftinger fant den illegale lærerledelse å kunne anbefale at kompromisset ble godtatt. Det var mange som beklaget denne utgang på striden. Aktivister mente at man hadde ofret så meget allerede at det var bedre å stå fast. Andre hevdet at man hadde oppnådd tilstrekkelig resultat. Å fortsette konflikten ville etter all sannsynlighet komme til å kreve ofre som ble meget tunge å bære. Terbovens trusler var uten tvil alvorlig ment; det var i høy grad gått tysk prestisje i saken.

Lærerne i alle skoler la særlig vekt på at Lærersambandet måtte bli uten hver praktisk betydning. Hensynet til ungdommen måtte veie tyngst; man kunne ikke la skoleungdommen gå uten undervisning. I midten av mai begynte skolene i byen – i en underlig atmosfære. Lærerne søkte å unngå alle former for politiske demonstrasjoner på skolenes grunn og påla elevene å vise beherskelse. For å understreke at de ikke hadde kapitulert overfor de nazistiske myndigheter, leste alle lærerne opp likelydende erklæringer i sine klasser da undervisningen tok til igjen etter konflikten. I erklæringen redegjorde de for sin holdning – klart og entydig. NS mislikte sterkt at dette skjedde, men kunne ikke hindre det.

De arresterte lærerne ble værende i arbeidsleiren i Nord-Norge. Det var parole blant skolefolk at ingen søkte stillinger som var blitt ledige ved at en kollega var blitt arrestert. En tilsvarende holdning ble gjennomført også av andre grupper i stat og kommune. Den virket effektivt.

De nazistiske skolemyndigheter samlet NS-elevene på videregående skoler et sted, nemlig Bergen Katedralskole. For folkeskolenes vedkommende var det ikke mulig å gjøre noe tilsvarende. Til Katedralskolen kom også de fleste NS-lærerne etter hvert. Høsten 1942 var det minst 1 NS-elev i hver klasse på Katedralskolen, men til gjengjeld var det ingen på de andre høyere skoler i byen eller i Fana. En NS-lektor som i årrekke hadde vært ved Katedralskolen ble utnevnt til rektor ved Tanks skole og et annet partimedlem ble rektor ved U. Pihls pikeskole. Høsten 1942 ble en av byens skoler stengt, nemlig Lungegården skole. Den aktive NS-rektoren på Katedralskolen, som var formann i skolestyret, la ikke skjul på at han ønsket å bli kvitt den antinazistiske rektoren på Lungegården. Hans drøm var å få nazifisert de høyere skolene i byen og etter hvert sikre at bare ungdom med et positivt syn på den nasjonalsosialistiske ideologi skulle få adgang til videregående utdannelse.

Elevene i folkeskolen og de videregående skoler fikk ingen eksamen i 1942. Forholdene hadde vært for kaotiske både for lærere og elever.

Skoleaksjonen førte til at loven om nasjonal ungdomstjeneste foreløpig ble lagt til side. Aktivister i Nasjonal Samling håpet at den kunne bli satt ut i livet. En overlærer i byen fikk om høsten avskjed fordi han nektet å være manntallsfører for denne ungdomstjenesten. Men i virkeligheten visste NS at det ikke ville ha vært mulig å mobilisere ungdommen for nazismen; et slikt forsøk ville ha utløst kraftigere reaksjoner enn det man allerede hadde opplevd med prestene og lærerne.

Kirken i kamp

Forholdet mellom statsmyndighetene og kirken hadde vært spent gjennom hele 1941. Både NS og tyskerne var klar over at de geistlige var motstandere av «den nye tid» og at de var med på å holde motstandsviljen oppe i sine menigheter. I brev til Kirkedepartementet 15. desember hadde bispene redegjort for kirkens prinsipielle standpunkt i forholdet til statsmyndighetene. Dette brev, som ble kalt «Kirkens orden», kom til å bli en del av grunnlaget for kirkens holdning til okkupasjonsmakten og NS-myndighetene. Både kirken og de ulike trossamfunn var sammen forberedt på at 1942 kom til å bli et skjebneår.

Det ble det i sannhet. Terboven og Quisling valgte i første omgang ut biskop Berggrav som angrepsmål. Da domprost Arne Fjellbu i Trondheim ble meddelt avskjed etter den dramatiske gudstjenesten i Nidarosdomen, måtte det komme til en konfrontasjon. Den 24. februar trådte landets biskoper tilbake – i protest mot at Berggrav var satt i husarrest og Fjellbu avskjediget. Domprostene fulgte biskopene og nedla sine embeter. Fra hele landet strømmet solidaritetserklæringene inn. I løpet av utrolig kort tid var kirkens motstandsfront kommet i åpen kamp med NS-myndighetene. Ved gudstjenesten 1. mars ble det i kirkene lest opp et brev fra biskopene til menighetene. Der ble det redegjort for det som hadde skjedd.

Over hele landet var kirkene overfyllt under gudstjenestene. Salmer og gudsord fikk en helt spesiell betydning under det ytre press som alle følte så sterkt. Mange søkte kirkene for å få rettledning for sin holdning til nazistiske påbud og forordninger. Det ble et særdeles nært forhold mellom prestene og deres menigheter i denne tiden. Folk søkte kirken ikke bare for å få trøst, men for å få styrke til å holde ut.

Departementet kunne bruke brutal makt som sitt våpen.

Prester ble avskjediget, det ble truet og advart. Men ingen ble tilhengere av nazismen av den grunn.

En teolog som var blitt utnevnt til sokneprest i Fana av de nazistiske myndigheter var den eneste NS-presten i Bergen og omegn. Han ble satt til å styre bispe- og domprostkontoret, men ingen tok ham alvorlig i dette embete.

NS-folk innså nok i stor utstrekning at kampen mot kirkens menn var håpløs. Også på tysk hold var man klar over at Quisling og hans regjering var kommet opp i en umulig situasjon. I Bergen vurderte de militære situasjonen slik i februar:

«Den største del av befolkningen står uvilsomt bak de avsatte lærere og biskoper. Man er overbevist om at kirke- og skolespørsmålet kommer til å slutte med at regjeringen gjør et tilbaketog.»

Bergensprestene var utålmodige etter å få til aksjon mot nazistene. En gruppe av dem satte i gang utforming av et protestskriv om hele kirkestriden. Blant ankemålene ble nevnt nazistenes forfølgelse av jødene. Fra Oslo kom det imidlertid underhånden beskjed til gruppen om å vente, fordi det ble arbeidet med en fellesaksjon for hele Kirken. Man var blitt urolig for at bergensprestene skulle sette i gang på egen hånd. Faktisk kom det i gang samarbeid også med prester i Stavanger-området om utformingen av protestbrevet og et utkast ble formidlet videre til Oslo. Også fra Trondheim kom visstnok et utspill av tilsvarende art, uavhengig av det som skjedde i Bergen. Dette er bakgrunnen for det dokument som kalles «Bekjennelsen – Kirkens grunn». Det ble lest opp i alle landets kirker 1. påskedag.

Hyrdebrevet var en sterk kirkepolitisk erklæring, rettet mot de nazistiske myndigheters maktmisbruk. I de fullsatte bergenskirkene var det en høytidelig stemning under opplesningen. Menighetene var sterkt grepet og alle fulgte nøye med i hvert ord som ble sagt.

I punkt for punkt tok kirken avstand fra de nazistiske myndigheters politikk overfor skole, ungdom, hjem og kirke. Ved slutten av opplesningen erklærte så prestene at de nedla sine embeter. Det var en modig handling, som skapte øket respekt for kirkens menn – ikke bare i det okkuperte Norge, men over hele den frie verden. Særlig vel orientert var de svenske avisene om det som skjedde på skole- og kirkefronten i Norge. Med svenske aviser som kilder kom meldingene om nazistenes nederlag over åndsmakten til å gå over store deler av verden. Den ro og verdighet som kirkens menn viste i denne harde tiden, kom til å virke dobbelt sterkt.

Kirkedepartementet fortsatte sin aksjon; det var som om NS-lederne ikke forstod at det var fullstendig tåpelig å forsøke på noen form for tvangsnazifisering av kirken. Den 8. april sendte Kirkedepartementet telegram til alle prester, der det ble sagt at den embetsnedleggelse som «endel prester» hadde foretatt, ville bli betraktet som

> «en opprørshandling rettet mot Norges frihet og selvstendighet. De som på denne måten deltar i denne farlige aksjon, må regne med å bli behandlet deretter. Under enhver omstendighet må den prest som nedlegger sitt embete og deretter får avskjed innen 8 dager ha fraflyttet såvel boligen som distriktet. Å skyte seg inn under samvittigheten i dette tilfelle er utilbørlig . . . I de aller nærmeste dager vil begivenheter inntreffe som bør få avgjørende betydning for den enkeltes standpunkt. Har De allerede nedlagt Deres embete, bedes De innen den 11. d.m. kl. 14, telegrafere hit at De overtar embetet igjen. I motsatt fall må De påregne Deres avskjed i løpet av de følgende dager.»

Det var en nærmest grotesk situasjon som var oppstått. Den desperate tonen i departementets telegram kunne tyde på at NS-myndighetene virkelig var i stand til å begå alvorlige overgrep overfor prestene. Situasjonen ble drøftet på improviserte møter av prestekolleger. I Bergen var det ikke tvil om hva man skulle gjøre; fronten skulle holdes til ytterste konsekvens. Det var ingen som sendte telegram til departementet for å meddele at de angret sin beslutning.

I dagene som fulgte kom også de store kristelige organisasjonene med støtteerklæringer, og det samme gjorde begge de teologiske fakulteter i en fellesuttalelse. Nazistenes nederlag var fullstendig.

Det ble gjort noen usikre forsøk på å utnevne nye geistlige i de ledige embeter. I Bergen fikk man således tre nye prester –

uten utdannelse for embetet og uten de mest elementære forutsetninger for å virke som sjelesørgere og Herrens tjenere. Ganske utilsiktet kom de nye NS-prestene til å stå som levende vitnesbyrd om myndighetenes fallitt. På tysk side konstaterte man i en hemmelig rapport, at slik konflikten hadde utviklet seg var det riktig å si at regjeringen var kommet inn i en «blindgate». Selv i «tyskvennlige kretser», het det i rapporten, mente man at hele aksjonen var kommet for tidlig og at regjeringen burde ha ventet til partiets grunnlag var blitt sterkere.

I hele Bjørgvin bispedømme var det bare 6 av 116 prester som erklærte seg lojale overfor NS. Det var oppstått den situasjon at man fikk to kirker i Norge: en nazistisk statskirke som et tomt skall og en kirke som hadde brutt med staten, men som var mer aktiv og levende enn noensinne.

De nazistiske myndighetene forfulgte de geistlige. Noen ble arrestert, andre forvist fra sine menigheter og atter andre nektet å forlate sitt distrikt. Flere opplevde langvarige trakasserier i form av politiforhør og meldeplikt. Takket være et utmerket kommunikasjonssystem holdt de geistlige hele tiden god kontakt med hverandre.

Da prestene ble avskjediget var det ikke ordnet med noen form for økonomisk hjelp til dem. Fremtredende menn i og utenfor Kirken gikk i gang med en landsomfattende illegal organisasjon som samlet inn midler til dem som var forfulgt. For prestene ble det stipulert et beløp som de skulle ha lov til å ta imot, fra sin menighet eller fra andre som ønsket å hjelpe dem. Hver enkelt prest forpliktet seg til ikke å ta imot mer enn det som var forutsatt. I løpet av en påskehelg og noen få uker var det på denne måten bygget opp en lønnsordning som virket utmerket – på frivillig basis. Det var flere innsamlinger til «prestekassen» – bl.a. var det organisert konserter i byen. Der ble det sunget og spilt og folk betalte gjerne 10 kroner for billetten, fordi inntekten gikk til et godt formål. På tre konserter i 1942 kom det inn 12 000 kroner til prestekassen.

Noen av de avsatte prester talte forøvrig i byens kirker. De stod oppført i avisenes predikantlister uten geistlige titler. De som var særlig i søkelyset holdt seg mer i bakgrunnen for å unngå arrestasjon og forvisning. Men noen hadde også taleforbud og andre visste at de måtte være ytterst forsiktige ved sine offentlige opptredener, fordi de var under oppsikt av nazistene. Under slike forhold var det selvsagt ikke vanskelig å få en antinazistisk menighet i tale.

En gang iblant kom det til friksjoner med de mest aggressive NS-prestene. Men det er antakelig riktig å si at Nasjonal Samling i løpet av høsten forstod at det ikke ville nytte å sette hardt mot hardt. Den fungerende NS-biskop i Bergen ble snart flyttet til Hamar – begrunnelsen var at klimaet vestpå ikke var gunstig for ham. Det var utvilsomt riktig på sin måte.

De tre nyutnevnte prestene innstilte også sin virksomhet i byen.

Nazistisk ordfører

Stillingen var etter hvert blitt uutholdelig for ordfører Asbjørn Stensaker. En helt ukjent Oslo-jurist var blitt utnevnt til ny finansrådmann og den nesten like ukjente NS-fylkesfører ble gjort til fylkesmann (stat og parti i smukk forening). Fylkesmannen og finansrådmannen hadde det til felles at de manglet tilknytning til byen. Det ble antydet at fylkesmannen ikke var utpreget tyskvennlig, og at hans nærvær i byen kanskje skyldtes problemer som var oppstått mellom NS og tyskerne i det østlandsdistrikt han kom fra. Når det ikke ble utnevnt noen bergenser til stillingen, var årsaken først og fremst den at det ikke fantes NS-folk med tilstrekkelige kvalifikasjoner. Dessuten var det atskillig personstrid lokalt i partiet.

Stensaker hadde villet fortsette som ordfører, fordi han mente å kunne tjene innbyggernes interesser best på den måten. Men etter at han var blitt isolert i sin posisjon fra slutten av 1941 var det ikke stort han kunne gjøre. Dertil kom at striden mellom Reichskommissar Terboven og Vidkun Quisling, som man indirekte merket følgene av ved flere anledninger, gjorde det vanskeligere å manøvrere mellom Nasjonal Samling og Dienststelle Bergen. Stensaker hadde et noenlunde tilfredsstillende arbeidsforhold til lederen for Dienststelle, Heinrich Christen. Ihvertfall var det få friksjoner. I midten av mai ble Christen forflyttet til Trondheim og ny sjef for Dienststelle Bergen ble Peter Hütgens, en industrimann fra Essen som var en av Terbovens nære medarbeidere.

Asbjørn Stensaker var rektor på Sydneshaugen skole, der lærerne var meget aktive i kampen mot det nazistiske Lærersambandi februar. Han støttet sine kolleger som avslo å bli med i sambandet, og meldte seg selv ut. Det førte til klager mot ham fra nazistene i byen. Etter dette kunne han ikke fortsette som ordfører. Innenriksdepartementet gav ham avskjed 28. mars, og utnevnte samtidig finansrådmannen til ny ordfører. Dermed var det også skapt klarere linjer; hele toppskiktet i kommune og fylke var NS-folk.

Slik hele nyordningen kom til å virke, var det lite en ordfører og en fylkesmann kunne utrette på egen hånd etter februar 1942. Fra Innenriksdepartementet og andre regjeringskontorer kom en jevn strøm av direktiver, forordninger, pålegg og rundskriv som i detalj regulerte kommunestyret og fylkesadministrasjonen. Den enkelte ordfører kunne nok i noen grad ta initiativ, men neppe i viktigere spørsmål. Alt måtte godkjennes fra sentraladministrasjonen.

De nazister som var kommet i ledelsen av fylket og kommunen gjorde seg lite gjeldende i det lokale miljø. Forholdet mellom fylkesmannen og ordføreren var ikke særlig godt, og ingen av dem viste politisk aktivitet i en slik grad at det ble noe stort problem. Begge forble temmelige anonyme i sine stillinger.

Det var derimot en vesentlig fordel for befolkningen at administrasjonen var utpreget antinazistisk. De kommunale funksjonærene hadde som nevnt allerede i 1941 gått i spissen i den nasjonale holdningskamp. Denne linje ble fortsatt. Ytterst få kommunale funksjonærer var medlemmer av NS og bare i liten utstrekning ble det ansatt nye, rekruttert fra partiet. Nasjonal Samlings forskjellige forsøk på å føre streng kontroll med kommunefunksjonærenes politiske holdning kunne av ulike grunner ikke gjennomføres.

Enkelte NS-folk og andre som var velvillige til «den nye tid» ble ansatt, selv om det var åpenbart at de manglet faglige kvalifikasjoner. Men denne praksis var ikke særlig merkbar i 1942.

Abwehr, SIPO og SD

Tysk etterretnings- og overvåkingstjeneste hadde allerede før krigen en høy faglig standard. Den militære sikkerhetstjeneste – Abwehr – ble ledet av Forsvarets Overkommando i Berlin. Sterkt forenklet kan man si at hovedorganisasjonen var inndelt i tre avdelinger: I som arbeidet med spionasje, II med sabotasje og III med kontraspionasje. Avdeling I og III var inndelt i seksjoner som tilsvarte de enkelte våpengrener – marine, hær og luftvåpen – foruten at det var en seksjon for økonomiske spørsmål. I hvert av de okkuperte land ble det opprettet en tjeneste som i det vesentlige var organisert etter det samme mønster. I Norge lå hovedkvarteret i Oslo.

Under selve invasjonen i Norge i april 1940 ble Abwehr gitt instruksjoner fra Stettin og Hamburg. En «Einsatzkommando» ble tidlig opprettet i Oslo og underlagt Stettin, mens et annet kontor, nemlig Bergen, ble ledet av Abwehr i Hamburg. I løpet av sommeren ble begge disse første Abwehrkontorene oppløst og erstattet av en permanent organisasjon. Den ble ledet av en såkalt *Abwehrstelle* i Oslo. Under dette fikk man underkontorene – *Nebenabwehrstellen* – flere steder. Mens hovedkontoret i Oslo ble forkortet *Ast,* kaltes kontoret i Bergen for *Anst* (egentlig forkortelse for *Abwehrnebenstelle*). Også i Trondheim og Tromsø ble det opprettet *Anst,* mens forskjellige *Aussenstellen* ble plassert andre steder – bl.a. i Førde, på Voss, i Haugesund, Stavanger og Kristiansand. De var underlagt Anst i Bergen. Underkontorene i Ålesund og Kristiansund var under ledelse av Anst i Trondheim.

Hele Abwehrs virksomhet var omgitt med stor hemmelighetsfullhet. Noen av tjenestemennene brukte uniformer til daglig, mens andre var i sivil. De hadde militær utdannelse og i Norge var det et særlig sterkt innslag av marineoffiserer. Flere av dem talte norsk eller dansk noenlunde flytende.

Abteilung I (med spionasje som hovedoppgave) hadde folk i Norge i god tid før 9. april 1940. Deres arbeid ser ut til å ha vært særlig konsentrert om skipstrafikk og handelssamkvem, foruten at de har hatt interesse for den virksomhet briter og franskmenn drev på norsk område. Flere tyske spioner var under overvåking av norsk politi fra 1939 og utover. Enkelte var blitt grepet av politiet, bl.a. satt tre mann arrestert for spionasje i Bergen kretsfengsel i april 1940.

Så vidt man vet ble det sendt tyske spioner fra Norge til Storbritannia sommeren 1940. De var bare gitt kortvarig trening og hadde til oppdrag å være på plass når tyske styrker gjorde invasjon om høsten. Det er antatt at det også kan være sendt tyske spioner fra nord-norsk område til Sovjetunionen i god tid før det tyske angrepet i juli 1941.

Den tyske forsvarsledelse innså at motstandsarbeidet i Norge fikk et slikt omfang at Abwehr måtte styrkes. Derfor ble det lagt mindre vekt på Avdeling I som drev spionasje, og større vekt på Avdeling III. Men spionasjekontoret sendte 5. juli 1941 en norsk agent til Storbritannia fra Bergen. Han drog avgårde sammen med to andre i en liten motorbåt og kom vel frem. Britene gjennomskuet ham imidlertid og internerte ham for resten av krigen. De to andre satt internert i seks måneder, til det ble godtgjort at de ikke hadde visst om at tredjemann var tysk spion. Kontoret fikk også sendt en nordmann til Skottland noe senere; en agent som ble droppet med fallskjerm. Også han ble oppdaget. Det fremgår av tyske dokumenter at det var tyske agenter i Skottland under krigen og at Abwehr mottok meldinger fra dem. Også til Sverige ble det sendt norske Abwehrfolk under krigen; i 1942 ble flere slike arrestert av svensk politi.

Den viktigste avdelingen tok seg av kontraspionasje. Allerede tidlig ble det knyttet nordmenn til denne virksomhet. De første kom i tjeneste i mai 1940. De fikk til dels utdannelse av sine oppdragsgivere og hadde naturligvis fast lønn. Hvor mange nordmenn som var i Abwehrs tjeneste i Norge vet man ikke. Det er neppe urimelig å anta at det samlede antall for alle tjenesteformer kan ha vært 250–300 mot slutten av krigen. Etter kapitulasjonen holdt de tyske Abwehrfolk tett med hva de visste; det var bare i forbindelse med allerede kjente agenter at de var villige til å uttale seg.

Anst i Bergen kom i gang i siste uke av april 1940. Det midlertidige kontor ble da ledet av Korvettenkapitän Herman Bode, som visstnok var kommet til Norge allerede høsten 1939 som representant for tyske fiskeimportører. Han ble ved utgangen av 1941 etterfulgt av major Nicholas von Grothe. Avdeling III i Anst Bergen var meget aktiv. Det ble satt inn flere nordmenn i arbeidet med å kartlegge Nordsjøtrafikken og alle former for etterretningsvirksomhet. Når man fant noe mistenkelig, og det var ikke alltid like vanskelig, ble vanligvis også tysk sikkerhetspoliti koblet inn i saken. Anst avdekket illegal virksomhet, men foretok ikke den politimessige etterforskning. Tyske soldater hadde en stående ordre om å rapportere alle mistenkelige forhold. Slike rapporter ble så tatt hånd om av Anst.

Abwehr nyttet mange metoder i arbeidet med å avdekke illegal virksomhet. Det ble for eksempel opprettet et agenturfirma som gav norske Abwehragenter en tilfredsstillende dekkadresse. Firmaet skapte også naturlige muligheter for reisevirksomhet, slik at agentene kunne komme ut i distriktene for å skaffe greie på hva som foregikk. Og kom de i prat med folk, og selv lot det skinne igjennom at de drev med litt illegal virksomhet, var det utrolig hvor meget de kunne få ut av slike tilfeldige kontakter. I 1942 opprettet Anst endog et eget skipsrederi i Bergen. En av dem som var med i rederiet var Abwehragent, mens de andre visstnok var uvitende om dette forhold. Det ble kjøpt en mindre båt, der Abwehrmannen tok hyre og på den måten skaffet seg et sikkert alibi for sine mange reiser i kystdistriktene.

Nordmenn i Abwehrs tjeneste samlet også inn opplysninger om befolkningens holdning og politiets innstilling. Slike informasjoner tjente som grunnlag for de «stemningsrapporter» som regelmessig ble utarbeidet for den militære og politiske ledelse. En norsk Abwehrmann organiserte i februar 1942 et nett av såkalte «Vetrauensleute» som skulle rapportere til Anst i Bergen. Hovedkontoret for denne virksomhet var da på Nygård skole, men Anst hadde også kontorer andre steder i byen. (Et av de mest nyttede treffsteder var et kontor i Murhjørnet). Noen av de agentene som ble vervet fikk utdannelse som telegrafister. Denne utdannelsen foregikk dels på Nygård skole, dels i et hus like i nærheten. Agentene fikk fast månedslønn og hadde en kvote tobakk og brennevin hos sine tyske oppdragsgivere. Det forekom en del alkoholmisbruk, og fra tysk side var man stundom engstelig for at noen av nordmennene skulle røpe hva de var med på. Flere av agentene, fremfor alt en islandsk statsborger som ble vervet høsten 1940, var dyktige og kom til å gjøre stor skade for motstandsbevegelsen. I alle de store arrestasjonsbølgene på Vestlandet frem til 1943 var angivere med. De farligste hadde klart å infiltrere motstandsgrupper, en virksomhet som Abwehrfolk kalte å delta i «Hauskapelle».

«Vertrauensleute» var mer ufarlige, ja, noen av dem som etter krigen måtte stå til rette for sin virksomhet, hevdet endog at de hadde tjent norske interesser ved sine stemningsrapporter. Det er antatt at det ved utgangen av 1942 var mellom 20 og 30 personer rundt om på Vestlandet som arbeidet som Vetrauensleute for Anst Bergen. Hovedmannen for «foreningen» (som han selv kalte tjenesten) var en nordmann. Han sørget for å få en hovedmann i Ålesund og en i Stavanger. I mars 1943 ble han etterfulgt i Bergen av en tysker med gode norskkunnskaper.

Det tyske sikkerhetspoliti (SIPO) og sikkerhetstjenesten (SD) ble i Norge ledet av *SS Obergruppenführer und General der Polizei,* Wilhelm Rediess. Både SIPO og SD var underordnet *Reichssicherheitshauptamt* i Berlin, der Reinhard Heydrich var sjef. Heinrich Himmler var *Reichsführer SS und Chef der Deutschen Polizei* – altså den aller øverste leder.

Kriminalpolitiet (Kripo), det hemmelige statspoliti (Gestapo) og sikkerhetstjenesten (SD) ble samordnet til SIPO og SD under en felles sjef, nemlig den person som hadde tittelen *Höherer SS und Polizeiführer.* I Norge var det Wilhelm Rediess.

Gestapo var den største avdelingen i SIPO. I månedsskiftet april–mai 1940 var nesten 200 mann kommet til Norge og ble da fordelt til sine respektive «Einsatzkommando» – hvorav Bergen var en. Lederen for kontoret i Bergen hadde tittel av *Kommandeur der Sicherheitspolizei und des SD (KdSuSD).* Hans distrikt omfattet Bergen, Hordaland og Sogn og Fjordane. Under ham var det *Aussendienststellen* i Odda, Høyanger, Årdalstangen og Florø. SIPO og SD var organisert i flere avdelinger. Den enkelte avdeling var oppdelt i såkalte *Referate* eller kontorer. Gestapo var avdeling IV. Blant Gestapos kontorer fant man noen som tok seg av telefonavlytting, noen administrerte fengsler og fangeleirer, foretok avhør og andre som bekjempet motstandsbevegelsen osv.

Forholdet mellom Abwehr og SIPO var ikke godt og motsetningene gjorde seg gjeldende også på det lokale plan. Som regel trakk SIPO det lengste strå når det oppstod strid. Det var Gestapo som ble tyskernes sterkeste våpen mot de okkuperte folk. Det var SIPO-menn som først og fremst terroriserte befolkningen gjennom sine brutale metoder. Abwehr opptrådte i hemmelighet og hovedsakelig mot militære motstandsgrupper.

Det var mange nordmenn også i SIPO's tjeneste – dels som tolker, sjåfører og kontorassistenter, dels som saksbehandlere på lavere plan. SIPO gjorde også bruk av nordmenn når det gjaldt å infiltrere motstandsarbeidet.

Det vanlige tyske feltpoliti opptrådte først og fremst overfor tyske militære, men det hendte at det ble satt inn i aksjoner mot nordmenn. Det fantes også et hemmelig feltpoliti – *Geheime Feldpolizei (GFP)* – som skal være nyttet hvor det var frykt for sikkerhetspolitiske planer rettet mot tyske militære installasjoner.

Det var forøvrig et nært samarbeid mellom tysk politi og det nazistiske norske statspoliti, som i praksis var helt underordnet tyskerne.

Motstand og motgang

Krigen gikk ikke slik Hitler hadde håpet. Riktignok hadde japanerne fremgang i Det fjerne østen og de allierte opplevde bitre nederlag. Men på østfronten viste det seg at den tyske hær hadde undervurdert sine motstandere og farene ved den russiske vinter. Det ville ikke bli noen rask avgjørelse på krigen.

I hele det okkuperte Europa merket tyskerne en voksende motstandsbevegelse. Ikke noe folk hadde frivillig villet slutte opp om de tyske krigsmål. Den nazistiske propaganda lanserte to motstridende påstander samtidig: Det ble sagt at Tyskland seiret på alle fronter og man fikk vite at «bolsjevismen» var en fryktelig trusel. Den sterke motstand mot de tyske okkupanter vitnet om at nasjonalsosialismen ikke kunne seire over Europas folk. For ledende tyskere var motstanden lettest å forklare ved å vise til at den var inspirert fra Sovjetunionen eller vestmaktene. Radiosendingene fra London og agenter som i hemmelighet ble sendt over Nordsjøen var hovedårsakene til motstanden i Norge. Det var den offisielle propagandaversjon.

Den britisk-norske aksjonen i Lofoten og Måløy mot slutten av 1941 skapte opphisselse på tysk side. Hitler fryktet – nå som tidligere – alliert invasjon i Nord-Norge. Det ville gjøre det lettere for vestmaktene å føre frem forsyninger til russerne i nord. Derfor gav han ordre om økt fart i utbyggingen av forsvaret av Norge, bl.a. kystfestningene på Vestlandet og i nord. Tyske slagskip ble sendt til Norge, der de til dels ble liggende uvirksomme. Også soldater og materiell ble ført hit, på et tidspunkt da det kunne vært god bruk for sterkere innsats ved fronten i øst. Nettopp fordi norsk område i Hitlers øyne hadde fått økt strategisk betydning, ble tiltakene mot alle former for motstand skjerpet.

Reichskommissar Terboven mislikte rapporter om at nordmenn var blitt oppmuntrert av det som hendte i Lofoten og i Måløydistriktet. 13. januar utstedte han en forordning om «straff for forræderi og løftebrudd». Norske offiserer hadde vært med i aksjonene. De hadde dermed «glemt ærens bud» het det, og «gjort seg skyldige i et løftebrudd som savnet ethvert sidestykke. En slik handling kan ikke gå ustraffet hen». Terboven besluttet at tidligere aktive offiserer i de norske spesialvåpen, marine og flyvåpen skulle settes i fangenskap. Det var bare noen få fra Bergen blant de ca. 125 offiserer som etter et kort opphold på Grini ble sendt videre til leiren Schokken øst for Stettin.

Men 1942 skulle komme til å bli et hardt år for alle motstandsfolk på Vestlandet. Den 9. januar 1942 dømte den tyske feltkrigsretten tre bergensere til døden for å ha prøvd å komme over Nordsjøen i oktober året før. Alle forsøk på å få dem benådet strandet, og 28. januar ble Gustav Gjertsen, Alfred Offerdal og Mons Rasmussen skutt i Gravdal. Den 16. januar ble fenrik og revisor Harald Martin Skjold fra Fana dømt til døden av den samme rett. Han hadde tidlig hatt kontakt med etterretningstjeneste, men ble arrestert i juni 1941 for å ha drevet antinazistisk agitasjon blant tyske militære. Den 26. januar ble han skutt på Kvarven etter at den tyske øverstkommanderende i Norge hadde avslått søknad om benådning fremsatt av hans forsvarer. Dagen før ble to sjømenn fra Bergen og Laksevåg, Aage Johansen og Johan Martin Hansen skutt i Trondheim sammen med Hjalmar Molvær fra Ålesund. De tre var arrestert i mai 1941 under et forsøk på å komme til Storbritannia. Den 12. februar ble tre bergensere henrettet i Gravdal etter å ha blitt dømt ved den tyske feltkrigsretten i Bergen. Det var Ingvald Iversen, Charles Johnsen og Lars Svanevik. Også de var anklaget for å ha forsøkt å komme over Nordsjøen.

Med slike dommer regnet tyskerne med å kunne skremme andre nordmenn fra å ta seg over til Storbritannia. «Die Norweger haben Angst vor Repressalien und hüten sich deshalb, für die Engländer einzutreten», skrev Joseph Goebbels i sin dagbok den 27. januar 1942. De tyske militære ledere i Bergen var av en annen oppfatning. Abteilung Ic ved 69. Inf.Divisjon mente at straffene i byen kunne føre til at «befolkningens hat vil øke og at i tilfelle kamphandlinger i Bergen vil en større del av befolkningen uoppfordret yte britene hjelp».

Når tallet på Nordsjøfarere gikk sterkt ned i begynnelsen av året hadde det sammenheng med at været var usedvanlig dårlig. Men også det faktum at den viktigste eksportgruppen var sprukket eller kom i søkelyset gjorde at tallet sank. Christopher Brun, som helt fra sommeren 1940 hadde spilt en sentral rolle i motstandsarbeidet i Vest-Norge, ble arrestert 30. januar. Det tyske politi ante nok at han var en mann med kontakter i motstandsgruppene, men anholdt ham for en mindre ting. Han røpet ikke noe om sin virksomhet. Det meste av 1942 ble han holdt fengslet i Oslo, senere kom han på Grini. I juli 1944 ble han sendt til Tyskland som NN-fange. Han døde i Dautmergen i nærheten av Stuttgart noen måneder før krigen var slutt. Også en annen av motstandspionerene i byen ble tatt i januar, nemlig Niels Henrik Kolderup. Arrestasjonene av disse to førte til at Birger Larssen ble leder for gruppens etterretningsvirksomhet, og for arbeidet med å bringe folk i sikkerhet i Storbritannia.

En av de mest aktive etterretningsgruppene i byen på denne tid var *Theta,* der Jan Dahm var en sentral person. Hovedoppgaven var å samle opplysninger om alle skipsbevegelser langs kysten. Flere viktige observasjoner ble gjort, og meldinger sendt til London. *Theta* hadde flere ganger besøk av menn fra Storbritannia. Sendingene foregikk fra forskjellig steder, men gruppen hadde innredet et hemmelig «hovedkvarter» på Bryggen. Der var fullt senderutstyr, våpen osv. *Theta* hadde kontakter med observatører blant annet på hurtigruteskipene. Det ble rapportert til det britiske admiralitets etterretningskontor, og *Theta* fikk sine instrukser derfra.

Tidlig på våren ble det sendt en del våpen og militært utstyr fra Shetland til spesielle mottagere langs kysten. Både *Special Operation Executive (SOE)* og *Special Intelligence Service (SIS)* var aktive – delvis nyttet de samme kontakter i Norge. Det hadde vært motsetninger mellom norske og britiske myndigheter i London om dette. Den 10. juni 1941 laget det hemmelige militære «Råd» i Norge et brev til «Hans Majestet Kongen gjennom den norske kaptein på Shetlandsøyene», der det ble opplyst at arbeidet var i gang med Milorg. I brevet var det understreket at man ikke ønsket våpen på dette tidspunkt, og at det prinsipielt var best at våpen først ble sendt til landet umiddelbart før de skulle brukes. Det het videre i brevet at sabotasjehandlinger måtte motarbeides på det kraftigste, fordi de bare ville skjerpe fiendens oppmerksomhet og hemme arbeidet med å organisere Milorg. SOE svarte på brevet i et direktiv datert 17. april. Her ble det slått fast at våpen ville bli sendt inn i løpet av vinteren 1941–42 og at det kunne vise seg ønskelig med sabotasjeaksjoner i visse tilfeller. Det ble uttrykkelig nevnt at det kom til å bli gjort sabotasje av grupper som var spesialutdannet i Storbritannia. Det ble senere kjent at dette direktiv overhodet ikke var forelagt den norske regjering i London.

Den militære motstandsledelse i Norge fikk i løpet av 1941 et langt bedre forhold til regjeringen i London og den gjensidige tillit ble styrket. Men samarbeidet led av store svakheter. For det første var kommunikasjonene dårlige. Det gjorde at meningsutveksling tok lang tid. For det annet var man i London usikre på hva motstandsledelsen i Norge hadde satt seg som endelige mål, dvs. om man her stod overfor en gruppe som næret ønsker om å overta også den politiske makt etter frigjøringen. På den annen side var mange motstandsledere i Norge i tvil om regjeringens holdning egentlig var sterk nok. Det var enkelte som syntes at for meget hadde sviktet i mars–april 1940. Forøvrig hadde Forsvarets Overkommando og Milorg-ledelsen ulike meninger om mål og midler i den militære motstandskamp. Og endelig var det en svakhet at Milorgledelsen ikke hadde kontroll over alle motstandsgrupper på den militære siden i Norge. Det eksisterte grupper og organisasjoner som så med den største skepsis på sentraliseringen. Derfor unnvek de kanskje et direkte samarbeid med dem som søkte å nå dem med et tilbud. Et slikt utvidet samarbeid stred nettopp mot den idé gruppen satset på, nemlig å kunne være en mest mulig selvhjulpen enhet som stod klar når invasjonen vestfra kom.

De første årene hadde man voksende problemer i forholdet mellom norske myndigheter i London, den militære motstandsledelse i Norge og britene. Det skyldtes først og fremst de britisk-organiserte aksjonene i Norge som SOE og SIS satte i gang. Britene sendte agenter til Norge uten å varsle norske myndigheter og uten at norske motstandsledere ble orientert. Dels drev agentene etterretningsvirksomhet, og dels organiserte de norske grupper som skulle drive slik virksomhet for dem. Agentene brukte norske båter og norske kontakter. SIS og SOE holdt ikke hverandre underrettet om sine respektive operasjoner, noe som førte til at de to tjenestene delvis nyttet samme kontakter i Norge. Vanskeligere ble det naturligvis når SOE-agenter gikk i gang med instruksjon i våpenbruk og organisering av motstandsgrupper som disponerte våpenlagre. De tiltakene som britene organiserte kunne komme i kollisjon med arbeid som allerede var i gjenge i Norge. Det skapte forvirring og øket i høy grad faren for å bli oppdaget av Gestapo og Abwehr.

Norske motstandsledere advarte mot forholdene. Britene ledet sin virksomhet direkte fra London eller fra Stockholm. De hadde like til utgangen av 1942 den oppfatning at den militære motstandsbevegelse i Norge ikke burde sentraliseres. Det ble nevnt i en rapport fra en av britenes ledere at det ville være særlig uheldig om ledelsen ble lagt til Oslo, fordi man i hovedstaden ikke syntes å ha tilstrekkelig motstandsevne.

Utpå høsten 1942 kom det imidlertid til bedre samarbeid. Det skyldtes kanskje først og fremst at SOE-agenter da hadde opplevd alvorlige nederlag, som igjen hadde gått hardt utover den norske motstandsbevegelse. I det ene distriktet etter det andre hadde det skjedd uhyggelige opprullinger av motstandsarbeidet. Mange hundre var blitt arrestert og et stort antall hadde mistet livet.

Samordningen førte til at britene innordnet sin virksomhet – i det alt vesentlige – under norsk ledelse.

En av de SOE-gruppene som kom til Vestlandet våren 1942 var *Mallard* (Villand). Den skulle operere i Bergensdistriktet og bestod av to mann – Erling Marthinsson og Christian Fasting Aall. De ble landsatt 8. april på Melvær i Bulandet. Tre uker senere sendte Marthinsson sin første melding fra Nottveit i Osterfjorden.

Abwehr og SIPO kjente til at det foregikk illegal virksomhet både i byen og distriktene. De visste at folk kom fra Storbritannia og at det ble organisert reiser fra Norge til Shetland. De visste også at det var radiosendere i virksomhet og hadde ingen grunn til å tvile på at det ble drevet etterretningsarbeid. De registrerte et stigende antall mystiske overflyvinger i 1942 og ante at dette hadde sammenheng med illegal virksomhet. De første slipp over norsk område hadde funnet sted på Sørlandet natten mellom 2. og 3. januar 1942, da to mann landet med fallskjerm.

Tidlig på våren skjerpet tyskerne vaktholdet langs hele Vestlandskysten. All skipstrafikk ble kontrollert meget nøye, tallet på vaktbåter økte og alle skip måtte gå inn til spesielle kontrollstasjoner. I flere perioder var all skipstrafikk forbudt om natten. Abwehr satte inn flere folk i Bergensområdet. Tyskerne fryktet at det ble truffet forberedelser til en britisk invasjon i Norge. Det gikk mange slags rykter om en slik landgang; også norske motstandsfolk forberedte seg faktisk til innsats nettopp denne våren.

En norsk Abwehr-agent drev jakt på motstandsfolk i indre Hardanger. Han hadde hell med seg og 19. februar gjorde tysk politi en større rassia i Odda. Mange ble arrestert og det ble funnet et våpenlager fra 1940. Gruppen hadde også visse forgreninger til Bergen.

Ved et tilfelle kom noe senere en norsk statspolitimann i sivil i kontakt med noen som røpet at det fra Telavåg kunne være mulig å få skipsleilighet over Nordsjøen. Tysk politi ble varslet og valgte å slå til med en gang. Lørdag 25. april om kvelden reiste en gruppe SIPO-folk fra Bergen. Tidlig søndag morgen gikk de til aksjon. I et av husene fant de to norske SOE-agenter som var kommet fra Storbritannia noen dager i forveien. Under skuddvekslingen ble den ene nordmannen drept og den andre såret. De to SS-offiserene som ledet politiaksjonen ble drept.

Tyskerne fant snart bevis for at Telavåg hadde vært base for Nordsjøtrafikk. Nå tok de hevn. Reichskommissar Terboven som var stemt for en vesentlig hardere linje i forholdet til nordmennene kom omgående fra Oslo. Han inspiserte Telavåg og var i byen da de to SS-offiserene ble gravlagt 30. april under utfoldelse av et pompøst militært sørgeseremoniell. Nøyaktig på samme tidspunkt som begravelsen fant sted ble 18 nordmenn henrettet på Trandum. De var blitt tatt etter angiveri i Ålesund under forsøk på å komme til Storbritannia.

Terboven bestemte at hele Telavåg skulle ødelegges og jevnes med jorden. Alle som bodde der ble ført bort som fanger. Først hadde de måttet se på at husene deres ble sprengt og brent. Samtlige menn mellom 16 og 60 år ble kort tid senere sendt til Sachsenhausen konsentrasjonsleir utenfor Berlin. Av de 72 som ble sendt, kom bare 41 tilbake da krigen sluttet. Kvinner, barn og eldre ble holdt internert på Framnes ungdomsskole i Nordheimsund resten av krigen. SOE-agenten som ble hardt såret og mannen som eide huset hvor han ble funnet, ble begge skutt på Trandum. Det var den grusomste gjengjeldelsesaksjon tyskerne gjennomførte i Norge.

Fra Telavåg førte spor til andre som drev motstandsarbeid.

På Bulandet ble det funnet våpenlagre. Ifølge tyske oppgaver ble det oppdaget 190 kasser med våpen og ammunisjon, foruten 270 kasser med håndgranater og sprengstoff. Tysk politi arresterte i første omgang 11 kvinner og menn som de mente hadde hatt kjennskap til lagrene. Men arrestasjonsbølgen rullet videre. Abwehr og Gestapo fant motstandsfolk, selv hvor sporene var usikre og svake. De arresterte heller 25 for mange enn 1 for lite. Oppdaget de en eller annen mistenkelig virksomhet et sted sørget de for å arrestere og avhøre en omfattende krets. Denne metoden viste seg å være ganske effektiv. Folk som ble eksaminert av de brutale og rutinerte Gestapo-folkene kunne lett komme til å røpe en liten og tilsynelatende uviktig detalj, nevne et navn e.l. Når de små bitene så ble lagt sammen kunne tyskerne under forhøret av de hovedmistenkte lett gi inntrykk av at de visste mer enn de faktisk gjorde. Den 1. juni ble også de to *Mallard*-karene tatt. De hadde holdt til på Otterstad seter i Modalen. Deres venner i byen hadde i siste liten gjort et forsøk på å advare dem og få dem bort, men kom dessverre for sent. Erling Marthinsson hadde en dødsdom fra før.

Også *Mallards* kontakter i distriktet ble arrestert. Flere av dem ble torturert. Lærer Lars Nødtveit døde på Grønnestølen feltsykehus 7. juni etter mishandlingen.

Flere hundre kvinner og menn ble arrestert i byen og i distriktene denne sommeren og høsten. Mange av dem hørte til de beste og mest aktive i motstandsbevegelsen. Det gikk bl.a. hardt ut over eksporttjenesten, som hadde hatt tunge tap tidligere. Båttrafikken over Nordsjøen hadde vært organisert fra Bergen, og utseilingene foregikk på strekningen fra Ålesund til Haugesundkanten. En båt – Fram – som var gått fra bergensområdet, ble i begynnelsen av mai stoppet av tysk politi ved Solund. De fire karene om bord ble arrestert.

To av de viktigste kontaktstedene var i Sunnhordland, nemlig Sunde og Bremnes. Særlig det siste stedet hadde hatt stor aktivitet. Nå ble det stans – i hvert fall for en stund. En rekke nøkkelpersoner ble arrestert, mens andre i siste liten klarte å komme seg i sikkerhet. Lederen for eksporttjenesten kom seg til Storbritannia i siste øyeblikk. Flere av dem som ble tatt denne sommeren i forbindelse med eksporttjenesten omkom i tyske fangeleirer.

En av de etterretningsgruppene som delvis ble lammet på denne tid hadde holdt det gående siden august 1940. Den hadde flere kontakter på Vestlandet og i Oslo. I tillegg til rene etterretningsoppgaver hadde gruppen også organisert forsyningslagre flere steder på Vestlandet til bruk for Milorg. På denne tiden var det ennå vanlig at motstandsgrupper drev med ulike virksomheter. Sommeren 1941 var en kjerne skilt ut fra hovedorganisasjonen. Denne lille gruppen – CX – konsentrerte seg utelukkende om etterretning. Ingen av medlemmene skulle være med på noen annen form for illegal aktivitet eller delta i protestaksjoner. I tillegg til innsamlingen av opplysninger om tyske militære enheter og installasjoner, skulle noen av gruppens forbindelser som arbeidet i distriktene trenes opp som kjentmenn. Tanken var at de skulle kunne gi invasjonsstyrker detaljopplysninger – i den utstrekning det ble behov for det. Disse kjentmennene fikk streng beskjed om å unngå kontakt med militære, illegale grupper i sine områder. De skulle heller ikke selv ha våpen eller annet militært utstyr.

Det ble lagt stor vekt på hemmeligholdelse. Selv ved den mest inngående husundersøkelse måtte det bli umulig for tysk politi å finne noe som kunne belaste gruppens medlemmer. Navn, adresser og telefonnummer måtte aldri noteres, og alle reiser i distriktet skulle være dekket av plausible legale oppdrag.

Takket være sine omhyggelige sikkerhetstiltak og gode forbindelser klarte CX å skaffe store mengder interessante data om tysk festningsbygging på Vestlandet og om tallet på tyske militære styrker. En del av materialet ble sendt med kurer til London – som mikrofilm. Annet stoff ble sendt over radio foruten at det var kontakt til Gøteborg via kystfartøy. I april 1942 fikk imidlertid gruppen visse indikasjoner på at den tyske kontraspionasje hadde mistanke om det etterretningsarbeid som pågikk. Det ble nemlig oppdaget at det på en tegning som var fremskaffet over festningsanlegget i Os-området var visse ukorrekte angivelser. Gruppen fikk ikke tegningen til å passe med de opplysninger den allerede satt inne med. Mistanken om at den tyske tegningen var «plantet» av kontraspionasjen vokste, også fordi det forelå andre indikasjoner på at Abwehr hadde klart å infiltrere en del av motstandsbevegelsen i bergensområdet.

Den 25. juni slo tysk sikkerhetspoliti til mot flere motstandsgrupper i byen. Det var da gjennom lengere tid samlet inn opplysninger, og enkelte personer var blitt effektivt skygget av Gestapo. Femten medlemmer av en gruppe ble arrestert omtrent samtidig, blant dem var det flere som tilhørte CX-gruppen. I de følgende uker ble andre tatt, til sammen om lag 50 mennesker. Det ble senere klarlagt at tyskerne hadde hatt mistanke til enkelte i denne kretsen i nesten et år, og metodisk hadde de arbeidet med å samle beviser og navn.

Arrestasjonsbølgen rammet også menn som tilhørte andre grupper, bl.a. *Theta*. I Gestapos hovedkvarter i Veiten ble flere av dem som var tatt, utsatt for langvarige forhør med tortur. En av de arresterte, Finn R. Sunde, tok sitt liv 15. oktober etter den bestialske behandling han fikk. Blant de 40 som var tatt i denne saken, var det 8 som omkom i fangeleirer i Tyskland. Abwehr visste atskillig, og SIPO presset fangene med alle midler for å skaffe frem ytterligere opplysninger. På denne tid var kampen skjerpet mot alle former motstandsarbeid over hele det okkuperte Europa. Attentatet mot Heydrich i Praha 27. mai hadde ført til de mest brutale reaksjoner mot opposisjonelle – Gestapo og tysk sikkerhetspoliti intensiverte den nådeløse jakten.

De fleste som var blitt tatt fra CX-gruppen og dens hovedorganisasjon ble utpå sommeren sendt til Ulven. Derfra klarte forøvrig noen av dem å få kontakt med folk utenfor leiren, slik at det ble utvekslet viktige informasjoner om situasjonen. Gestapo fikk aldri full oversikt over organisasjonenes arbeid, men samlet mange tråder som delvis krysset hverandre. Det var derfor vanskelig for folk som arbeidet illegalt å vite hvor omfattende opprullingene kom til å bli. På denne bakgrunn er det nesten utrolig at arbeidet med å omorganisere CX-gruppen i Bergen, ble igangsatt allerede få uker etter de første arrestasjonene. I august fikk den nye etterretningsgruppen betegnelsen ØMA. Den hadde direkte kontakt til den sentrale ledelse for etterretningsarbeidet i Oslo – med kanaler videre blant annet til det norske etterretningskontor i Stockholm.

De av *Theta*-gruppens medlemmer som unnslapp Gestapo i slutten av juni fikk beskjed om å nedlegge stasjonen og forlate landet. Lederen drog sammen med to medarbeidere til Sverige. De kom etter en dramatisk tur til grensen i fjelltraktene i Nord-Trøndelag. Kort tid senere var de i London. Andre av gruppens folk kom seg til Shetland med båt.

Ut på høsten forberedte *Theta*gruppens norske leder seg på å reise tilbake til Bergen. Men før han drog, kom meldingen om at gruppens «hovedkvarter» på Bryggen var oppdaget av tyskerne. Abwehr og tysk sikkerhetspoliti hadde gjennom lengere tid hatt mistanke om at det foregikk illegale ting på Bryggen. Den 17. oktober om morgenen ble hele området avsperret av en styrke på 319 soldater under ledelse av 7 offiserer. I tillegg til disse kom tysk feltpoliti, folk fra Gestapo samt en del norske statspolitifolk. Ved en ren tilfeldighet kom noen av soldatene til å oppdage det hemmelige rommet, «kafeen», som *Theta* hadde innredet i en av gårdene. «Kafeen» inneholdt illegalt utstyr, bl.a. sendere, radiomottagere, sprengstoff og noe våpen. Etter denne rassiaen måtte *Thetas* folk bli i utlandet, i hvert fall alle som på en eller annen måte kunne mistenkes for å ha hatt forbindelse med «kafeen» på Bryggen.

Mons Haukelands organisasjon fikk i løpet av sommeren instruktører fra den andre siden av Nordsjøen. De gikk i gang med å styrke beredskapsarbeidet i distriktene. Det var etablert forbindelse med «den hemmelige folkehær» som var organisert på Laksevåg vinteren 1940/41. Sommeren 1942 omfattet denne organisasjonen om lag 350 mann. Disse var fordelt på 4 kompanier, to av dem på Laksevåg, ett i Gravdal/Nygård og det fjerde i strøket Lien.

I selve Bergen var det 9 kompanier som hørte til Haukelands organisasjon. Det var dessuten kompanier i Fana og Os, foruten flere steder over hele Vestlandet. Haukeland mente at tiden ennå ikke var inne til å ta mot større mengder våpen vestfra. Mannskapene trengte lengere trening og dessuten trodde Haukeland at krigen kom til å vare lenge ennå. Når våpensendingene kom, burde de sendes med båter og være lastet i vanntette containere. Disse kunne da senkes på avtalte steder langs kysten og ligge der til hjemmestyrkene fikk bruk for dem og fant passende anledning til å fiske dem opp. Dette ville utvilsomt være en tryggere transportmetode enn flyslipp som tyskerne lettere ville oppdage.

For alle som drev aktivt med motstandsarbeid var det en alvorlig bekymring at forbindelsene med London var så dårlig. Noen av dem som ble sendt over fra Norge, hadde instruks om å ta saken opp med de norske myndigheter for å få bedret forholdene. Det ble anmodet om å få flere radiosendere og gode telegrafister. Dessuten var det mange som ønsket nærmere instrukser om hvilke opplysninger man ønsket å få fra Norge. Enkelte motstandsmenn var bitre over at deres innsats tilsynelatende ikke ble oppfattet i London. Samarbeidet var ikke godt nok og det kunne være hardt for dem som satte livet inn, at de ikke fikk noen oppmuntring av dem de arbeidet for.

Etter de store arrestasjonsbølgene sommeren 1942 var det sterkt behov for samband. CX-gruppen som opererte for seg selv i byen, med kontakter bl.a. i Haugesund, nyttet kurerer til Oslo og derfra gikk meldingene videre. Den såkalte «jernbanesenderen» var intakt og ble nyttet til å få viktige meldinger via Oslo til Gøteborg. Det var folk ved jernbanetelegrafen som satte livet på spill for å gjøre sin innsats. Det var dessuten én sender intakt i byen denne høsten. Blant dem som kjente til den, var Fredrik Rieber-Mohn og mannen som stod frem som leder for det sivile motstandsarbeid (Sivorg), ingeniør Lars Rivenæs.

Enkelte kurerer reiste frem og tilbake over Nordsjøen og en av dem skaffet på den måten senderutstyr til byen. Denne kontakten spilte en helt avgjørende rolle for innsatsevnen; kureren kunne forklare hvor viktig det var å fortsette arbeidet selv om man ikke klarte å opprettholde den kontakt man ønsket med London. Et av de problemene motstandslederne hadde å stri med var en økende utålmodighet. Folk gikk og ventet på invasjon vestfra. Og så fikk de ikke engang besøk av fly eller skip.

Den sivile motstand ble bedre organisert og samordnet i 1942, trass i de vanskeligheter mange motstandsgrupper opplevde. Det er karakteristisk at sentralledelsen i Oslo anmodet om at det måtte bli utpekt en mann som kunne utarbeide planer for administrasjon av Bergen etter at krigen var slutt. Dette var i januar-februar, og om sommeren ble det nedsatt et «aksjonsutvalg» for å arbeide med saken. Det forteller om et tilsynelatende overskudd at noen kunne ta til med slike forberedelser på dette tidspunkt. Men den store mobilisering som skjedde på hjemmefronten i 1942 gjør at man kan tale om et endelig gjennombrudd for motstandsbevegelsen i forholdet til okkupasjonsmyndighetene og Nasjonal Samling. Nazistenes fremstøt mot ungdommen, lærerne og kirkens menn hadde utløst en sterk reaksjon. De forskjellige yrkesorganisasjoner møtte også nazistenes provokasjoner ved å styrke det indre samhold. Det ble system i paroleutsendelsene og litt etter litt merket man at hele det sivile motstandsarbeid begynte å henge sammen og få større politisk mening.

De som drev med illegale aviser var særlig sterkt utsatt for fare. Både redaksjons-, trykkeri- og distribusjonsarbeid skjedde med livet som innsats. Om noen ikke hadde forstått det til å begynne med, viste de sterke tyske reaksjonene tydelig hva som kunne skje. Illegale skrifter er alltid en grov forbrytelse i et diktatur. For tyskerne kom dessuten det faktum til at de kunne påstå at den illegale presse tok sikte på å nedsette det tyske forsvars kampevne. Og det var jevngodt med forræderi. «Volksverrat durch Lügenhetze».

I januar 1942 arresterte tysk politi sekretær Paul Kvamme, som bl.a. var med på utgivelsen av «Fri Fagbevegelse» og «Under åket». Kvamme ble henrettet på Trandum 12. august, etter å ha fått dødsdom ved den nye domstol «SS-und Polizeigericht Nord.»

Det ble ikke noe langt avbrudd for «Under åket». To av dens «abonnenter» startet igjen 14. februar. Den ble da skrevet på gjennomslagspapir og kom i den første tid i 50 eksemplarer, som hovedsakelig ble sendt til offentlige kontorer og til en del leger. Den ble nå kalt «Ukenytt» med undertitelen: For frihet og sannhet. Det ble tidlig oppnådd kontakt med en av byens prester som både hjalp med stensilmaskin og ellers skaffet stoff om kirkestrid og lærerkonflikt. Fra 1. mai kunne opplaget utvides til 2–300 eksemplarer. Avisen endret igjen navn til «Norges Demring», men beholdt undertitelen. Det ble etterhvert knyttet flere medarbeidere til. I redaksjonen var fire mann. Det viktigste stoffet fikk de ved å stenografere nyheter fra London radio. En tid ble «Norges Demring» trykt to ganger pr. uke. I slutten av august ble navnet sløyfet, for å villede tyskerne.

Det var neppe mange andre illegale aviser i byen på dette tidspunkt, bortsett fra enkelte mer tilfeldige avskrifter av nyhetene fra BBC som kunne være i omløp innen mindre kretser.

I september og oktober ble hovedmennene i den såkalte Alværgruppen henrettet i Berlin etter å ha fått dom ved en krigsrett der. Henrettelsene ble ikke offentlig kjent i Norge. De som ble dømt til døden var:

Journalist Roald Alvær, motormann Asbjørn Andersen, sjåfør Nils Danielsen, sjømann Johan Nils Foyen, butikkekspeditør Odd Andreas Grøvlen, sjømann Ivar Darre Høgseth, gårdbruker Sigurd Brynjulfsen Iden, trearbeider Konrad Knutsen Io, telegrafekspeditør Kaare Moe, sjåfør Ragnvald Olsen, politikonstabel Lorentz K. Strandenes, overlærer Haakon Suleng, telegrafekspeditør Reidar Suleng, sjåfør Nils Johan Tangedal og marineoffiser Harald Adolf Zeiffert.

De fleste hørte hjemme i Bergen.

Det var ingen hemmelighet at der satt mange fanger i leiren på Ulven og at det var fullt i Bergen kretsfengsel. En sjelden gang kunne man også se fangetransporter i sentrum; folk som skulle til forhør eller på tvangsarbeid et eller annet sted. Stadig gikk det rykter om de mange som var blitt sendt østover. De ble som regel kjørt med lastebiler fra Ulven til Nesttun og derfra med tog østover. På den måten unngikk SIPO å ta dem inn på jernbanestasjonen i byen, der slike transporter alltid vakte stor oppsikt. Noen havnet på Grini eller i andre fangeleirer, andre havnet i fengsler. Men mest fryktet var transportene til Tyskland. Det var en del av straffen for særlig grove forbrytelser at fangenes familie ikke fikk vite hvordan saken sto. Plutselig en dag var en fange sendt bort. Kameratene kunne kanskje fortelle at reisen gikk til Tyskland. Men derfra kom intet brev og det tyske politi avviste alle henvendelser fra familiene. Det var slik NN-fangene ble behandlet. Andre Tysklandsfanger fikk i det minste sende et brevkort og et lite brev en gang imellom.

Fangebehandlingen skapte sorg og uro i mange hjem. Hvor grusomme forholdene i virkeligheten var i de tyske leirene, kjente imidlertid neppe noen utenforstående til i 1942. De dømte ble sendt med fangeskip fra Oslo-området og 1. mai 1942 ble 204 mann, de fleste fra Stein-saken, sendt som NN fanger til Kiel. Noen ble sittende i tukthus i Kiel eller Rendsburg i flere måneder. Men de fleste havnet i konsentrasjonsleirer rundt om i Tyskland eller Polen.

Ulykkesbudene kom med jevne mellomrom. Alle kjente noen som var tatt. Så nær stod alle hverandre i denne mørketiden at man delte sorgen og smerten, forbitrelsen og hatet. Noen fikk dødsbudskap gjennom Røde Kors; korte lakoniske meldinger om kjære som var drept ved krigsforlis. Flere bergensere som hadde klart å flykte til Sverige prøvde å komme videre til Storbritannia med skip. De såkalte «Kvarstad»-båtene gikk fra Gøteborg 1. april. Deres skjebne ble hurtig beseglet. Blant dem som omkom var det flere fra Bergen.

Handelsflåten hadde i 1942 større tap av menneskeliv enn i noe annet av krigsårene. På norske skip mistet 888 av mannskapene livet, og av dem var det 127 om bord i skip som var registrert i Bergen. Den tyskkontrollerte pressen hadde fra tid til annen en selsom glede av å gjengi navn på norske skip som var senket av tyske undervannsbåter.

Høsten 1942 satte tysk politi i gang flere aksjoner rettet mot personer som var mistenkt for kommunistiske sympatier. Særlig på industristeder som Odda, Høyanger, Ålvik foruten Laksevåg, Fana og Bergen ble mange arrestert. Utgangspunktet for disse aksjonene var opplysninger gitt av en angiver.

De fleste som ble tatt av tysk eller norsk politi regnet det som en fordel å havne i fangeleiren på Ulven, selv om også forholdene der var vanskelige. De som satt i Bergen kretsfengsel hadde med rette en følelse av at den grusomme forhørsperioden ikke var riktig avsluttet. De fleste ble stadig hentet til det tyske politihovedkvarter i Veiten, der forhørene oftest fant sted. Mange fanger ble utsatt for tortur; dette begynte allerede tidlig i 1941 i mer organiserte former. Cellene i kretsfengselet var overfyllte og det var liten anledning til å få frisk luft fordi vaktpostene ikke tillot mer enn noen korte minutters opphold i «luftegården». Ganske få fanger ble sittende i flere døgn i Veiten – i perioder der de var under stadige avhør. Cellene der var med rette beryktet og behandlingen særlig brutal.

På Ulven var det en brakke med eneceller, men de fleste fanger delte rom med andre. Innkvarteringen var kummerlig og disiplinen streng. Men fangene hadde den fordel at de var ute i arbeid det meste av dagen. Det var også relativt gode kontakter med folk utenfor leiren, formidlet i hemmelighet. Meldinger ble sendt begge veier og det lyktes forholdsvis tidlig – allerede høsten 1940 – å få inn ekstra matforsyninger. Senere ble forsyningstjenesten bedret, i påsken 1941 klarte noen av fangenes kontakter utenfor til og med å få sendt inn rømmegrøt til alle. Dette skjedde med tyske vakters stilltiende samtykke. Tilsvarende «festmiddager» ble organisert av de samme kontakter senere – også med den tyske leirledelsens godkjennelse. Endel Ulvenfanger ble høsten 1941 gitt anledning til å arbeide på gårdene rundt om.

Flere av de tyske vaktpostene var villige til å godta at fangene ved slike arbeidsoppdrag fikk møte familie, skaffe seg litt ekstra mat osv. I begrenset utstrekning varte denne ordningen helt til krigens slutt. På den måten kom de heldigste fangene til å få kontakt med familien utenfor; noe som naturligvis hadde stor betydning for deres evne til å holde ut. De menneskene som formidlet kontakten til fangene gjorde en god innsats. Særlig berømmes folk på Osøyri og Syfteland. Fra alle kanter av Vestlandet kom det sendinger med matvarer og klær som de leverte fangene. I byen var det mange som samlet forsyninger til fangene og deres familier. Arbeidet ble etterhvert organisert, og det ble også sendt ulltepper og mat til fanger som var blitt ført til Tyskland.

Mot slutten av året hadde tyskerne også slått til mot det de i sine hemmelige rapporter omtalte som «Militärorganisation 4343». Den hadde etter tysk oppfatning forgreninger over hele Sør-Norge. Det Abwehr og Gestapo hadde fått tak i var i virkeligheten tråder til Milorg. Det var få fra Bergen som ble arrestert p.g.a. tilknytning til Milorg i 1942, men Abwehr visste at det var linjer som førte til byen. De regnet med at det nettopp på Vestlandet var betydelig illegal militær virksomhet, fordi en eventuell britisk landgang høyst sannsynlig kom til å skje der. Derfor var det tyske sikkerhetspoliti og deres norske hjelpere stadig i høyeste beredskap.

Ved innledningen til 1943 gjorde tyskerne opp status over antall arrestasjoner i det forløpne år. Det hadde åpenbart vært en travel tid for politiet, godt assistert av militære avdelinger, norsk politi og de ulike hemmelige avdelinger. Til sammen var det på landsbasis ifølge den hemmelige tyske statistikk arrestert 5 664 kvinner og menn. Det største tall for en måned fikk man i august, med 1 171 arrestasjoner. I september var det notert arrestert 819. I statistikken finner man også kategoriene spesifisert. Det største gruppen er folk som skapte uro på arbeidsplassen. Det gjaldt i første rekke arbeidere som på tyske anlegg kom i konflikt med sine sjefer, f.eks. i forbindelse med oppdrag som de nektet å utføre. Mange ble arrestert for mindre forgåelser som nasking, skoft eller lignende. Den neststørste kategori omfatter folk som hadde fornærmet tyskere, inntatt en fiendtlig holdning eller drevet propaganda. For den slags forseelser var 859 mennesker tatt, og 654 var arrestert for «kommunistisk virksomhet» – et relativt upresist begrep i den tyske straffejustis. 461 personer var blitt arrestert for ulovlig besittelse og/eller distribusjon av illegale aviser og trykksaker, 384 for ulovlig radiolytting og 359 var siktet for spionasje, sabotasje eller angrep på tyske forsvarsstyrker. En annen kategori alvorligere forbrytelser var våpenbesittelse og 185 personer ble arrestert for dette av tyskerne i 1942.

Den tyske feltkrigsrett i Bergen – *Gericht der 69 Division* hadde en generalmajor som øverste leder *(Gerichtsherr)*. Retten ble administrert av en *Kriegsgerichtstrat*. Det var tre dommere, nemlig *Kriegsgerichtsrat,* en offiser med majors eller oberstløytnants grad samt en menig soldat. Alle tilhørte divisjonens avdelinger. Avsagt dom ble stadfestet av generalmajoren (sjefen for 69 Division), men dommen kunne ankes til øverstkommanderende for de tyske landstridskrefter i Norge, general von Falkenhorst.

Det var menige mannskaper fra styrkene i byen som ble utkommandert når en dødsdom avsagt av feltkrigsretten skulle eksekveres. Eksekusjonspeletongen bestod av ti mann under ledelse av en løytnant. Til stede var også feltprest og militærlege. De som deltok i henrettelsen måtte undertegne en erklæring om taushetsplikt.

Tysk militærutbygging

På tysk side øket frykten for allierte landgangsforsøk på Vestlandet. I stort tempo ble derfor festningsanlegg, depoter, kaier og veier utbygget i området rundt Bergen. De militære styrkene holdt høyt beredskap, særlig var dette viktig for marine og kystartilleri samt luftvåpnets folk på Herdla. Luftvernartilleriet var så sterkt at de tyske militære ledere mente at det kunne yte effektivt vern mot fremmede fly.

Det største byggeprosjekt var «ubåtbunkeren» på Laksevåg. I forsert tempo var den under utbygging, bl.a. med innsats av sovjetiske krigsfanger. De ble drevet hardt og levde under ytterst usle kår. I byen gikk det mange slags rykter om den mishandling de ble utsatt for. Folk som bodde i nærheten av leiren på Laksevåg klarte å få gitt fangene litt mat fra tid til annen. Foruten de sovjetiske fangene var det mange utenlandske tvangsarbeidere. Deres forhold var vesentlig bedre enn russernes, bl.a. hadde de anledning til å ferdes utenfor arbeidsstedet i fritiden.

I slutten av oktober kom om lag 250 russiske og serbiske krigsfanger til Os, der de ble satt til å bygge festningsanlegg, bl.a. på Haugsneset og Moberg. De ble holdt strengt atskilt fra befolkningen, men det lyktes likevel å få gitt flere av dem mat og klær. Deres forhold var ytterst primitive og flere av dem omkom denne høsten av mishandling og sykdom. 25 fanger ble skutt, angivelig fordi de var syke. De nærmere omstendigheter ble aldri helt oppklart.

Etter inspeksjonsbesøk i april meldte Generaladmiral Boehm at 6–7 ubåter kunne repareres samtidig. Riktignok var bunkeren ikke ferdig ennå, men i løpet av året skulle man i hvert fall være kommet så langt at det ble skaffet «Box» til to ubåter, og de øvrige skulle etter planen bli ferdige i løpet av 1943. Sjefen for marinestyrkene i Bergens-avsnittet, admiral Braune, fikk forøvrig på denne tid avskjed av Boehm, fordi han skulle ha latt falle «taktlose Bemerkungen» til underordnede.

Sommeren 1942 disponerte tyskerne 11 norske haubitzere (24 og 21 cm) på Kvarven, i Sandviken og på Hellen. Dessuten hadde de på Skjellanger og Korsneset henholdsvis 3 og 4 batterier 15 cm kanoner – alle med rikelig ammunisjon. På Kvarven var torpedobatteriene i beredskap, 3 rør (45 cm), men antallet av torpedoer var lavt. Andre steder på Vestlandet var det bygget torpedobatterier i fjell. Kvarven og noen av de andre anleggene ble i løpet av sensommeren forsterket med 7,5 cm polske feltkanoner. Det var lite tyskprodusert artilleri på festningene på Vestlandet, det meste var krigsbytte.

Gjennom såkalte «V-Mann»-meldinger, ble de tyske sjefer varslet flere ganger om at det kunne ventes alliert invasjon på Vestlandet i et nærmere angitt tidsrom. Det utløste hver gang ganske omfattende beredskapstiltak. All trafikk ble nøye kontrollert i området, fly og skip ble satt inn i overvåkingen av kysten. For sivilbefolkningen kunne slik beredskap være byrdefulle og den skjerpede kontroll øket risikoen for at illegal virksomhet kunne bli avdekket. Den siste alarmen *(Stufe I)* varte fra 23. til 28. desember. En V-Mann hadde rapportert at det kunne ventes invasjon av styrker fra Skottland og Island. Det ødela i hvert fall julefeiringen for atskillige tyskere. At to norske MTB'er hadde vært innom Korsfjorden om kvelden 19. desember gjorde invasjonsmeldingen mer troverdig.

Rikstinget avvises

«Statsakten på Akershus» var ment som et første steg i retning av Quislings maktkonsolidering. Neste steg ville være opprettelsen av et Riksting, som skulle bestå av representanter for de store organisasjonene. Dette organet kunne legalisere NS-regjeringens stilling. Fremstøtet mot lærere og prester må sees mot denne bakgrunn.

Sommeren 1942 begynte NS å planlegge nazifiseringen av de enkelte yrkesorganisasjonene. Tanken var at man skulle omdanne den ene organisasjon etter den andre. Når næringsorganisasjonene var kommet under kontroll, skulle Rikstinget kalles sammen om høsten.

De store næringsorganisasjonene hadde for det meste holdt seg utenfor protestaksjonen i 1941, da 43 organisasjoner skrev til Terboven. Derfor hadde de også sin egen ledelse og hadde klart å unngå NS-folk i sin administrasjon. Det sentrale organ i holdningskampen, Koordinasjonskomiteen (KK) utarbeidet i løpet av sommeren utkast til paroler som ble sendt til de organisasjonene man visste ville komme i skuddlinjen. Blant disse parolene var også utkast til brev som medlemmene kunne sende organisasjonsledelsen i protest mot at det fra myndighetenes side ble gjort innskrenkninger i retten til å velge egne tillitsmenn. Hvis denne retten ble innskrenket, ville brevskriveren si opp sitt medlemskap.

Den 20. august kom en ny lov om organisasjoner og foreninger. Den gav myndighetene rett til å oppløse organisasjoner og fastslo at alle endringer i organisasjonenes ledelse måtte godkjennes av myndighetene. Loven nedla forbud mot at noen meldte seg ut eller oppsa tillitsverv i noen organisasjon som var tilknyttet næringslivet. Departementet fikk rett til å pålegge medlemskap i organisasjonene.

Den nye loven ble møtt med meget sterke protester fra alle næringsorganisasjonene. De fleste av medlemmene brukte det mønster for protestbrev som var utarbeidet av KK, men det forekom visse varianter av dette. Resultatet var nesten 100 prosent oppslutning og utmelding, på tross av forbudet mot å melde seg ut av organisasjonene.

I begynnelsen av september kom også fagbevegelsens medlemmer med i denne protestaksjonen. Datoen for aksjonens åpning var blitt satt til 12. september og de fagorganiserte nyttet en noe annen formulering i sitt utmeldingsbrev.

Quisling søkte i første omgang å overse protestene. I en tale på et «utvidet Førerting» 25. september, nevnte han at tiden nå var inne til å opprette et «Kulturting» og et «Næringsting». Han advarte næringslivets menn mot å gå bolsjevikenes ærend og danne en front mot nyordningen. De som ble med på den «landsfiendtlige provokasjon» risikerte å bli straffet etter lovens bestemmelser, og at vedkommende «spiller med hele sin formue og også med sitt hode». Når det gjaldt Rikstinget, anbefalte Quisling at det skulle treffes et prinsipielt vedtak om opprettelsen. Det var tydelig at timeplanen var forrykket.

Når Quisling kunne uttale seg såvidt skarpt, hadde det utvilsomt sammenheng med at Terboven hadde grepet inn i striden. Han hadde erklært at hvis ikke protestskrivene straks ble tilbakekalt ville formenn og styremedlemmer i de respektive organisasjonene bli trukket til ansvar. Den 22. september var faktisk en rekke tillitsmenn, først og fremst i Oslo-området, blitt arrestert. Særlig opphisset var tyskerne over protesten fra de fagorganiserte og det var i første rekke faglige tillitsmenn, klubbformenn o.a. som ble presset i slutten av september. Blant dem som ble arrestert i Bergen var aktive fagforeningsfolk og videre formenn og sekretærer i noen av de lokale næringsorganisasjonene.

Aksjonen mot Rikstinget og Næringstinget fant sted på et tidspunkt da både tyskere og NS øket represalievirksomheten. Unntakstilstanden i Trondheim i begynnelsen av oktober og henrettelsene der var vitnesbyrd om den brutalitet okkupantene viste når de fant det for godt. Ikke minst på denne bakgrunn er det enestående at fronten mot NS-myndighetene ble opprettholdt høsten 1942. Senere fikk man aldri noe bryderi med hverken Riksting eller Næringsting. Og det «Kulturting» som ble opprettet kunne ingen ta alvorlig.

Juristenes åpne tale

Et eiendommelig eksempel på tysk kontakt med norsk rettsbevissthet har man fra 1942. Da anmodet nemlig en SS Obersturmführer fire av de mest fremtredende jurister i Bergen om å avgi skriftlig korte betenkninger om visse sider ved okkupasjonsmyndighetenes forvaltning. Tyskerne forsikret at de fire ikke ville bli utsatt for noen form for straffeforfølgning selv om de i sine svar skulle komme til å uttale seg på en måte som ikke ble billiget av tyskerne. Det var et holdbart og juridisk riktig svar SS-juristen ville ha. Han understrekte endog at han var interessert i den alminnelige oppfatning blant nordmenn om visse viktige spørsmål.

Det første gjaldt oppfatningen av Vidkun Quislings lovgivningsvirksomhet. Det svar som ble gitt levnet ingen tvil. De fire juristene som svarte individuelt, slo fast at regjeringen Quisling ble betraktet som et organ for den tyske okkupasjonsmakt. Den var uten hjemmel i norsk statsforfatning og kunne heller ikke støtte seg på tilslutning fra noen større del av folket. Den lovgivning Quisling hadde drevet gikk langt utenfor det som var hjemlet i den bestående rettsorden. Slik følte et stort flertall av folket. Man reagerte sterkt mot de utålelige inngrep i den bestående rettsorden. Juristene nevnte en lang rekke eksempler på nazilover som var i strid med norsk rettsbevissthet og mot Grunnloven.

Obersturmführer'en hadde videre spurt om det ville kunne godtas at Høyesterett ble utvidet med et antall dommere som ikke var medlemmer av Nasjonal Samling. Eventuelt kunne man utvide Høyesterett i enkelte saker ved å tilkalle spesielle dommere som ikke var partimedlemmer. I sine svar forklarte de fire juristene at Høyesterett var blitt en politisk domstol under Quisling. Det var overhode vanskelig å tenke seg at noen jurist ville tiltre domstolen under de nåværende forhold. Heller ikke kunne man si at Høyesterett dermed ville miste sitt preg av politisk domstol.

Tyskeren hadde også spurt om juristenes mening om bruken av dødsstraff. En av de norske juristene svarte kort at innførelsen av dødsstraff (ved lov av 3. september 1942) «i høy grad (måtte) stride mot den store almenhets etiske følelser».

Blant spørsmålene var også om dommerne ville gjeninntre i dommerforeningen dersom denne igjen ble gitt anledning til fritt å velge sitt styre og ellers ble gitt status som tidligere. Dette spørsmål gav anledning til å forklare hvorfor norske dommere hadde reagert mot nazistenes kontroll over foreningen. Det ble fastholdt at ingen norske dommere – som ikke var NS-medlemmer – ville melde seg inn «før de politiske forhold er blitt helt avklart.»

Til slutt uttalte juristene seg om tysk rettspraksis. Også det skjedde etter anmodning, og gikk ut på at straffer gitt ved tyske domstoler i Norge var betydelig strengere enn nordmenn var vant til. Særlig reagerte man i Norge mot straff av gisler. «Den alminnelige opinion synes overhodet ikke å forstå at så kan skje og at forføyningene endog kan gå ut på henrettelse. Gisseltaging og straff av gisler strider derfor avgjort mot almenhetens rettsbevissthet», het det i en av juristenes betenkning. Tyskeren hadde i sin muntlige henvendelse særlig nevnt henrettelsen av gisler under unntakstilstanden i Trondheim.

De fire uttalelsene som ble gitt ved denne anledning var modige uttrykk for norsk rettsoppfatning. Juristene, som kom til å spille viktige roller i motstandsarbeidet, fikk ikke noen problemer på grunn av sine åpne svar. SS-mannen holdt ord.

I sensurens mørke

Hverken tyskerne eller de lokale nazistene var fornøyd med bergenspressen. NS ba derfor Pressedirektoratet om å sørge for at det kom partimedlemmer i redaktørstillingene. Det ble gjort. Både Bergens Aftenblad, Bergens Tidende og Morgenavisen fikk nye redaktører i begynnelsen av 1942. De tidligere redaktørene fratrådte «etter eget ønske» som det het. Allerede etter noen uker måtte Bergens Aftenblad innstille, og den ble slått sammen med Morgenavisen. Kort tid senere var det også slutt for Dagen, som en tid hadde utkommet som ukeavis. Dermed var det bare to aviser igjen i byen, nemlig Bergens Tidende og Morgenavisen. Papirrasjoneringen var så streng at avisene bare kom med fire sider daglig gjennom en lengere periode.

Sensuren var effektiv. Hver dag fikk redaksjonen anvisninger om hva som skulle omtales og hva man ikke kunne skrive om. Lederartiklene var parafraser over tema som ble oppgitt av myndighetene. Pressen var så grå og kjedelig at den fra et propagandamessig synspunkt neppe kunne ha vært dårligere. Ensformig skildret avisene de forskjellige NS-arrangementer og skrev smiskende om okkupasjonsmyndighetene. Mest krenkende var det nok når lederartiklene på en hånende måte søkte å rettferdiggjøre henrettelser og arrestasjoner av motstandsfolk. Bolsjevismens grusomheter var en av gjengangerne.

I annonsespaltene kunne oppfinnsomhet og fantasi dukke opp med jevne mellomrom. Dels i form av eiendommelige bytteannonser, dels som kamuflerte budskap om at seieren var vår og at NS stod for fall. Det var tekster som skulle leses baklengs og det var ord som fremkom hvis man bare tok med annenhver bokstav osv. Mellom linjene kunne det være underfundige smil; på nærmest uforklarlig måte ble slike ting oppfattet av et stort publikum.

Naturligvis klarte leserne å tyde de offisielle tyske kommunikéene på en tilfredsstillende måte etter hvert. Alle meldinger gikk ut på at tyskerne seiret. Men dersom det ble sagt at motstanderen var særlig sterk, da var det gjerne grunn til å anta at seieren egentlig var et nederlag. At frontforkortning var det samme som retrett kunne alle forstå, og når tyske styrker hadde til oppgave å «binde motstanderens overlegne angrepsstyrker», ja, da skjønte man at tyskerne på det stedet i virkeligheten var omringet og i ferd med å kapitulere.

Det skal ha vært dem som gikk og ventet på at radioapparatene skulle bli levert tilbake. Hvordan skulle man ellers få del i den propaganda som ble sendt ut over radio? Pessimistene fikk rett når det gjaldt radioapparatene. Den 18. august kunngjorde sjefen for det tyske sikkerhetspoliti i Norge:

> «Foranlediget ved inntrufne tilfelle den 3. august, blir alle radioapparater i Bergen som er innlevert og beror hos myndighetene, *for alltid beslaglagt*».

Alle visste hvilke «tilfelle» som hadde inntruffet 3. august. Det var tusener som hadde stukket en blomst i knapphullet på Kong Haakons 70-årsdag. Både tyskere og norske nazister reagerte sterkt på en slik demonstrasjon. Flere hundre mennesker ble arrestert. De fleste slapp med en mulkt, men noen ble sendt i fengsel. Andre havnet på Ulven, der de ble sittende i flere uker.

Blomsterdemonstrasjonen ble tolket som et bevis på at man fulgte paroler som ble sendt fra London. Jakten på ulovlige radioapparater ble intensivert denne høsten. Det var harde straffer for å lytte på ulovlige sendinger. Tyske militære mente at det kunne være NS-medlemmer som lot andre få låne apparatene sine. På annen måte kunne de vanskelig forklare at så mange åpenbart var orientert om meldinger fra London. Det er ikke mulig å vite hvor mange ulovlige apparater som fantes i byen og i de nærmeste distriktene. Men det må ha vært et høyt tall. Gang på gang merket man at folk hadde kjennskap til det som var blitt sendt i London radio. Man spøkte med at det var vanskelig å få tak i folk på det tidspunkt sendingene gikk – da satt alle ved radioapparatene.

NS i isolasjon

Innen Nasjonal Samling hadde man hatt de største forventninger til «Statsakten på Akershus» 1. februar, da Quisling skulle overta regjeringsmakten. Høytideligheten ble et antiklimaks. Ministerpresident (den tyske betegnelse for statsminister ble nå norsk titel) måtte underordne seg tyskerne og fremstod kanskje tydeligere enn før som en tysk lakei. Det oppstod misstemning i partiet etter dette. I Bergen kom det bl.a. til uttrykk gjennom den passivitet NS-bevegelsen viste utover våren.

Den skrale forsyningssituasjonen, de mange harde tiltakene fra tysk side overfor befolkningen og de hardnakkede ryktene om en alliert invasjon gjorde forholdene ekstra vanskelige for de norske nazistene. Men fremfor alt skapte kirke- og skolestriden en samlet front mot makthaverne. Man kunne merke det på alle områder. Nazistene ble mer isolert enn noensinne.

Det er karakteristisk at man på tysk militært hold i Bergen i første omgang nøyde seg med å registrere at det var oppstått strid mellom myndighetene og prester og lærere. I de hemmelige rapportene som ble laget for divisjonens øverstkommanderende, og som SD og øverstkommanderende i Norge fikk kopier av, ble det snart sagt rett ut at kirke- og skolestriden hadde hatt uheldige virkninger for NS-bevegelsen. Selv i tyskvennlige kretser er dette oppfatningen, skrev rapportøren, som hadde opplysninger fra mange kilder.

Det var så få nazister både i byen og i distriktene at de fleste av dem var kjent av sine omgivelser. Forøvrig bar de fleste NS-medlemmer tappert sine merker på jakkeslaget – for å vise at de hørte til den bevegelse som skulle redde landets fremtid. Det var også noen som opptrådte i uniformer – på vei til og fra møter og demonstrasjoner. Det var en hard påkjenning å gå alene gjennom gatene med en slik naziuniform. Selv om det bare unntaksvis forekom fysiske overgrep, kunne vedkommende aldri være sikker. Og den iskulde som oppstod overalt hvor uniformene og NS-merket dukket opp, var ikke til å ta feil av.

De nazistene som var blitt satt til ledende stillinger i offentlig tjeneste møtte i regelen bestemt motstand fra sine underordnede. Den nye distriktssjefen for telegraftjenesten i Bergen var NS-medlem. Han fortalte våren 1942 i fortrolighet til tyskerne at motstanden mot nazismen var vel organisert i televerket. Han var «omgitt av spioner», og sa at han var tvunget til å bruke det militære sambandsnettet når han skulle ha kontakt med sin sjef i Oslo. Gjorde han ikke det, ble det øyeblikkelig kjent i en vid krets hva de hadde drøftet. Hans forslag til bedring var typisk for de mest pågående nazister: Alle eldre tjenestemenn i etaten burde avskjediges. De terroriserte angivelig de unge. Distriktssjefen forsikret sine tyske venner at han var bestemt på å gå frem med «ytterste hardhet».

Tyskerne vurderte Nasjonal Samling i Bergen med stigende skepsis. De konstaterte at partiets verveaksjon i 1942 stort sett var blitt en fiasko og at partipropagandaen var dårlig. Det oppstod strid i ledelsen av partiet i byen, og fylkesorganisasjonslederen, som dessuten var sjef for Bergen radio, fikk sparken av fylkesføreren. Den avskjedigede klaget telegrafisk til rikspressesjefen, og rettet en serie kraftige anklager mot fylkesføreren, som samtidig var fylkesmann i Hordaland. Den tyske divisjonskommando i byen fikk tak i telegrammet gjennom sin telegramsensur. Det hele gav et miserabelt inntrykk. I juni konstaterte man på tysk hold at NS-propagandaen fortsatt var virkningsløs på Vestlandet. Utskiftningene i partiledelsen hadde også svekket partiet. De nye medlemmer som kom til NS gjorde det i håp om materielle fordeler, og ikke av ideologisk eller politisk overbevisning. Som kilde for disse opplysningene oppgav den tyske rapporten «utenforstående nordmenn».

Forholdet mellom NS og Terboven og hans folk var stadig like dårlig. Det var friksjoner mellom partiledelsen og den mektige Reichskommissar. Også mellom Terboven og marinesjefen var det spent forhold, og med stor flid fortalte admiral Boehm i hemmelige rapporter til Grossadmiral Räder om de feil Terboven gjorde seg skyldig i. Boehm hadde ment at

Quisling kunne ha blitt en brukbar mann for tyskerne, men var kommet til at Terbovens brutale fremferd skadet Quislings stilling hos det norske folk. Når statsakten blir fremstilt på første side i avisene som en stor og gledelig nasjonal begivenhet som viser det tysk-norske vennskap, er det ødeleggende at avisene på siste side bringer nyheter om fullbyrdede dødsdommer over nordmenn. En general hadde sagt til admiral Boehm at etter statsakten hadde hans offiserer sagt til ham at Quisling var en forræder. Hva skulle så nordmennene mene? Slik skrev Generaladmiral Hermann Boehm, sjefen for den tyske marine i Norge, til Grossadmiral Räder våren 1942.

Tyske kilder gir forøvrig også et bilde av Quislings egen sinnstemning. Under en middag hos en fremtredende norsk nazist 1. juledag 1942 uttalte han seg nemlig temmelig åpenhjertig til en tysk kontreadmiral, som straks laget et referat av samtalen til sin sjef, admiral Boehm. Quisling sa at det gikk dårlig for tyskerne på alle fronter og at det ikke ville forundre ham om det også ble bygget flere skip enn tyskerne klarte å senke. Stemningen i alle okkuperte land var meget antitysk og det gjaldt også Norge. Han sammenlignet Norge med Finland under tsaren, og sa at en slik sammenligning ikke falt ut til Tysklands fordel. De tyske okkupanter tok store verdier ut fra Norge, mer enn det var presset ut av Tyskland etter Versaillestraktaten. Og tyskerne holdt langt flere soldater og en større administrasjon i Norge enn nødvendig.

> «Stemningen i det norske folk hadde, på grunn av de kjensgjerningene han hadde nevnt, forverret seg vesentlig. Han trodde ikke at flere enn én av tusen var enig i de tyske tiltakene i Norge, og dermed var tyskvennlig. Når man på den ene side talte om germanske idéer og germansk samarbeid, så ble ikke slike utsagn tatt alvorlig i dag i Norge, fordi man samtidig bl.a. tvang norske familier til å forlate sine boliger i løpet av 24 timer, og påla dem å la alt innbo bli igjen, for at skuespillerinner – han nyttet litt senere et annet uttrykk som her ikke kan gjentas – skal få plass. Sine store og alvorlige bekymringer kunne han naturligvis ikke meddele sine tilhengere og han gjorde det heller ikke. Han måtte nøye seg med å be dem holde ut og håpe på bedre tider med bedre samar-

beid med Tyskland. Sine oppfatninger om alle disse ting og sitt standpunkt hadde han definitivt fastlagt i juli. Det vek han ikke fra . . .»

Kontreadmiralen sluttet sin rapport med at Quisling var meget alvorlig under samtalen.

De sorger og bekymringer Quisling gav uttrykk for denne juledagen gjorde seg nok i høy grad gjeldende også hos hans tilhengere. De kunne ikke forsvare de brutale overgrep som okkupasjonspolitikken førte med seg.

Men de kunne heller ikke offentlig ta avstand fra okkupasjonspolitikken. Moderate norske nazister kom på den måten i en vanskelig samvittighetskonflikt. Deres situasjon ble ikke enklere ved at partiets propaganda hamret løs på jøssinger og «bolsjeviker», jøder og plutokrater, oppviglere og kriminelle elementer. Det måtte bli et skarpt skille mellom NS-medlemmer og jøssinger. Enkelte befant seg i en slags mellomstilling, nemlig de såkalte «stripete». Det var folk som av en eller annen grunn ble mistenkt for å ha et bedre forhold til Nasjonal Samling og tyskerne enn det store flertall på stedet tolererte. Den som fikk dette stempel på seg risikerte å bli isolert og bli betraktet som tyskvennlig.

Tyskerne var vel orientert om disse frontlinjene i opinionen. De visste at linjene var særlig markerte i byen og de nærmeste distriktene, men at det var noe større fordragelighet i mange bygder. Mindre militære grupper som var stasjonert ute i periferien kunne ha et forholdsvis godt forhold til lokalbefolkningen. Det ville vært utenkelig i byen.

Hver dag gav anledninger til friksjoner mellom okkupanter og okkuperte. Man så jo «de grønnkledde» overalt, deres plakater og oppslag med løfter og advarsler, man hørte deres soldatsanger og musikk, merket lukten av deres spesielle tobakk, og offiserenes duft av Kölnerwasser. Mens befolkningen led under varemangelen, gikk ryktene om at okkupantene plyndret landet for verdier. Bedrifter i byen måtte innskrenke eller stanse på grunn av sviktende tilgang på råstoff og de ansatte risikerte å bli utskrevet til arbeid på tyske anlegg. Tyskerne rekvirerte hus og kontorlokaler. På de steder der det var tyske forsvarsanlegg under bygging ble som regel lokalbefolkningen nødt til å fraflytte.

Slik gikk det på Herdla og delvis på Laksevåg. Det skapte fortvilelse, ikke minst fordi boligsituasjonen var blitt temmelig dårlig. Det var liten eller ingen byggevirksomhet i denne sektor og rekvisisjoner og krigsødeleggelser hadde gjort mange husløse.

Litt etter litt sluttet de tyske myndigheter å late som om det var muligheter for et «tillitsfullt og lojalt samarbeid» mellom dem og befolkningen. De illusjoner de militære sjefene hadde hatt på dette område i den første tid var nå helt forsvunnet. De var kommet til at bergenserne var uvennlige og negative til samarbeid.

For lengst hadde de oppgitt håp om at det f.eks. skulle bli mulig å arrangere norsk-tyske sportsstevner. Bare med store anstrengelser klarte Nasjonal Samling å holde liv i et par av idrettslagene. De resultater som de ukjente idrettsmenn oppnådde, demonstrerte for all verden at dette ikke var noen sportslig elite. Tyskerne visste meget vel at det var bedre idrettsfolk og fotballspillere i byen, men kunne ikke tvinge noen til å delta. Motstrebende ble det fra tysk side også erkjent at det heller ikke kom gode nordmenn til noen av de kulturelle arrangementene som fant sted i tysk regi. Tyske filmer ble boikottet av bergenserne og denne linjen ble opprettholdt med stor fasthet. Med stigende irritasjon registrerte tyske soldater og offiserer at ingen ville sette seg ved siden av dem i kinoer, teatre eller konserter. Enhver form for fraternisering ble skarpt avvist fra norsk side.

Den 25. september gjorde Bergens Sporvei kjent gjennom oppslag og annonser:

> at i henhold til okkupasjonsmaktens bestemmelser har alle okkupasjonsmaktens uniformerte, som reiser tjenstlig, fortrinnsrett til alle sporvogner og busser. Hvorvidt reisen er tjenstlig avgjøres av den eller de uniformerte alene. Publikum må derfor under visse omstendigheter måtte gjøre regning med å måtte vike plass.

Dette var nettopp en av de «herrefolkbestemmelsene» som bidrog til å holde den daglige irritasjonen vedlike. Mange gikk og ventet på en anledning til å møte provokasjonen. Det skal ha forekommet at en tysker krevde å få plass på en av de overfylte trikkene og at samtlige passasjerer da forlot vognen og lot ham reise alene. Det er nesten uinteressant om det faktisk skjedde; poenget er at en slik historie ble fortalt og trodd den gang.

Det hendte stadig at folk i trikker og busser foretrakk å stå fremfor å sitte på en ledig plass ved siden av en tysker. Dette kom til å skape flere mindre sammenstøt, hvis tyskeren reagerte sterkt nok mot fornærmelsen. For å unngå disse antityske demonstrasjonene ble det ved oppslag gjort kjent at det var forbudt å bli stående i trikk og buss så lenge det fantes ledige sitteplasser. Et slikt påbud kunne ikke gjennomføres, men ble registrert med atskillig glede av de mange som deltok i denne typen demonstrasjoner. Det viste at isfronten virket slik den skulle og at okkupantene følte hvor forhatt de var. Det fremgår av interne tyske rapporter at man i høy grad var oppmerksom på den tilsiktede fornærmelse. Den ble registrert som et typisk utslag av bergensernes antityske innstilling. De militære sjefer i byen hadde i virkeligheten et realistisk syn på dette, ikke minst takket være stemningsrapporter utarbeidet av Abteilung I c hver måned.

At tyske soldater begynte å bruke trikk og buss skyldtes de sparetiltak som okkupasjonsmyndighetene var nødt til å gjennomføre. Det gikk våren 1942 ut ordre om å innskrenke bruken av militære kjøretøyer til det strengt nødvendige. Soldater skulle nytte offentlige transportmidler i større utstrekning. Sparetiltakene rammet forøvrig også den sivile samferdsel. Drosjetrafikken ble praktisk talt innstilt i løpet av året, bare noen få biler var til disposisjon for syketransport o.l. Dette førte naturligvis til at trikker og busser ble overfyllt. Folk stod som sild i tønne og det var gjerne fullt også på stigbrettet.

Alle kunne utfolde sitt demonstrasjonstalent overfor tyskere og medlemmer av Nasjonal Samling. Forholdene gav mange muligheter.

> «Studerer man jøssingene innen sin bekjentskapskrets vil man legge merke til forskjellige sykdomsgrader: 1. De som overholder reglene for god tone, men markerer sitt standpunkt med en viss avmålthet. 2. De som setter reglene for god tone til side, men er flaue over å måtte gjøre det. 3. De

som gjør det uten å skamme seg, men også uten å demonstrere. 4. De som stirrer rett på sin innbilte fiende med forskjellige grader av uforskammethet.»

Slik skrev en fremtredende NS-mann i «Fritt Folk» 3. juli 1942.

De mange personlige demonstrasjonene rettet mot tyskere og NS var ikke helt ufarlige. Det hendte stadig at noen ble arrestert for tyskfiendtlig opptreden. Enkelte NS-medlemmer var mer aggressive enn andre. Men disse daglige sjikaner og fornærmelser var en stor psykologisk påkjenning for dem den gikk ut over. En av de mest beryktede ekspedisjonssjefene i Kirke- og undervisningsdepartementet offentliggjorde i oktober en hilsen til alle NS-gutter og jenter. Der sa han at myndighetene var klar over at NS-medlemmene ble isolert og forfulgt på alle landets skoler. De skulle da vite at det å tåle denne sjikane var den innsats de kunne gjøre for Føreren.

Gjennom den illegale presse og forskjellige paroler som sirkulerte kunne en stundom bli oppfordret til spesielle demonstrasjoner – til dels av lokal art. I de tilfelle slike oppfordringer kom fra sentralt motstandshold var det viktig at oppslutningen ble god. Men det hendte også at enkelte på egen hånd ville starte demonstrasjoner. Etter at «jøssingene» fikk større erfaring, lærte de seg til å lytte til de råd som ble gitt og bedømme hva som var fornuftig. Når alt kom til alt var det ingen vits i å bli arrestert for å ha gjort en dumhet. Dersom jeg skal bli tatt, så skal det i hvert fall være for en «skikkelig» sak, sa man. De som var sterkest engasjert i illegalt arbeid holdt seg derfor borte fra de rent følelsesmessige demonstrasjonene.

Kulturlivet blomstret

I den mørke skyggen av nazistisk ensretting blomstret kulturlivet forbausende godt. Det var hos mange mennesker et nesten fysisk behov for kunst og kultur. Tankene måtte bort fra matkriser, klesmangel, skoleproblemer, de «uniformerte» man så overalt, triste nyheter fra utefronten. Intet var bedre som styrkemiddel enn å kunne dyrke åndsliv sammen med venner. Det var åndelig vitamininnsprøyting. Biblioteket hadde høyt utlån. Særlig ettertraktet var historiske romaner og rene underholdningsbøker. Tysk litteratur var det ingen som ville ha, heller ikke den nye norske som kom på NS-forlagene. Både bokhandlere og bibliotekarer merket at det kom i gang opplesningskvelder rundt om; det var mange som ville ha skuespill, klassisk litteratur og spesiell norsk lyrikk.

Kunstforeningen måtte nøye seg med utstillinger av vestlandsmalere det meste av året. Det var blitt for vanskelig å få kunstverker fra andre kanter av landet. Det ble omsatt atskillig kunst, antakelig fordi vareknapphet og en viss pengerikelighet gjorde dette naturlig for enkelte. Bergen Kunstforening gledet seg over økning i medlemstallet og en dobling av provisjonsinntektene i 1942. Men de kommunale kunstgalleriene slet generelt med dårlig økonomi og meget liten tilvekst.

Musikkinteressen var stor, men det var meget vanskelig å få grammofonplater. Musikselskabet Harmonien gav sine konserter under stor tilslutning. Det kom ikke til alvorlige sammenstøt med de nazistiske myndighetene; det var som om de godtok at Harmonien skulle få holde på uten innblanding. Det var parole blant musikerne om å avslå opptreden i kringkastingen. For bergensmusikerne var det ikke noe stort problem; de hadde aldri hatt særlig pågang fra NRK i denne henseende. Men det oppstod vanskeligheter da Nordraak-jubileet skulle feires i juni. Det var planlagt en større konsert. Harmonien skulle spille og det skulle medvirke tre av byens største kor foruten Harmoniens eget. To dager før konserten ble det kjent at konserten skulle kringkastes. I all hast ble det holdt et fellesmøte for alle kormedlemmene. I løpet av noen få minutter forelå et klart avslag. Konserten ble avlyst.

De mange sangkor gav forøvrig ofte lukkede konserter og det var påfallende hvor sterk renessanse de nasjonale sanger hadde fått. Det ble sunget i hjemmene og ved sammenkomster: et allsanghefte som ble utgitt av John Griegs Forlag ble solgt i meget store opplag. Opprinnelig hadde det et norsk flagg på omslagssiden, men da dette ble krevd fjernet, måtte forlaget gå med på det. Det stod igjen et sitat: «Et folk med sang i sinnet kan aldri, aldri dø».

Den National Scene holdt det gående med bra publikumsbesøk. Det var ingen paroler om å boikotte teateret, slik som i Oslo overfor Nationaltheateret og Det norske teater og i Trondheim overfor Trøndelag Teater. Med jevne mellomrom rekvirerte tyskerne teatersalen for å gi plass for gjestende tyske teatergrupper. Ved slike gjestespill var det fullstendig boikott fra publikums side. På tysk hold noterte man seg dette med irritasjon og beklagelse, men det var ikke mulig å kommandere folk til å overvære tyske gjestespill.

Amatørteatrene hadde utvilsomt en oppblomstring i denne tiden. Bergens Dramatiske Klubb samlet unge teaterinteresserte til et meget aktivt arbeid og det ble også spilt teater i flere av de foreninger som var tvunget til mer illegal virksomhet.

Matmangel om høsten

På Universitetsplassen i Oslo var alle ledende militære og sivile tyskere til stedet ved den store høsttakkefesten 7. oktober. Men man savnet hovedpersonen, Reichskommissar Josef Terboven. Han var nemlig i Trondheim der han sørget for å skyte gisler og innføre standrett under den unntakstilstand han hadde etablert.

Det var ingen nordmenn som følte trang til noen høsttakkefest og aller minst i selskap med okkupantene. Generelt sett befant landet seg i en alvorlig forsyningskrise; i noen distrikter var forholdene så dårlige at man kunne tale om nødstilstand. Alle visste at okkupantene hadde en meget vesentlig del av ansvaret for denne krisen, selv om det stadig ble hevdet at britenes blokade var den viktigste årsak. Bergen befant seg fortsatt i en utsatt posisjon. Byen var avhengig av kontinuerlige forsyninger fra Nordfjord i nord til Hardanger i sør. Helst burde det også komme matvarer fra Østlandet, Rogaland og Trøndelag, slik det skjedde i normale tider da man også hadde importen fra utlandet.

Forenklet kunne man si at alle leveranser sviktet høsten 1942. Det hadde vært kortere perioder om sommeren da det var tilstrekkelige forsyninger.

Ja, det ble endog lagt opp kriselager av fisk. Men snart ble tilførslene mer usikre og statistikken viste underskudd på de fleste varer.

I følge de månedlige rapporter fra NS-fylkesmannen til Innenriksdepartementet måtte kommunen allerede i august begynne å ta av det reservelager man hadde lagt opp av fisk. Tilførslene av sild ble for små. Likedan var det alvorlig mangel på grønnsaker, det samme gjaldt bær og frukt. I hele august var poteter rasjonert med 1 1/2 kg. pr. uke. I den følgende måned kunne man fordoble denne rasjonen, men det skjedde altså på et tidspunkt da potetinnhøstingen nettopp var avsluttet.

Tilførslene av kjøtt varierte en del, som nedenstående tabell viser.

Periode	Kjøtt og flesk (kg)	Herav rekv. tyskerne
13.07.–15.08.42	10 184,5	9 523
17.08.–12.09.42	17 526,5	15 357
14.09.–17.10.42	177 206,0*	64 996
19.10.–14.11.42	407 888,5*	190 118
16.11.–12.12.42	232 342,2*	91 087,9

*De tre siste månedene viser en sterk økning i kjøttleveranser til Bergen, Fana og Laksevåg (som statistikken omfatter). Denne økning skyldtes tvangsnedslaktning. De tall som er gitt for tyske rekvisisjoner er derfor noe misvisende. En stor del av kjøttet ble frosset, saltet eller nedlagt hermetisk, eventuelt røkt eller tørket. Disse kjøttproduktene forsynte tyskerne seg av senere på vinteren. I denne statistikken er ikke regnet med en del hestekjøtt som ble mottatt i oktober og november. Det kom dessuten et mindre parti fårekjøtt (saltet) samt større kvanta hvalkjøtt.

I september måtte man ha spesielle kjøpekort for å få grønnsaker, men det hendte ofte at forretningene stod uten varer. Medisintran ble rasjonert fra slutten av september, og det var bare gravide og barn under 16 år som fikk kjøpe. (Mødre med spebarn fikk også rasjoneringskort).

I en bergensers dagbok heter det om matsituasjonen i oktober:

«Mat er det svært smått med. Smør og margarin finnes ikke, heller ikke sukker. Fersk fisk svært, svært sjelden. Grønnsakrasjonene er fantastisk små. Vi får melk bare ca. hverannen dag og da bare skummet. Kjøtt finnes ikke noe sted og vi har ikke hatt det på lenge. Det er nok klippfisk og det har vi spist nå i flere dager. Brødrasjonene er altfor små, skikkelig mett blir ikke ungdommen hvis de bare skal få sine egne rasjoner. Det beste pålegget er vel den svarte sirupen. Vi har potetkaker som er tilsatt en slags sildemel. De smaker ikke så ille, selv om potetene er malt med skallet på. Nå er også sjøstøvlene våre innlevert, selv om de var helt utslitte. Folk er opptatt av å sikre seg ved til vinteren. Ingen vet hvor de skal få lagret den. Det er erstatninger for alle ting, kaffe, te, tobakk, tekstil, lær – men foreløpig ikke brensel...»

Hver eneste måned ble det eksportert store mengder fisk og fiskeprodukter fra byen til Tyskland. Noe gikk med jernbane, men det meste med skip. Tran i betydelige kvanta ble også sendt ut. Importen av matvarer til byen var helt minimal. Det kom intet fra Tyskland direkte, men det kom mindre leveranser fra Danmark, Sverige og Sør-Europa.

Den vanskelige forsyningssituasjonen opptok alle. For enkelte kunne forsyningsproblemene nok overskygge det meste av det som hendte; det var familier som følte at de ikke kunne klare matmangelen i lengere tid. NS-myndighetene søkte å legge skylden på den illegale matvareomsetningen. Hvis man med befolkningens hjelp kunne få stanset svartebørshandelen og den påståtte svindel med rasjoneringsordningene, så ville det hele angivelig bli bedre. Gjennom avisenes reportasjer prøvde man nærmest å gjøre pris- og rasjoneringspolitiet populært. Sannheten var at det ikke fantes nok matvarer til å dekke behovet. Tyskerne rekvirerte det de kom over og beordret tvangslevering blant bøndene når de trengte mer. Den norske matvareproduksjon kunne ikke økes i takt med de programmer som ble utarbeidet på sentralt hold. Det er karakteristisk at fylkesmannen i Bergen og Hordaland fikk beskjed om at bøndene i fylket skulle levere 1 200 kg poteter pr. dekar. En kontroll i flere bygder viste at avlingene på enkelte gårder var nede i 500 kg pr. dekar. Selv tyskerne kunne ikke kommandere potetavlingene til å bli store nok. I oktober hadde fylkesforsyningsnemnda fått pålegg om å «skrive ut 3 000 tonn kålrot til fordeling mellom de kjøpende forbrukere i fylket», dvs. til norske avtagere. Da det samlede resultat for fylket knapt nådde opp i et slikt kvantum søkte nemnda via landbruksrådet til departementet om at en slik utskrivning måtte frafalles. Det ble avslått, men kvoten ble redusert til 1 500 tonn. En opptelling viste at det ikke fantes et slikt kvantum på lager. Man klarte å skrape sammen 82 tonn. Og mens det store byråkrati arbeidet videre utover vinteren med å studere hvor det var blitt av kålroten, var hyllene tomme hos kjøpmannen.

I begynnelsen av desember redegjorde forsyningsministeren for landets næringssituasjon. Det var liten trøst å få hos ham. Skjønt, man var nok takknemlig over tilsagnet om at brødrasjonene etter all sannsynlighet ville bli opprettholdt utover våren, fordi man var lovet rug fra Tyskland. Ministeren var ærlig nok til å si at det ville bli mangel på alle grønnsaker unntatt kålrot til man eventuelt fikk bedre jordbruksavlinger i 1943. Kjøttforsyningene ville fortsatt være utilstrekkelige.

Det ble av leger påvist en klar stigning i antall tilfeller av ernæringsmangel i 1942. Noen mer omfattende undersøkelser var det ikke anledning til, men situasjonen blant skolebarna ble regnet som så alvorlig at man fikk i gang skolefrokost – i første omgang for barn som syntes å ha særlig behov for næringstilskudd. Det hadde vært slik frokost for mange skolebarn helt frem til høsten 1941, men da hadde myndighetene stanset bespisningen fordi man ikke klarte å skaffe forsyninger. Høsten 1942 kom man forsiktig i gang igjen. Melk kunne ikke skaffes, ikke engang skummet melk. Det var heller ikke tørrmelk å få. Det ble søkt om havregryn til suppe og mel og poteter til steking av potetkaker til tuberkulosetruede barn – 500 små porsjoner daglig. Søknaden ble avslått. På tross av disse vanskelighetene klarte en liten gruppe dyktige kvinner og menn å starte bespisning av noen hundre barn som fikk 1/3 liter havresuppe daglig. Etter hvert kom det i stand suppekoking ved de 9 barneskolene i byen. Ved bidrag fra forretningsstanden fikk man ordnet både med utstyr og litt ekstra havregryn. Det er antatt at omtrent 1/4 av alle skolebarna på den måten fikk et viktig næringstilskudd høsten og vinteren 1942.

Utpå våren hadde man mottatt de første sendingene til Bergen fra den såkalte Norske Damekomité i Danmark. Disse matvaretransportene gikk i første omgang til sykehusene og var beregnet på pasienter og rekonvalesenter som trengte diett. Sendingene var gjennom hele 1942 adressert til fire sykehusleger personlig. Senere ble det funnet en annen ordning.

To leger som hadde ansvar for den første fordeling av matvarene fra Danmark påviste at den daglige kost som et voksent menneske fikk gjennom rasjonene i 1942 tilsvarte ca. 1 600 kalorier pr. dag. De fleste ernæringskyndige ville mene at en kalorimengde på 2 200–2 400 var passende. Det er på det rene at det gjennom lengere perioder heller ikke var mulig å få de daglige rasjonene og dermed kom man ikke opp i de beregnede 1 600 kalorier. I tillegg kom at kosten var lite variert og tildels av dårlig kvalitet.

Jødene arresteres

Det var ikke mange jøder i Bergen og omegn og de som var hadde alltid ført en stillferdig tilværelse. Noen hadde bodd lenge i Norge, andre var kommet etter 1. verdenskrig. På et tidlig tidspunkt under krigen klarte et par unge jøder å komme til Storbritannia hvor de meldte seg til krigstjeneste. Allerede i mai 1940 var den første sjikane innledet fra okkupantenes side; da ble norsk politi beordret til å beslaglegge jødenes radioapparater. Denne aksjon var et varsel om at de var under spesiell oppsikt av de tyske myndigheter og deres norske hjelpere.

I forbindelse med det tyske angrep mot Sovjet-Unionen i juni 1941 ble jøder arrestert over hele Norge. De som ble tatt var i første rekke statsløse og personer som var innvandret fra Russland eller Sovjetunionen. En av jødene i Bergen ble arrestert da. Mens mange av de andre senere slapp ut av fangeleirene, ble bergenseren sittende, først på Ulven og senere på Grini. Høsten 1942 ble han sendt til Auschwitz – og der døde han.

Tysk og norsk politi foretok registreringer av alle av jødisk herkomst og laget fortegnelser over deres formue og eiendom. Noen jøder i Bergen skal ha fått hjelp av folk i politiet til å skaffe seg falske legitimasjonspapirer.

I mars 1942 kom Politidepartementets forordning om at alle jøder i Norge skulle la seg registrere. De fikk en «J» stemplet inn i sine pass og grenseboerbevis. Dette skjedde etter krav fra det tyske sikkerhetspoliti, men det fremgår av arkivmaterialet at NS-myndighetene utviste allsidig initiativ på dette område. En uke senere ble det gjort kjent at Vidkun Quisling hadde endret Grunnloven slik at jøder skulle nektes adgang til riket. Den praktiske betydning av «Førerens» grunnlovsendring var lik null, men propagandamessig ble det søkt utnyttet av Nasjonal Samling som for alvor hadde satt i gang en rasekampanje etter tyske forbilder. I august ble rabbineren i Oslo og flere ledende medlemmer av den jødiske menighet arrestert. Dette skjedde etter at det var rettet flere brutale slag mot jøder som bodde i Trondheim.

Det gikk stadig rykter om at jødene i Norge kom til å bli hardere forfulgt, men ingen kunne si om det var grunnlag for slike påstander. Mange jøder klarte å komme seg til Sverige. Fra Bergen reiste bare noen ganske få – som hadde spesielle kontakter. Og imens forberedte de tyske myndigheter den store aksjonen.

Ved en meget generelt utformet lov av 24. oktober 1942 skaffet NS-regjeringen seg en slags hjemmel for å gå til arrestasjon av personer «som med skjellig grunn» kunne mistenkes for folke- eller statsfiendtlige holdninger. Det som tjente som påskudd fra norsk side for aksjonen mot jødene, var en episode på et tog til Halden 22. oktober, altså to dager tidligere. Da hadde en gruppe jøder som prøvde å flykte til Sverige skutt ned en norsk statspolitimann som kom for å kontrollere deres papirer. Episoden gjorde det klart for myndighetene at norske jøder tok seg over grensen til Sverige.

Den 26. oktober slo statspoliti og regulært politi til mot jøder over hele landet. Menn ble arrestert og deres hjem undersøkt. Ordren om arrestasjonene var kommet fra Berlin til det tyske sikkerhetspoliti i Norge. Men det var norsk politi som ble pålagt å gjennomføre aksjonen. Man kjenner dessverre bare meget få tilfeller der lensmenn og politifolk unnlot å utføre oppdraget.

I Bergen og nærmeste omegn ble 13 menn av jødisk avstamning arrestert 26. oktober. Etter et kortvarig opphold i kretsfengselet ble de sendt til Berg utenfor Tønsberg. De kom til denne leiren 30. oktober. En måned senere ble de øvrige jøder, kvinner, eldre menn og barn arrestert over hele landet. Transporten fra Bergen gikk med godstog og tok over et døgn. Med i gruppen på 11 mennesker var også en som var gift med en ikke-jøde. Dette paret ble reddet fra videre transport fordi det 25. november var kommet en ny tysk forordning om at jøder som var gift med ikke-jøder ikke skulle deporteres. Transporten fra Bergen omfattet også noen få fra andre deler av Vestlandet. De arresterte kom til Bredtvedt ved midnattstider 26. november. Det var da blitt for sent for tyskerne å få dem med «Donau» som hadde seilt fra Oslo tidligere på dagen. Sammen med mange andre jøder ble de derfor sendt til Auschwitz først i februar 1943.

Noen få jøder fra Bergen unngikk deportasjon. Det var to som var gift med ikke-jøder, noen få som var syke og i institusjoner, samt et par-tre som var svenske statsborgere.

I alt ble 25 mennesker arrestert i Bergen under jødeaksjonen. Ingen av de 12 fra Bergen som ble deportert til Auschwitz overlevde.

Her hjemme visste man ikke hva som hadde hendt med dem som var blitt sendt til Tyskland. Men man var opprørt over arrestasjonene. Admiral Boehm som holdt Grossadmiral Räder underrettet om tyske okkupasjonstiltak som særlig skadet forholdet til nordmennene, rapporterte julekvelden 1942:

«De fleste av de jøder som bor i Norge er arrestert og sendt bort. Da det norske folk ikke har følt jødeproblemet av egen erfaring på samme måte som i Tyskland, har dette tiltaket utløst opphisselse i det norske folk og har belastet NS i folks øyne, fordi partiet ble trukket inn i gjennomføringen.»

Alt i alt ble det deportert 759 jøder fra Norge til Tyskland og av dem overlevde bare 25. Regner man med de jøder som mistet livet på grunn av krigshandlinger forøvrig i Norge kommer man til at mellom 42 og 43 prosent av den jødiske befolkningsgruppe ble drept under krigen.

Ved årets slutt

1942 hadde vært rikt på dramatiske begivenheter. På utefronten vekslet krigslykken, men høsten og vinteren hadde styrket de alliertes sak og selv de tyske krigskommunikéene kunne ikke skjule at kampen om Stalingrad utviklet seg i kritisk retning. Den allierte landgang i Nord-Afrika var en begynnelse til den invasjon de okkuperte folk i hele Vest-Europa ventet på.

Sterkere enn før merket folk i Norge det knugende press som okkupasjonsmyndighetene la på hele samfunnet. Den tid var forbi da tyskerne talte om et «oppriktig samarbeid». Masken var kastet og nå gikk okkupantene inn for en planmessig utnytting av norske ressurser. Vårt land hadde fått sin plass i tysk krigsøkonomi. For den tyske administrasjon var det viktig at de oppsatte mål for produksjon og leveranser ble nådd. Mens matvarerasjonene kunne økes i Tyskland, måtte nordmennene stramme livremmen inn.

Det var i 1942 at motstanden mot tyskerne og norske nazister for alvor ble organisert på landsbasis. De dyrekjøpte erfaringer som var høstet gjennom 2 1/2 års okkupasjon kom til nytte når innsatsen nå ble effektivisert. Hjemmefrontens ledelse undervurderte ikke sine fiender, men det er antakelig riktig at man på tysk side ikke hadde anelse om hvor omfattende det illegale apparat begynte å bli.

Fremfor alt ble 1942 det store år for den sivile motstandsfront og den nasjonale holdningskamp. Stadig flere skjulte linjer førte frem til den hemmelige Koordinasjonskomite og Hjemmefrontens ledelse. Den enkeltes innsats ble satt inn i en større og mer meningsfyllt sammenheng. Det nyttet å gjøre motstand. De tap som oppstod kunne vendes til seier.

For dem som var aktive på utefronten – i forsvarsstyrkene, handelsflåten, administrasjonen eller på annen måte – var det en oppmuntring å vite at den vanskeligste fase i krigen kanskje var forbi. De alliertes store krigsmaskineri var kommet i gang for fullt. Winston Churchill hadde advart mot å tro at man nærmet seg krigens slutt. Men han hadde sagt at man i hvert fall nærmet seg «slutten av begynnelsen». For de mange som satt i tyske fengsler og fangeleirer, lå i dekning eller var under forfølgelse av Gestapo, var det liten trøst i et slikt perspektiv.

I hele det okkuperte Norge tenkte folk ved årsskiftet at frigjøringen kanskje ville komme hvis man bare holdt ut til sommeren. Så vanskelig som levekårene var blitt for de fleste, var det ikke rimelig å forestille seg at tilstandene kunne komme til å vare i flere år. Det gjorde godt å tenke på alt det vidunderlige som «snart» skulle skje. Gjensynet med dem som befant seg i fangenskap eller i kamp på utefronten stod øverst på ønskelisten.

Kilder

Arkiver

(BKA) Bergen kommunes arkiv vedrørende okkupasjonstiden. Inneholder et rikholdig og variert materiale som er samlet inn av de to utvalgene som Bergen kommune oppnevnte. Det første arbeidet 1949–56, det andre fra 1973. Arkivet omfatter foruten stoff fra Bergen og de nærmestliggende områder også verdifullt innsamlet materiale fra kommuner i Hordaland og Sogn og Fjordane.

(UBB) Universitetsbiblioteket i Bergen har utrykt og trykt materiale vedrørende okkupasjonstiden. Særlig viktig er samlingen av illegale skrifter.

Riksarkivet i Oslo har bare i liten utstrekning vært nyttet, fordi arkivalia vedrørende Gebietskommissariatets kontor i Bergen ikke var tilgjengelig på grunn av flytting. Landsvikarkivet er nyttet i forbindelse med spesielle saker.

Norges Hjemmefrontmuseum har meget arkivstoff som gjelder motstandskampen, Nordsjøfarten, etterretningsarbeid m.v. Men museets samlinger er ennå mangelfulle på flere felter, spesielt er dette merkbart for den som søker stoff om okkupasjonstiden på Vestlandet. Det såkalte SOE-arkiv er ikke nyttet av forfatteren, ut over visse kontrollspørsmål som er formidlet gjennom direktøren Knut M. Haugland.

Fylkesmannen i Bergen og Hordaland har stilt til disposisjon kopier av månedsmeldinger til Innenriksdepartementet under krigen. Meldingene inneholder opplysninger om forsyningsforhold, helsetilstand, sysselsetting etc.

(BAMA) Bundesarchiv-Militärarchiv, Freiburg/Br. Har omfattende samlinger av dokumenter fra de tyske militære avdelinger som var i Norge. Fra dette arkiv er vel 500 sider dokumentasjon som vedrører Bergen tatt på mikrofilm. Særlig viktig er de militære sjefers krigsdagbøker (KTB) med vedlegg.

(BA) Bundesarchiv, Koblenz, har store mengder arkivalia som vedr. okkupasjonen av Norge. Det er tatt fotokopier av omtrent 600 sider dokumentasjon, særlig vedrørende Reichskommissariat og Dienststelle Bergen.

Personlige kilder

Forfatteren har hatt muntlig og/eller skriftlig kontakt med en rekke personer under arbeidet med første bind av denne bok. Noen har gitt nyttig hjelp med manuskriptet, andre har kunnet supplere arkivmateriale med nye opplysninger eller har stilt til disposisjon dokumentasjon. Disse er: Helene Andersen, Rolf Hille Andresen, Otto Aksdal, Andreas Aulie, Kristen Branum, Olav Brunvand, Jan Dahm, Sigmund Ove Førde, Gunnar Fougner, Tore Gjelsvik, Arnfinn Haga, Kristen Hatlevik, Egil Hiis Hauge, Knut Haugland, Britt M. Haugsøen, Mons Haukeland, Egil Helle, Hans A. Helle, Wenche Holm, Hilmar Langøy, Ole J. Laading, Eystein Magnus, Solveig Marthinsson, Oskar Mendelsohn, Alf Martens Meyer, Odd Mjelde, Harald Nielsen, Nils Nordland, Rolf Nygaard, Odd Orheim, Kristian Ottosen, Anton Rosenberg, Hilmar Reksten, Sverre Rødder, Kjartan Rødland, Konrad Seime, Magne Skodvin, Herman Steinfeldt, Odd Strand, Marnie Suleng, Jacob Syltøy, Frithjof Sælen, Bjarne W. Thorsen, Herman G. Tidemann, Torgrim Titlestad, Knut Tjønneland, Tomas Torsvik og Olav Wallin.

Aviser

Samtlige bergensaviser inneholder stoff som har vært nyttig for fremstillingen. Dertil kommer de illegale aviser i UBB og Norges Hjemmefrontmuseum.

En samlet oversikt over trykt kildelitteratur vil bli gitt i bind II.

Veien mot stupet

Hemmelige agenter — Britene og tyskerne la stor vekt på etterretninger om skipstrafikken. Våren 1940 var det en økning i agentvirksomheten i Bergen. — *Meldinger om krigsforlis* — Det første krigsforliste norske skip var d/s «Ronda» som gikk på en mine 15.9.1939. 17 personer omkom. En måned senere ble et annet bergensskip senket, nemlig «Lorentz W. Hansen» og i november gikk først «Sig» ned utenfor Humber senket av tysk torpedo og deretter ble «Arne Kjøde» senket nær Orknøyene. Ved disse forlisene omkom 8 sjøfolk. I desember ble ytterligere tre bergensskip senket og 9 mann omkom. I jan. 1940 tapte bergensflåten først «Miranda» og «Songa» og 14 sjøfolk, og i slutten av måneden ble «Hosanger» og «Telnes» senket med tap av 35 liv. I febr. krigsforliste «Hop» i Nordsjøen og 17 av mannskapet omkom. I slutten av mars fikk «Svinta» og «Cometa» samme skjebne. (Totalt mistet den norske handelsflåte 55 skip i tiden fra 3. september 1939 til 8. april 1940. 377 sjøfolk og 16 passasjerer omkom ved disse krigsforlisene). Statistikk utg. av Sjøfartskontoret (Oslo 1949). — *«Westerwald» skulle* — Skipets kaptein ble underrettet om at det ikke ville bli lagt hindringer i veien hvis skipet ønsket å nytte den sedvanlige leden. Norske myndigheter viste her stor ettergivenhet. Skipet burde vært behandlet som krigsskip (hjelpeskip) og nektet passasje gjennom krigshavnen. Undersøkelseskommisjonen av 1945 kritiserte den avgjørelse som ble tatt, jfr. Bind I, s. 57. — *«Altmark» hadde vært* — Skipet førte «Reichsdienstflagge» og ble først visitert av torpedobåten «Trygg» i Edøyfjord, Nordmøre. Senere av torpedobåten «Snøgg» i Ålesund og pånytt i Sognefjorden sør for Steinsund. Kapteinen på «Altmark» løy for visiterende norske offiserer hver gang. Iflg. sine ordrer skulle han gi korrekte opplysninger om skipets karakter, men ikke gjøre opphold underveis langs kysten. Tyske myndigheter ønsket ingen gjentagelse av saken med «City of Flint» og «Westerwald». RM 7/203 s. 52.24.1.40.BAMA.

Beredskapstiltak

Folk flest var — Opplysninger om det sivile luftvern fra mappe: Det sivile luftvern — Luftvernsjefens dagbøker m.v. BKA. — *Evakueringsutvalget hadde* — I de første dagene etter 9. april regnet lokalbåtselskapene fremdeles med at det kunne bli bruk for skip til evakuering. Skip ble holdt i beredskap. Oppl. av direktør Finn Øen til Okkupasjonshistoriekomiteen 29.11.74. (notat) — *innsamlingen ble startet* — Bergens Forsvarsforening fikk inn 120.000 kroner som kom til å stå på en bankkonto under krigen. Beløpet med renter ble etter krigen tillatt brukt til foreningens klubblokale på Sverresborg.

Faresignaler

«Rio de Janeiro» — Da den tyske overkommando fikk melding om at skipet var senket og at de soldater som kom i land fortalte at de skulle til Bergen, var

man noenlunde sikker på at overraskelsesmomentet var gått tapt. Dermed mente de at hele angrepet stod i fare for å mislykkes. Den tyske militære reaksjon bekrefter påstanden om at et sterkere norsk beredskap kunne ha avverget angrepet.

«Ingen fiendtlige hensikter»

Opplysningene i det vesentlige fra Rolf Scheen: Norges sjøkrig 1939—40, Bind I og E. A. Steen: Sjøforsvarets kamper og virke på Vestlandet og i Trøndelag i 1940. En del originaltelegrammer i UBB.Ms.1968,3 — *forholde seg rolig* — Fra «Köln» ble det signalisert «HMS CAIRO». Den norske signalør leste bokstavene langsomt etterhvert som de kom fra krysseren og ropte dem videre til kapteinen på broen av «Manger». Det lød som «s-e-i-r-o-, , , », og ble oppfattet som «Sei ruhig». — *Et kompani ble* — Kommandanten på Kvarven telegraferte 8. april kl. 2045 til general Steffens: «Skal innmeldes at festningen når som helst kan ta imot et infanterikompani» (UBB 1568 C3). Det var et nesten desperat behov for et slikt kompani på festningen. Men man trengte det også andre steder.

Inn på havnen

— *av ukjente grunner* — opprinnelig hadde det vært planlagt at de tyske skip skulle føre britiske flagg under passeringen av festningen. Generalmajor Tittel hadde protestert overfor general Jodl mot en slik folkerettsstridig opptreden, og hadde endog bedt om å bli avløst som sjef for den avdeling som skulle innta Bergen. Den tyske overkommando fant senere at det ikke ville være særlige fordeler ved å nytte britiske flagg. 8. april ble det derfor gitt melding til alle skip i angrepsstyrken at de enten skulle vise tysk flagg eller la være å heise flagg. Men fremdeles gjenstod muligheten for å oppgi de tidligere avtalte navn på britiske krigsskip, som svar på anrop. — *en direkte treffer* — Iflg. tyske oppgaver: Fernschreiben von S.MAZ, Marinenachrichtendienst 13.4.40. BAMA. Admiral von Schraders KTB,M 789 — *en egen sjøflyavdeling* — KTB nr. 1 der Seefliegerhorstkommandanten Bergen vom 9.4.1940 bis 30.4.1940. BAMA. — *var deres tap* — Det er neppe grunn til å tro at de tall de militære sjefene oppgav i hemmelige beskjeder til sine overordnede ikke var korrekte. Det ble alltid gitt meget detaljerte opplysninger om drepte, sårede og savnede. Antall falne på land er forf. eget anslag og er noe usikkert, bl.a. fordi falne kan ha vært tatt med de tyske krigsskip tilbake til Tyskland.

Tyskerne overtar byen

— *hadde ferdige planer* — Hauptmann Stromberg kom til jernbanestasjonen om morgenen og ba om å telefonkontakt med Bahnhofoffizier på Østbanestasjonen i Oslo. Fra Oslo ble det svart tilbake i telefonen at det måtte være noen i Bergen som hadde fått «en skrue løs». (Notat fra bestyrer Hilstad, Jernbanens reisekontor Ms 1568,H 1 f-1, UBB). — *britiske og franske* — Den franske konsul, som var nordmann, ble satt på frifot om ettermiddagen 9.4. mot meldeplikt. En fransk legasjonskurer som oppholdt seg i byen klarte neste dag å komme ut av byen i strømmen av folk som evakuerte. Han havnet i Storbritannia — uten penger og uten bagasje. — *nå samlet seg* — KTB,M 789, BAMA.

Det første døgn

Ombord var 2 mann — tapstall iflg. tyske oppgaver, KTB,M 789, BAMA. — *«Marie Leonhardt»* — Samtidig kom fiskedamperen «Cremona» med overlevende fra «Sao Paolo». KTB,M 789, BAMA. — *den enhetlige ledelse* — Ikke alt gikk etter planen for tyskerne heller. Men de viste stor evne til improvisasjon. Sambandet med Oslo var dårlig og admiral von Schrader måtte på egen hånd treffe sine avgjørelser.

Isolasjon

Norges Banks avdeling — Direktør S. Fougner anmodet 9. april politimesteren om hjelp til å få evakuert bankens beholdninger og verdier. Politimesteren avslo fordi de tyske militære ledere hadde nedlagt forbud mot at verdier av noen art ble fjernet fra byen. Fougner var særlig interessert i å få ut et parti gull til en verdi av nesten 10 millioner dollar. (Notat fra banksjef Sigurd Fougner i BKA). Gullet tilhørte Sveriges Riksbank og hadde opprinnelig bestått av et parti på 18 tonn. Halvparten ble sendt fra Bergen like før 9. april. Gullpartiet ble sendt til Sverige 9. juli etter at alle formalia var ordnet med tyske myndigheter. (Oppl. av arkivar i Norges Bank til forf. desember 1976). — *«Heute gehört uns»* — 69 ID W 1461 BAMA. Det var det verset som begynte med disse ordene den tyske koloni mente man ikke burde synge. — *Utpå ettermiddagen* — De båtene som kom var U 7, U 9, U 14, U 60 og U 62.

Brohodet utvides

gikk det storalarm — KTB der Seefliegerhorstkommandanten Bergen, BAMA — *18. april konstaterte* — RM/7/11, s. 184, BAMA — *skulle sendes østover* — Alle tyske soldater ut av Vestlandet, var 4. Brigades mål den 11. april.

De første represalier

«Frivillig norsk forsvar» — KTB for de første dager i byen viser hvor intenst general Tittels stab beskjeftiget seg med denne organisasjon, som tallmessig var meget liten, som ikke hadde våpen eller militært materiell av betydning og som ikke drev noen form for hemmelig virksomhet. — *«kommunistische Hetzschriften»* — formodentlig antityske trykksaker fra tiden før den tysk-sovjetiske vennskapsavtale ble inngått i aug. 1939. 69 ID, W 1461. BAMA. — *sjøkabel ble kappet* — I en samtale med general Tittel 13-6-40 sa politimester

Aug. Pedersen at sabotasjen mot senderen var gjort av distriktssjef Schrøder-Nielsen i Telegrafverket, etter ordre av general Steffens. I samtalen foreslo politimesteren at S-N. måtte bli gjeninnsatt i sin stilling. Generalen som for første gang fikk høre om politimesterens teori, avslo å gi S.-N. en slik betrodd stilling. Men tyskerne grep ikke inn og siktet ham for sabotasjen. 69 ID 24111/2.13.6.40. Hvorvidt det faktisk forelå noen form for sabotasje er tvilsomt. — *utenlandske båtene* — Kr. 23115 A, BAMA.

Det daglige brød

Et spesielt rasjoneringsutvalg — formann var professor I. Wedervang. Utvalget holdt daglige møter så lenge det var i funksjon inntil 19. juni. — *overkvartermesteren* — RM/7/92. Anlagen allgemeiner Inhalt zum Teil A, BAMA.

Krigstilstand

Mest utførlig er dette behandlet av Magne Skodvin i artikkelen: Om bakgrunn for Führer-Erlass av 24. april 1940. Hist. Tidsskrift 35, 1949, s. 97—131. General Tittel hadde godtatt at man skulle be fylkesmann Lindebrække og ordfører Stensaker om å reise til Voss for å anmode general Steffens om å overgi seg. Dette skulle egentlig ha vært lagt frem for de to den 20. april av kaptein Müller i Tittels stab. P.g.a. den nye situasjon ble planen oppgitt. 69 ID, Tätigkeitsbericht W 1461 e. — *Det brev ordføreren* — teksten til de tre brevene avviker noe. De er gjengitt i KTB 69ID W 1461 e. Av denne fremgår også hvilken rolle den tyske konsul i byen egentlig spilte. Selve kunngjøringen om krigstilstand er ikke viet særlig oppmerksomhet i dagboken. — *til fylkesmannen i Rogaland* — T. Wyller: Aprildagene 1940, s. 259 — *Erklæringen i Bergen* — det er sannsynlig at den tyske konsul i Bergen fikk den i stand, muligens på eget initiativ.

Hjulene holdes igang

«Bankenes ledelse — Avskrift av en erklæring i Einar Olsens arkiv, II,BKA — *Det ble fra tysk side* — Det var sterke friksjoner mellom de militære og Gebietskommissæren i mai—juni 1940 da de sivile myndigheter skulle overta. Gebietskommissar Schaller nevnte dette i brev til Terboven d. 19. juni. Wehrmacht ville ikke overlate arbeidet til «de yngre herrer». Særlig vanskelig hadde det vært for major von Viebahn, «som i ukevis har vært en slags næringslivsdiktator her». R 83/7 BA.

Eksplosjoner, bomber og drivstoffmangel

De tyske tap — fremgår av admiral von Schraders KTB. Det ble besluttet at de omkomne tyskere skulle begraves uten spesielle høytideligheter, uten æreskompani, militærorkester m.v. — *de to flyverne* — Tyskerne identifiserte dem som: Ltn. Robert Raillie Nuthall og sergeant Stanley Arthur Nicholls.

Presse og radio knebles

altfor stereotypt — 24.4. sendte den t. øverstkomm. i Norge ut «militære grunnsetninger for pressen». Det ble har lagt vekt på mangesidighet, slik det var før 9.4. Det ble også sagt at pressen hadde en oppgave i å berolige befolkningen. Alle NTB-meldinger kunne off.gjøres uten videre, da de allerede var godkjent av den tyske militære sensur for utsendelse. — *en egen avdeling* — Abteilung Ic fantes ved hver divisjonskommando. Den avgav egen «Tätigkeitsbericht» hver måned, med bl.a. informasjon om stemninger blant nordmenn, rykter, forholdet til NS o.s.v. Opplysningene om tysk syn på presse og radio i Bergen kommer fra slike rapporter. Abt. Ic hadde fått sine oppgaver definert slik — i en orientering som ble gitt i Reichskommissariat i juni 1940: «Feindtätigkeit, Lagenkarte, Beurteilung der Kampfkraft des Feindes — Abstand halten. Über die Sache stehen. Alles sehen, hören. Stete handelnd eingreifen. Klare Beziehungen wischen Behörde und Truppe». SD laget også hver uke en hemmelig situasjonsrapport (Lagebericht). Den ble lest av SD-ledelsen og Terboven og inneholdt en stemningsrapport, et konsentrat av ukens dagsrapporter fra sikkerhetspolitiet samt diverse opplysninger om interne norske forhold, bl.a. om NS. — *krevd at politimesteren* — Etter tysk påtrykk hadde Administrasjonsrådet 29.4. sendt en «instruks» til samtlige sjefredaktører i den okkuperte del av landet. I instruksen ble det innskjerpet at sjefsredaktøren var ansvarlig for at det ikke ble bragt noe stoff som kunne være skadelig eller ufordelaktig for tyskerne. «De lokale politimyndigheter skal sørge for overvåkingen av at dette pålegg blir overholdt». Instruksen ble hemmeligholdt. Det er ikke sikkert at politimesteren i Bergen fikk instruksen før flere uker senere — etter at forbindelsen med Oslo var blitt bedre. Det er endog mulig at han aldri fikk den, og derfor kunne si til tyskerne i byen at han ikke hadde noen plikt til å overvåke avisene.

Dagliglivet «normaliseres»

hadde snauklippet — slike tilfeller var ikke ukjent noe sted, skjønt det i tysk agitasjon ble overdrevet. Terbovens eksempler er ikke kjent. 14. juni kom det klage fra to jenter i Bergen over at noen hadde truet med å klippe håret deres, fordi de var sammen med tyske soldater. I general Tittels KTB ble det notert: «Exemplarische Bestrafung gefordert, um endlich diese unerträgliche Beleidigung abzustellen».

Sivil tysk administrasjon

var fratrådt — Samtlige tyske utsendte konsuler og diplomater ble i de følgende dager flyttet fra Norge. Det var en ny seier for Terboven i hans kamp mot embetsverket og de militære lederne. Tallet på konsuler i byen ble ytterligere redusert etter at Belgia og Nederland var overfalt av Tyskland. De to honorære konsulatene i byen ble nedlagt og den belgiske konsul pådrog seg i høyeste grad okkupantenes misnøye ved sin uredde holdning. — *Reichskommissar* — Besøket i byen ble ikke kjent for bergenspressen, men ble senere nevnt i en linje i Deutsche Zeitung in Norwegen (21.5). Terboven kom med sjøfly fra Trondheim. — *entydig innstilling* — 69. Inf. Div., W.1461.22.5.40, BAMA. — *maktkamp mellom Quisling* — I Oslo klaget Albert Hagelin til Terboven 28.7.40 over at Fritt Folk ble underkastet sensur mens andre aviser, bl.a. Bergens Arbeiderblad, fikk slippe til med kritikk mot Quisling og NS (NS 43/26 fol 1, BA). — *ifølge ordfører* — I boken: Det hendte i Bergen.

Tyske oppdrag til bedrifter

Dette kapittel bygger særlig på dokumenter i BKA, samt landsviksak nr. 22/1947 med utskrift av dom i saken. Det vises også til: Om landsvikoppgjøret. Innstilling fra et utvalg nedsatt av for å skaffe tilveie materiale til en innberetning fra Justisdepartementet til Stortinget, avgitt 1962, s. 282—287. — *utbedre veiforbindelsen* — Høsten 1940 ønsket Hitler at det skulle bygges en riksautobahn mellom Trondheim og Oslo. «Es bestehe die Absicht, Trondheim zum grössten Kriegshafen Europas auszubauen. Dazu sei es erforderlich, eine sichere Landverbindung mit dem Kontinent zu schaffen». Omkostningene ble anslått til ca. 800 millioner kroner. En interessant detalj i denne sak er at man i Reichskommissariat var kommet til at beløpet skulle skaffes tilveie i form av lån fra Riket. Første år trengte man bare 30—35 millioner kroner og det mente «statsråd» Sandberg at han kunne skaffe i Norge. R 2/354, BA.

Flyalarmer og bombeangrep

Både luftvernsjefens dagbok og de tyske krigsdagbøkene gir detaljerte beskrivelser av angrepene. Særlig utførlig er bilagene til de tyske krigsdagbøker, med skriftlige rapporter f.eks. fra luftvernkommandørene og jagerflyverne i forbindelse med hver innflyvning av fremmede fly. — *En bergenser* — Vedkommende, som var italiensk konsul, var en velkjent skikkelse i byen og kjent for sin tyskvennlighet.

Idrettslivet og «den nye tid»

Dette kapittel bygger først og fremst på lokalpressens referater, enkelte klubbaviser samt den tyske regimentsavis, UBB.

Den første motstand

«Organisation Ulstrup» — «Der Führer der norwegischen Organisation, die bis in die letzten Tage Minen geworfen hat, ist bisher nicht gefasst worden», noterte den tyske admiral i sin KTB.M789,118. BAMA — *hemmelighet over i tysk* — Vedkommende ble aldri avslørt som angiver. I den tyske KTB er uttrykkelig sagt at han ble Abwehrs agent. Innført i KTB 4. mai: «vernehmung

eines norweg. Zivilisten, der im Stabe des General Steffens der Fernsprechdienst versehen hatte. Sehr wertvolle Aussagen. Wird auf Grund des Aussagen an den Leiter der Abwehrstelle als Agent übergaben». Deretter følger vedkommendes navn, fødselsdato og fødested. 69 ID, W. 1461 e, BAMA. — *Dommene ble avsagt* — Referatene fra krigsrettssaken gir et godt bilde av motstandsgruppen. Ett av dens første medlemmer var Hilmar Reksten, som drog til Storbritannia via Ålesund i april. — *Også en annen* — utførlige opplysninger om denne gruppens virksomhet er etter anmodning av forfatteren gitt i en rekke brev fra Kristen Branum 1976—77. Den britiske telegrafisten het visstnok Thomas Murray. Tyskerne registrerte beslag av en radiosender LMA — med «William Murray» som en av hovedmennene i gruppen.

Nordsjøfarten begynner

De første gisler — 69 ID,W 1461, e,BAMA (21.5.40) — *Så sent* — opplyst til forf. av Jacob Syltøy. De to britene, kommandørkaptein Villers og kapteinløytnant Stoddart hadde vært knyttet til det britiske konvoikontoret i Bergen. Mrs. Villers var visstnok kusine av Anthony Eden som da nettopp var blitt britisk utenriksminister. Tyskerne fant flere hemmelige dokumenter i konvoikontoret og offentliggjorde deler av dem som bevis på britiske angrepsplaner mot Norge i 1940. — *utpå nyåret 1941* — De ble dømt i februar. Utrolig nok ble de deretter satt på frifot og først tatt igjen 21.6.41. Da ble de etter noen ukers fengsel i Norge sendt til Fuhlsbüttel tukthus i Hamburg. De fleste hadde fått 2 år og kom hjem om sommeren 1943.

Visitter fra Shetland

bestod av 14 — Oppl. av Otto Aksdal i brev til forf. — *Den tredje var* — opplysninger om aksjonen er gitt forf. av Otto Aksdal og Olav Wallin i diverse brev. Aksjonen i Ålvik ble i første omgang etterforsket av politimesteren i Hordaland. Tysk politi skaffet seg snart et utførlig og noenlunde korrekt bilde av det som hadde skjedd og hadde også navn på mange av deltagerne.

Eksport og etterretning

Den første følelsen — sitert fra minneskrift til Chr. Brun — *forbindelse med bystyret* — notat av Egil Aarø,BKA. Tyskerne hadde ca. 30 mistenkte i gruppen. De beslagla to fiskeskøyter, en radiosender, ti pistoler og en del ammunisjon. Opprullingen skyldtes en angiver.

Milorg oppstår

Fremstillingen bygger særlig på opplysninger gitt forf. av Mons Haukeland. Selve begrepet Mil.Org. ble ikke benyttet av noen på dette tidspunkt — det hørte senere perioder til.

Andre motstandsgrupper

arbeidet ledet av — Senere kom også Herman Tidemann, Einar Friele og Fridtjof Føyner med i ledelsen. Det understrekes at det er umulig å skaffe en fullstendig oversikt over de mange smågrupper som i 1940 begynte ulike former for motstandsarbeid.

Antinazistiske demonstrasjoner

avdelingsleder Engelbrecht — 69 ID 24 111/2 29.8.40,BAMA. Engelbrecht kunne 16.9.40 ikke gi general Tittel forklaring på hvorfor Quisling ikke fikk danne regjering. Han hadde bare fått vite at det ennå ikke var mulig å overføre noen makt til Quisling, fordi hans parti var for svakt. NS skulle nå gjøres til en maktfaktor i Norges innenrikspolitiske liv. Tyske dokumenter gir forøvrig mange eksempler på den mangelfulle orientering de militære ledere fikk om den innenrikspolitiske utvikling. 20. juni ble alle lederne for divisjonenes Abt. I samlet til møte i Oslo. Terbovens stedfortreder, Ministerialrat Georg W. Müller sa da at det antagelig om en uke eller to ville bli utnevnt en norsk regjering. «Quisling og hans tilhengere ville da få sin levedyktighet prøvd». (werden zur Feststellung ihrer Lebensfähigkeit beobachtet). — *17. oktober* — NS krevde 7. okt. å få låne Konsertpaleet til Quislings foredrag. Det ble avslått av kommunen, som svarte at lokalet bare kunne leies på vanlige vilkår. — *på første side* — Bergens Tidende 12.11.

Kommunistpartiet forbys

Politiaksjonen vakte — Gebietskommissar Heintze var indignert over at han ikke på forhånd hadde fått kjennskap til aksjonen. 69 ID 24 111/2, 16.8.40. BAMA. Pressen fikk streng beskjed om ikke å røpe med et eneste ord «det som hendte i natt». — *urolig over russernes* — 13. august krevde Hitler at nordnorske fjorder måtte bli bedre beskyttet, slik at eventuelle sovjetiske angrep kunne bli slått tilbake. Führer Lagebesprechungen 1940, BAMA. Tyskerne mente å finne trusler mot Finland i en tale Molotov holdt 1. august. Aksjonen kom åpenbart helt overraskende på kommunistpartiet, som fikk beslaglagt møteprotokoller, medlemslister m.v. De penger som ble funnet beholdt Reichskommissar Terboven for egne formål.

De fagorganiserte under press

Kommunistavisen i Bergen — 21. juni gjengav avisen en uttalelse fra NKP om at man måtte få et statsstyre utgått fra det arbeidende folk. Det ble tatt avstand fra «alle planer om en regjering av reaksjonære grupper eller partier eller en borgerlig-sosialdemokratisk koalisjonsregjering». (Det er nærliggende å tro at retningslinjene til kommunistpartiene i de land som var okkupert av tyskerne kom fra Moskva. På samme tid krevde nemlig kommunistene i f.eks. Frankrike en ny regjering sammensatt fra de samme grupper. Dette var kapitalistenes krig og man burde få fred med tyskerne). Arbeidet sa i flere artikler at Norge burde slutte fred med Tyskland og oppheve det «tidligere regjeringsvedtak om krigsallianse med England og Frankrike». Det var grove utsagn i en tid der folk følte at nasjonens skjebne avhang av våre allierte i vest. Jfr. forøvrig polemikk mellom Olav Brunvand og Torgrim Titlestad i Arbeiderbladet sommeren 1977. Brunvand hevder at kommunistenes virksomhet ble sterkt kritisert av folk i Samorganisasjonen og Arbeiderpartiet. Jfr. også polemikk mellom Titlestad og Leif Vetlesen i Sosialistisk Perspektiv nr. 5 og 6 1977. — *«Arbeiderfolkets Vestlandskonferanse»* — Torgrim Titlestad har på grunnlag av sine studier gitt en annen og sterkt positiv fortolkning av konferansens mål og resultater.

Tysk disiplin

Som neppe noen — Feldgendarmeriets rapporter fra den første tid er bevart. De viser at det ble gitt en mengde påtaler og dommer overfor tysk militært personell. — *ble henrettet* — KTB nr. 3. Stab 69 ID vom 11.6.40—7.5.41. — *klokken 2200* — både disse klokkeslettene og listene over forretninger som tyske soldater ikke skulle handle i ble trykt i kommandantbefehl nr. 36: Allgemeine Vorschriften über Standort Bergen, BAMA.

Militær utbygging

Fleslandområdet — RL 20/250 Anlage 9, BAMA — *«Herbstreise»* — beskrivelse av planene i KTB nr. 2, Teil mit Anlagen, des Höh.K.des Z.h.v.XXXVI, 24.8—31.10.1940,BAMA. I et rundskriv fra Führer Hauptquartier er det gitt en hemmelig orientering om hensikten med «Herbstreise».

Politikorpsets stilling

Fremstillingen bygger på Sverre Rødders bok: Bergen politi under okkupasjonen, samt på tysk dokumentasjon og dokumenter fra Riksarkivet (Landsvikarkivet) — *Jonas Lie 8. oktober* — Representantskapet i Politiembetsmennenes Landsforening hadde møte i Oslo 7. okt. og anmodet da Jonas Lie om å redegjøre for den politiske stilling og for spørsmålet om det ville bli krevd innmelding i NS. Lie møtte 8. okt. og sa da at det måtte bli et samvittighetsspørsmål for den enkelte. Noe krav ville ikke bli stilt i så henseende, men det ville bli forlangt at politiembetsmennene «gikk aktivt inn for de nye retningslinjer. Hvis man melder seg som medlem, ville det ikke bli forlangt aktiv del i foreningesarbeidet og agitasjon». Referat fra representantskapsmøte dokumentert under forhandlingene i Bergens byrett.

1941

Den første «jøssingkasse»

Fremstillingen bygger særlig på dokumentasjon fra BKA. Det vises først og fremst til notater utarbeidet av Harald Nielsen.

Nasjonal holdning

— *Et redaksjonsutvalg* — Det endelige svar ble utformet av ligningssekretær Egil Hiis Hauge, direktør Wilhelm Nome og direktør Røstøen. — *å vinne noe tid* — tidsangivelsene er noe usikre. Det er mulig at man begynte distribusjon av svarformularene i byen før den endelige utforming var blitt drøftet med folk i Oslo. (UBB No 1508 h 10).

Kommunal nyordning

Fremstillingen bygger på dokumentasjon fra BKA, samt Stensakers erindringsbok og Stein Johan Kvale: Nyordning og motstand innen kommunaladministrasjonen under okkupasjonen 1940—45. På tysk hold ble nyordningen tillagt atskillig vekt. Mens Nasjonal Samling hevdet at dette var et norsk anliggende fremhevet Gebietskommissaren i Bergen tyskernes hensikt med reformen. Det skjedde i en rapport til Terboven. FC 3252 (film) BA.

Organisasjonene sier nei

Fremstillingen bygger på dokumentasjon i BKA — særlig notater fra Johan Refsdahl. For situasjonen generelt, jfr. Thomas A. Wyller: Nyordning og motstand.

Skoleungdommens protest

— *gå til skolestreik* — Hvem som tok initiativet er usikkert. — *De tyske militære* — KTB Nr. 3, Stab 69 ID vom 11.6.—7.5.41, BAMA — *ved et rundskriv* — UBB 1568 G3.

Vårens forsyningsproblemer

Opplysningene fra samtidige avismeldinger og dagboksopptegnelser. — *I en dagbok* — ført av Herman Friele sen. i okkupasjonsårene. — *Av fersk fisk* — fiskerne klaget over at de ikke fikk drive fangst om kvelden og natten og over at alle lykter og fyr var mørke. Fra tysk militær side ble det svart at fiskerne måtte holde seg i havn om natten fordi det var påvist at flere av dem hadde hatt kontakter med britiske fly og skip. FD 5336/45, BA.

Milorg

Tidlig på våren — Opplyst av Mons Haukeland til forf. — *Den mann som* — Sverre Kjelstadli: Hjemmestyrkene, Bind I. Kjeld Bugge var sterkt engasjert i flere former for motstandsarbeid, bl.a. etterretning, da han ble utpekt som sjef for Mil.Org. Hans mange virksomheter berømmes av medarbeidere.

Arrestasjoner og opprullinger

Alværgruppen — Iflg. SIPO ble det i forbindelse med arrestasjonene beslaglagt 4 sendere, 2 kortbølgemottagere, 1 kart med tyske luftvernstillinger inntegnet, 75 norske militærgeværer, 6 tunge maskingeværer, 2 lette MG, 72.000 patroner og diverse pistoler. Under en rettssak etter krigen ble det opplyst at 42 personer ble arrestert i saken. Av dem ble 38 sendt til Tyskland. 14 ble dømt til døden og henrettet og 8 døde i fangenskapet. Tallet på henrettede er 15. Alværsaken bestod egentlig av to elementer: (A) Folk som hadde tatt vare på norske militære våpenlagre på Skarvøy fort i beg. av mai 1940 og B) folk fra radiolinjen ved Sjømannsskolen. De to elementene kom i kontakt med hverandre og også andre personer kom senere med i det illegale arbeid som først og fremst tok sikte på innsats i tilfelle britisk invasjon. — *to store rettssaker* — I den ene var det 11 tiltalte. Det var Reichskriegsgericht 1. Senat som dømte — *I sin krigsdagbok* — KTB,M 789, BAMA (1.8.41) — *flere små båter* — Ragnar Ulstein: Englandsfarten II — *Steinorganisasjonen* — se særlig «Kristian Stein og hans menn» — *hemmelig kommandobrev* — RH 24-70/3 Tätigkeitsbericht den Höh. Kdo. LXX, Abt. Ic vom 1.—30. September 1941. Dette brev ble sendt ut etter ordre av feltmarskalk Keitel, som 16.9.41 hadde fastsatt slik gisselskyting for å hevne overfall på tyske soldater på østfronten. 1. oktober anbefalte han kommandørene alltid å ha et antall gisler i beredskap. (Opplyst under Nürnbergprosessen). — *I en intern* — Tätigkeitsbericht Ic, RH 24/70 — *4 års tukthus* — Den dømte hadde gitt tre revolvere til en nordmann som i virkeligheten var i tysk tjeneste og som straks anmeldte ham. Han ble arrestert 20.8.41 og dømt 2.12. s.å.

Flyangrep og alarmer

Bare i oktober — Opplysninger i BAMA er meget detaljerte i forbindelse med hver registrert innflyvning. Observasjoner ble samlet fra alle kanter av landet. De tall som er gjengitt for oktober er valgt som et tilfeldig eksempel her. — *Det sivile luftvern* — Beredskapsoversikt i «Det sivile luftvern for Bergen by» (28.2.1941. BKA).

Tysk militær beredskap

Alle opplysninger fra BAMA. — *«Zick» og «Zack»* — Det var de norske torpedobåtene «Snøgg» og «Trygg» som tyskerne hadde tatt i bruk. »Zick» ble ofte nyttet av SIPO i Bergen, bl.a. til å føre arrestanter til byen. — *tysk byggeekspert* — Reg.Baurat Paechtner fra Luftwaffenbauamt besøkte Herdla i april 1941. Hans notat har tittelen: «Einsatz norwegische Arbeiter». Band D zum KTB nr. 3 des Kommando des Flughafenbereiche Bergen, RL 20/253 BAMA

— *«Borgny»* — Aksjonen er nærmere beskrevet i Norges Krig 1940—45, Bd. I s. 494 og i Jon R. Hegland: Norske torpedobåter gjennom 100 år. 1873—1973, s. 66—67. «Borgny» var lastet med flybensin og seilte som tysk transportskip. Det var blant de få norske skip som gikk til norsk havn fra Sverige etter 9. april 1940.

Kulturlivet i fare

Kapitlet bygger på notater fra BKA, samt særlig Hans Jørgen Hurum: Musikken under okkupasjonen.

Politiet under politisk press

Bygger særlig på notater fra BKA og Sverre Rødder: Bergen politi under okkupasjonen. Det er også nyttet informasjoner som er gitt forf. muntlig av folk med særlig innsikt i forholdene. (Kildene ønsker å være anonyme).

Portforbudet og sperreområdet

Meldingen om portforbudet var opprinnelig datert 12. september 1940. Det tyder på at oppropet var laget til bruk for den situasjon som kunne oppstå under den invasjon som var planlagt i Storbritannia høsten 1940, «Operation Seelöwe».

Den illegale presse

Det foreligger ingen samlet oversikt over den illegale presse i Bergen under okkupasjonen. — *Fortegnelse over* — Et eksemplar av denne avis med navnelisten ble funnet av tysk politi hos Harald Skjold og brukt i rettssaken mot ham. — *«Ulriken»* — Tyskerne kom over eksemplarer av Radioavisen, datert 19. november 1941, i Haugesund. Det bekymret dem, for de mente at redaksjonen var arrestert og trykkeriet i Bergen funnet (69 ID, Abt Ic, BAMA 21560).

Nazistene og kommunestyret

Dokumentasjon særlig fra BKA, bergensavisene samt A. Stensaker: Det hendte i Bergen.

Høstmørke

februar sluttet — 9.2.1941 sluttet avisen å utkomme; dette ble samme dag kunngjort i de andre bergensavisene. — *Lørdag den 26.* — Saken er omtalt i 69 ID, Abt Ic: Tätigkeitsbericht Juli 1941, BAMA. — *ved årets slutt* — nærmest som et kuriosum ble det oppfattet at et kvartal, avgrenset av Hollendergaten, hjørnet av Kong Oscarsgate, Torvet samt smuget fra Torvet til Hollendergaten den 1. desember ble erklært forbudt område for tyske militære. Det skjedde angivelig for å «verne Wehrmachts anseelse» ble det sagt til mannskapene i et internt kommandoskriv. Det spesielle område ble av folkevittigheten kalt «Det frie Norge».

1942

Fimbulvinter

fylkesmannens fortrolige — originaler i fylkesmannens arkiv, Bergen. — *Noen tall* — hentet fra fylkesmannens rapporter hver måned.

«Tyskerjentene»

Opplysningene om tyske reaksjoner er fra rapporter og krigsdagbøker ført av de militære sjefer i Bergen. — *ekteskapsforbudet opphevet* — Av en hemmelig tysk rapport går det frem at spørsmålet opptok de nazistiske lederne meget sterkt. Ved en spesiell forordning i 1942 ble ekteskapsordningen endret. Det skjedde ved en hemmelig ordre av 26. jan. 1942. Det ble da besluttet at enhver søknad om ekteskap med nederlenderinner, danske, norske og svenske kvinner skulle avgjøres av Føreren selv. Lederen av partikanselliet, Martin Bormann, gjorde uttrykkelig oppmerksom på at Føreren personlig vurderte hver søknad, trass i sin store arbeidsbyrde. Det var «rasepolitiske» årsaker som gjorde at man var nødt til å bli strengere med ekteskapstillatelser. «Der Führer wird von jetzt ab einen weit schärferen Masstab wie bisher an die rassische Eignung der Braut anlegen. . .», skrev Bormann. NS 19/2014, BA. Anordningen var utferdiget i 130 nummererte eksemplarer. — *Organisasjonen Lebensborn* — opplysninger om virksomheten i Norge er gitt i den interne publikasjon. SS für ein Grossgermanien. III Folge. Schwert und Wiege.

Ungdomstjenesten og lærerstriden

I en situasjonsrapport — Tätigkeitsbericht Ic, März 1942, BAMA. — *Den 4. mars* — Norges krig, II, s. 87 — *11 medlemmer* — S. J. Kvaale: Nyordning og motstand, s. 98 — *ble kvitt den* — ibid., s. 91/92.

Kirken i kamp

i en hemmelig rapport — Allerede i jan. 42 ble det sagt i stemningsrapportene at det i to av byens kirker ble drevet «forsiktig, men umiskjennelig politikk. Bak lukkede dører var prestene aktive». I april ble det sagt at regjeringen var kommet inn i en blindgate i striden. Også andre tyske stemningsrapporter røper at tyskerne stod noe på avstand fra Nasjonal Samlings kamp mot den norske kirke og med en viss tilfredshet noterte at Quisling her hadde mistet kontroll over utviklingen. Denne observasjon på tysk side innebar likevel ingen sympati for kirkens sak.

Abwehr, SIPO og SD

Fremstillingen i dette kapittel bygger på materiale som stammer fra avhør av tyske Abwehrfolk. I BAMA er det funnet seks dossier (RW 49/122—127) om Abwehrstelle Norwegen, vesentlig om organisasjonsspørsmål. Det var også et tysk ordenspoliti i Norge, som hadde til sin første oppgave å sørge for gjennomføringen av Reichskommissars ordrer. I tilfelle en krisesituasjon var dette politi underordnet den øverste militære sjef. Det var ordenspolitiet som bekjempet sabotasjegrupper og fremmede agenter, hadde vakthold i alle fengsler og fangeleirer og som rykket ut i såkalte «Sonderfällen». I febr. 42 var det tils. 4591 menn, fordelt på 7 bataljoner og 2 kompanier. (RW 49/122. BA).

Motstand og motgang

— *dette direktiv* — Forholdet mellom SOE, den norske regjering og motstandsbevegelsen i Norge er utførlig behandlet av Sverre Kjelstadli: Hjemmestyrkene, II, s. 89—104. — *«Mallard»* — i traktene mellom Ulvik og Granvin var tre Lingekarer («Raven») sluppet ned i fallskjerm i april 42. De var igang med våpeninstruksjon i Hardanger og på Voss fra våren til utpå høsten. — *mystiske overflyvninger* — Flyoperasjonene over norsk område ble registrert med stor nøyaktighet av tyskerne. Det ble bl.a. ført statistikk over antall kurerfly mellom Sverige og UK og over antall innflyvninger vestfra med transportfly som tyskerne meget riktig gjettet skulle bringe forsyninger til hjemmefrontsfolk. — *De første slipp* — Pga. lysforholdene var det særlig risikabelt med flyslipp over Norge i sommerhalvåret, dvs. fra mai til september. Om vinteren var værforholdene vanskeligere. Den erfarne flyveren Per Hysing Dahl sier i sin bok «Vinger over Europa» at bare 50 prosent av de forsøkte flyslippene var gjennomførbare i Norge. Dårlig vær var den viktigste årsak til kanselleringene. — *organisert forsyningslagre* — I løpet av høsten 1941 ble det lagt ut lagre av proviant flg. steder: Sævareid, Bakke, Øystese, Vaksdal, Voss og Ostereid. Tilsammen var det ordnet med ca. 40.000 dagsrasjoner. (Gjengitt etter rapporter i BKA). Lederen for intendanturtjenesten, Einar Friele, ble arrestert 17. aug. 42. Han døde før frigjøringen i en leir i Tyskland. — *gruppen CX* — opplysninger om gruppen finnes i BKA og er også gitt forf. muntlig av noen av gruppens medlemmer- — *Thetagruppen* — Muntlige informasjoner gitt forf. av flere av gruppens medlemmer, foruten at det er nyttet opplysninger funnet i tyske dokumenter, BAMA. — *Paul Kvamme* — ble sendt til Grini og dømt til døden ved tysk krigsrett i Oslo 21.7.42. De tyske sjefene skal angivelig ha støttet en søknad om benådning for ham pga. den respekt de fikk for hans holdning i de tre ukene han satt på Grini. (Griniboken I, s. 174 og Odd Nansen: Fra dag til dag I, s. 267—269. — *kommunistiske sympatier* — blant dem som ble arrestert var medlemmer av en gruppe som i tyske dokumenter er kalt Alfa & Alfa. Den holdt til i Sunnhordaland. — *Mot slutten av året* — Tyske rapporter, BAMA. Statistikk over antall arrestasjoner som vedlegg til Tätigkeitsbericht des Höh. Kdo. LXX, Abt Ic, RH 24 70/23, BAMA.

Tysk militærutbygging

På tysk side — 22.1.42 drøftet Hitler den militære situasjon i Norge med noen av sine generaler. Han sa da at han trodde UK og USA kanskje ville angripe

Nord-Norge, jfr. Sverre Kjelstadli, op.cit. s. 132—134. Slike tanker var forøvrig ikke fremmede for Churchill, som hadde lansert operasjon Jupiter som nettopp gjaldt et angrep mot Nord-Norge. Han foretrakk dette fremfor et angrep i Nord-Afrika. Et eksempel på tyskernes frykt for invasjon var at SD i Bergen foreslo at fangeleiren på Ulven skulle flyttes lenger inn i landet. Det ble avslått av de militære lederne. — *Luftvernartilleriet var* — Iflg. tyske oppgaver var det sommeren 42 18 luftvernkanoner bare rundt Herdla flyplass, og der var stasjonert 1.000 mann i flyplassforsvaret. Plassen ble av tyskerne betraktet som en av de sterkest beskyttede flyplasser langs hele kysten. — *Sovjetiske krigsfanger* — I et telegram fra Reichsmarschalk Göring, d. 5.8.41 fikk Terboven vite at det var vedtatt at det skulle settes inn 20.000 sovjetiske krigsfanger i Norge. De første femti kom til Kirkenes i beg. av august 41. Ved utgangen av året var antallet steget til 2.400, fordelt på 9 leirer. 1.10 var det registrert 14.647 polske og russiske krigsfanger i Norge, men etter planene skulle det i løpet av året være totalt 56.400 østeuropeiske krigsfanger i Norge, fordelt på 225 leirer. I Bergen var det høsten 1942 bare et mindre antall krigsfanger, men man merker seg at det var ca. 300 frivillige danske og nederlandske arbeidere på tyske anlegg i byen og nærmeste omegn. — *Folk som bodde* — I tyske rapporter ble det sagt at flere på Laksevåg var blitt arrestert for å ha gitt hjelp til de russiske krigsfangene som kom i april—mai 42. Det ble offentliggjort strenge advarsler til befolkningen mot å yte noen som helst form for hjelp til fangene.

Juristenes åpne tale

Et eiendommelig eksempel — En Dr. Ohm i Reichskommissariat henvendte seg omtrent samtidig til tre Oslojurister for å høre deres mening om virkningen i norsk opinion av gisselhenrettelsene i Trondheim. Samtlige svarte at gisseldrap var helt i strid med norsk rettsoppfatning. (Omtalt i Regjeringen og hjemmefronten, Nr. 58).

I sensurens mørke

fikk nye redaktører — Redaktøren av Morgenavisen var samtidig teatersensor — *Sensuren var effektiv* — Den NS-kvinne som var pressesensor var temmelig aggressiv og tok sin oppgave så alvorlig at hun iblant søkte å overta redigeringen av avisenes stoff. — *18. august kunngjorde* — Iflg. tyske militære kilder skal det ha vært Terboven personlig som krevde at alle radioapparater skulle inndras i byen.

NS i isolasjon

Han var omgitt — Referert i rapport fra Abt. Ic «Über die innere Lage Norwegens von 7.11.41—22.42, 21560, BAMA. — *Forholdet mellom NS* — I et hemmelig brev d. 20.5.42 varslet sjefen for SIPO og SD, Heydrich, sin øverste sjef, Heinrich Himmler, om at Terboven i de siste ukene har hatt planer om å overføre hele Hirden til stabsjef Lutze i SA. Det var man i SS i Berlin sterkt imot. Man var klar over, sa Heydrich, at Hirden så en fare i den storgermanske linjen som SS stadig markerte. Heydrich anbefalte å forsterke SS-innflytelsen over Hirden, NS 19/1619, BA. — *generaladmiral Hermann Boehm* — Doss. RM/7.127 K, BAMA. Det foreligger en rekke tyske rapporter som gir sterkt kritiske kommentarer til Nasjonal Samlings opptreden. Slike rapporter ble skrevet av folk som ville støtte Terboven. — *temmelig åpenhjertig* — Samtalen var mellom kontreadmiral Fein og Quisling under en middag hos generalkonsul Hildisch. RM/7.127 K, BAMA.

Kulturlivet blomstret

Stoff til dette kapittel først og fremst fra rapport avgitt til Hjemmefrontmuseets historieinstitutt av Egil Hiis Hauge — *byens største kor* — Markeringen av Nordraakjubileet er skildret i H. J. Hurum: Musikken under okkupasjonen, s. 168.

Matmangel om høsten

Tilførslene av kjøtt — Fylkesmannens månedsrapporter — *bergensers dagbok* — håndskrevet, i privat eie — *eksportert store mengder* — fylkesmannens månedsrapporter gir nøyaktige oversikter over import og eksport — *av leger* — Boken om danskehjelpen, 198—208, skrevet av legene Nils Backer Grøndahl og Jørgen Løvset.

Jødene arresteres

Blant de arresterte var en frue med 3 barn. Da hun kunne bevise at hun var svensk statsborger unngikk hun i siste øyeblikk å bli deportert og ble frigitt i Oslo. — *Admiral Boehm* — Sitat fra «Militärpolitischer Bericht für die Zeit Oktober, November, Dezember 1942, RM/7 127 K 1—7, BAMA. Det var fortsatt Boehms syn at alt som skadet NS' posisjon var uheldig. — *759 jøder* — Dette kapittel bygger på dokumentasjon Oskar Mendelsohn har fremlagt, bl.a. i foredraget Jødene i Norge, trykt i boken: Jødene og jødedommen (1977), samt det ferdige manuskript til bind II av hans verk om Jødene i Norge.

Ved årets slutt

Den tid var forbi — «Grunnstemningen i det norske folk er 95 prosent imot Nasjonal Samling. Overfor Tyskland er avvisningen ikke så omfattende. Mange nordmenn er bare avvisende overfor Tyskland fordi de i Tyskland ser Nasjonal Samlings beskytter og hjelper. Den overveiende del av den norske befolkning tror nå som før på Englands seier og ønsker det også når alt kommer til alt», skrev SS-Gruppenführer, statssekretær Dr. Stuckart i Riksinnenministeriet i en hemmelig rapport til Himmler etter et besøk i Norge i sept. 42. NS 19/1982. BA.